KB193566

처음 읽는 그리스 로마 신화

처음 읽는 그리스로마신화

양승욱 지음

서양의 문화예술과
역사의 기초를
이해하기 위한 필독서

탐나는책

고대 그리스인들은 하늘과 대지와 바다, 숲이나 강을 주관하는 신성한 힘이 존재한다고 믿었다. 그들은 이 신성한 힘을 가진 초월적인 존재로서의 신을 숭배하면서 무한한 우주와 자연현상, 삶과 죽음의 문제 등을 풀어나갔다. 그 과정에서 수많은 이야기가 만들어지면서 마침내 그리스 신화의 세계가 펼쳐지게 되었다. 기원전 2000년경에 그리스에서 작은 왕국이 분립했다. 이 시대를 대표적인 유적의 이름을 따서 '미케네 시대'라고 했다. 기원전 1200년경 왕국 분립 시대가 종언을 고하고, 다음 약 400년간 인구가 감소하여 국가도 아니고, 문자와 기록도 없던 시대가 이어졌다. 하지만 이 시대에도 미케네 시대의 역사와 그 이전 시대인 까마득한 옛날의 이야기가 구전으로 전승되었다.

그리스인들이 알파벳을 사용한 것이 8세기경이므로 '그리스 신화'

는 그 후에 문자로 기록된 것이다. 신화를 전승한 것은 주로 시인들이었다. 그들은 옛날부터 전해져온 이야기를 축제를 통해 노래했다. 가장 유명한 시인은 호메로스이다.

그의 작품인 『일리아드』와 『오디세이』는 그리스 신화를 다룬 문학 작품 중에서 가장 오래된 작품이다. 일리아드는 그리스와 트로이 간에 벌어졌던 거대한 전쟁 이야기이며, 오디세이는 트로이 전쟁을 승리로 이끈 오디세우스가 고향으로 돌아가기까지의 모험을 그린 작품이다. 이 두 작품은 기원전 9세기 후반 작품이며, 뒤를 이어 9세기 말부터 8세기 초에 헤시오도스가 『신통기』와 『일과 날』을 완성했다. 그는 신통기에서 우주와 세상의 생성, 신들의 원류, 그리고 대지에서 생명이 시작된 과정 등 그리스 신화의 기본적인 뼈대를 세웠다. 일과 날에서는 척박한 세상에서 어떻게 양질의 삶을 누릴 수 있었는지를 이야기한다. 특히 이 작품에는 프로메테우스와 판도라 이야기처럼 중요한 신화 몇 편이 담겨 있다.

이후 기원전 5세기에 그리스 3대 비극 시인으로 꼽히는 아이스킬로스, 소포클레스, 에우리피데스가 각자 자신만의 개성이 담긴 작품을 발표했다. 그들은 신화 속의 주인공들을 소재로 위대한 비극 작품을 썼다. 이들의 노력으로 그리스 신화의 전체적인 내용이 짜임새 있게 구성되었다.

그리스 신화는 고대 로마 제국으로 전해지면서 로마인들이 믿던 신들과 하나가 되었다. 예를 들면 그리스 신화의 주신인 제우스를 로마의 라틴어로는 '유피테르'라고 하는 등 거의 같은 이미지의 신에 대한 복수의 명칭이 존재했다. 여기에 로마 시인들이 새로운 해석을 만들거나 에피소드를 첨가하면서 이야기는 더욱 다채로워졌다. 대표적인 작품으로는 로마의 시인 오비디우스가 열다섯 권으로 구성한 『변신 이야기』가 있다.

그리스 신화를 라틴어 시로 풀어낸 이 작품에는 모두 200여 편이 넘는 신과 인간의 이야기가 수록되어 있다. 변신 이야기의 이야기 구조는 유럽과 미국에서 그리스 신화의 표준이 되었다. 오비디우스와 더불어 고대 로마의 가장 위대한 시인으로 꼽히는 베르길리우스는 서사시 『아이네이아스』를 썼다. 이 작품은 트로이 전쟁에서 살아남은 영웅 아이네이아스가 로마의 건국 시조가 되기까지의 여정을 담고 있다. 파우사니아스는 2세기경 활약한 그리스의 지리학자이다. 그는 그리스의 여러 지방을 여행하고 10권으로 된 『그리스 주유기』를 썼다.

이 작품은 지리, 유적, 전승, 신화, 역사 등에 관해 소상하게 기록하고 있다. 그 외에도 『황금 당나귀』를 쓴 아풀레이우스와 『그리스 신화』를 쓴 아폴로도로스가 자신의 저서를 통해 신화의 전승에 크게 이바지했다. 이러한 여러 시인들의 노력에 힘입어 마침내 『그리스 로마 신화』가 완성되었다. 신화는 3000여 년 동안 전승되면서 유럽 문화를 꽃피웠다. 또한 다양한 방식으로 표현되고 소비되었다. 유럽 문화와 예술은 모두 그리스에 그 뿌리를 두고 있고, 그리스 문화와 예술의 핵심은 그리스 로마 신화에 담겨 있다. 그리스 로마 신화를 읽는 것은 넓게는 유럽 문화와 예술을 이해하는 것이며, 좁게는 신화가 제시하는 삶의 전형을 통해 나를 이해하는 것이다. 이 책이 그리스 로마 신화의 세계를 향해 첫 발걸음을 떼는 독자들에게 친절한 안내서가 되어주기를 소망한다.

2024년 10월 3일
양승욱

차례

01 태초에 신들이 있었다

02 올림포스의 신들

08 트로이 전쟁

티탄 신족과 올림포스 신족

[올림포스 12신]

제우스 Zeus
올림포스의 주신, 티탄 신족과 싸워 패권을 장악한 올림포스 신족의 우두머리, 천둥과
벼락, 번개가 무기이다. 신들과 인간의 아버지로 불린다.

헤라 Hera
여성의 결혼과 출산, 가정생활을 수호하는 여신이다. 제우스의 아내로 질투가 심하다.
신들의 여왕으로 불린다.

포세이돈 Poseidon
바다의 신, 제우스와 하데스의 형제이다. 에게 해 밑에 있는 바다왕국의 궁전에 살며, 삼
지창(트리아이나)을 무기로 사용한다.

데메테르 Demeter
대지의 여신, 대지를 지키고 곡물의 풍요로운 결실을 관장한다. 저승 세계의 왕비인 페
르세포네의 어머니이다.

아테나 Athena
지혜와 전쟁의 여신. 대개 투구와 갑옷을 입고 창과 방패를 든 여전사의 모습을 하고
있다. 베 짜는 솜씨가 좋아 예술과 기술을 수호한다.

아폴론 Apollon
빛과 예언의 신, 델포이 섬에 있는 아폴론 신전에서 제우스의 뜻을 인간에게 전한다. 활
과 음악, 의술의 신이기도 하다.

아르테미스 Artemis
사냥과 순결의 여신, 여성의 출산을 돕고 어린아이를 돌보는 여신이기도 하다. 아폴론의
쌍둥이 누이이며, 달의 여신이기도 하다.

아레스 Ares
전쟁의 신. 피와 살상을 즐기고 잔인하고 야만적이다. 갑옷과 투구를 쓰고 칼이나 창과 방패를 든 모습으로 표현된다. 아프로디테의 연인으로 유명하다.

아프로디테 Aphrodite
미와 사랑의 여신으로 에로스의 어머니이다. 여성의 성적 아름다움과 사랑의 욕망을 관장한다. 헤파이스토스의 아내이며 아레스의 연인이기도 하다.

헤파이스토스 Hephaistus
대장장이 신, 야금술, 금속공예, 수공업, 조각 등을 관장하는 신이다. 절름발이에 추남이지만 여신들 중 가장 아름다운 아프로디테의 남편이다.

헤르메스 Hermes
전령의 신, 상업과 도둑, 목축을 관장하는 신이다. 나그네들의 수호신이기도 하며, 죽은 자의 영혼을 저승길로 안내하는 길잡이 역할도 한다.

디오니소스 Dionysus
포도주의 신, 다산과 풍요를 관장한다. 기쁨의 신이자 광란과 황홀경의 신이기도 하다. 화덕의 여신 헤스티아로부터 올림포스의 열두 신의 자리를 물려받았다.

[티탄 신족 12신]

오케아노스 Oceanus
대지를 둘러싸고 흐르는 큰 강 또는 바다를 의인화한 신이다. 아내 테티스와의 사이에서 세상의 모든 바다와 강, 연못과 호수를 낳았다.

코이오스 Coeus
크로노스가 아버지 우라노스를 거세할 때 이를 도왔다. 티탄 신족과 올림포스 신들과의 전쟁에서 패배한 후 저승의 가장 깊은 곳에 있는 타르타로스에 다른 티탄들과 함께 유폐되었다.

히페리온 Hyperion
빛의 신이자 태양의 신, 남매지간인 빛의 여신 테이아와 맺어져 아들인 헬리오스와 딸들인 셀레네와 에오스를 낳았다.

크리오스 Crius
티탄 12신의 하나로 가이아와 폰토스의 딸인 에우리비아와 결혼하여 아스트라이오스, 페르세스, 팔라스 등 3형제를 낳았다.

이아페토스 Iapetus
인류에게 최초로 불을 전해준 프로메테우스의 아버지, 클리메네와 결혼하여 아틀라스, 메노이티오스, 프로메테우스, 에피메테우스 등 네 아들을 낳았다.

크로노스 Cronus
티탄 신족 12신의 막내, 아버지 우라노스를 거세시킨 후 최고신의 위치에 오른다. 올림포스 12신 중 제우스 6남매의 아버지이다.

테이아 Theia
빛의 여신, 빛의 신이자 태양의 신인 히페리온의 아내이며, 태양의 신 헬리오스, 달의 여신 셀레네, 새벽의 여신 에오스의 어머니이다.

14

레아 Rhea

크로노스의 아내이며, 올림포스 12신 중 제우스 6남매의 어머니이다.

므네모시네 Mnemosyne

티탄 12신 중 하나로 올림포스 신족과 티탄 신족 사이에 전쟁이 벌어졌을 때 제우스 편에 섰다. 제우스와의 사이에서 9명의 무사이(무사의 복수형)를 낳았다.

포이베 Phoebe

티탄 12신 중 하나로 남매 사이인 코이오스와의 사이에서 두 딸, 레토와 아스테리아를 낳았다.

테티스 Thetis

물의 '여성적 풍요'를 상징하는 여신, 바다의 신 오케아노스와 결혼하여 수많은 바다와 강의 어머니가 되었다. 아킬레우스의 어머니인 테티스와는 다른 존재이다.

테미스 Themis

율법의 여신, 앞날을 예견하는 능력과 지혜를 지녔다. 테미스는 두 눈을 가리고 양손에 심판의 저울과 칼을 들고 있는 모습으로 묘사된다. 정의의 여신 디케의 어머니이다.

01

태초에
신들이 있었다

카오스

우주 만물과 인간은 어디서부터 비롯되었을까? 인류는 이와 같은 궁금증을 초자연적인 존재나 신에게서 답을 얻고자 했다. 동서양의 모든 '창세 신화'는 그렇게 시작되었다.

창세 신화는 우주의 발생과 그 기원에 관한 궁금증을 풀어주고 있으며, 주로 천지 창조와 신들의 탄생, 그리고 인간 창조에 관한 이야기를 담고 있다.

그리스의 우주 생성 신화는 크게 네 종류로 구별할 수 있다. 펠라스고스 신화, 오르페우스 신화, 호메로스 신화, 헤시오도스 신화이며, 명칭은 그것을 만든 민족이나 개인의 이름을 따라지었다. 그중에서 헤시오도스의 신화는 우주와 신들의 탄생에 관하여 가장 체계적으로 틀을 갖춘 신뢰할만한 문헌이라고 할 수 있다.

헤시오도스의 『신통기』에 따르면 태초에는 카오스chaos만이 존재했다. 시간과 하늘, 그리고 땅은 무질서하게 뒤섞여 있었고, 거기에 이성이나 질서는 존재하지 않았다. 그 끝은 무한하여 알 수 없고, 앞은 아무것도 분간할 수 없을 만큼 어두웠다.

카오스는 원래 '크게 입을 벌리다'를 의미하는 동사인 카이레인Xairein이나 카스케인Xaskein과 같이 '입 벌림, 틈, 하품'을 의미하는 카Xa에서 파생되었다. 그것은 우주가 생성되는 순간에 우주가 벌어져 틈이 생겼다는 의미로 해석 된다. 아직 시간이 존재하기 전 넓고 끝이 없는 공간인 우주에서 드넓은 가슴을 지닌 대지가 생겨났다.

대지는 스스로 생명을 얻어 여신이 되었는데, 이 여신이 바로 가이아다. 그리고 드넓은 대지의 구석에 숨어있던 타르타로스가 나왔다.

타르타로스는 지하세계의 가장 깊은 곳으로 그곳은 어둡고 황량하고 생명이 없는 죽은 곳이다. 타르타로스는 강력한 힘을 가졌으나, 인격화되어 있지는 않다. 주로 죄인이나 괴물들을 가두는 감옥 역할을 했다. 그다음으로 신들 중에서 가장 아름다운 에로스(사랑)가 태어났다.

에로스는 인간의 정신을 지배하며, 사랑을 표현하는 존재이자 모든 생명 탄생의 원리를 구체적으로 표현하는 존재이다. 에로스가 없었다면 다른 존재들은 불멸의 존재이거나 생명을 잉태할 수 없는 상태로 남았을 것이다.

카오스에서는 쌍둥이 남매인 어둠의 신 에레보스Erebus와 밤의 여신 닉스Nyx가 태어났다. 닉스는 밤의 여신이지만 그 말 자체가 '밤'을 뜻한다. 여기에서 '밤'을 뜻하는 라틴어 '녹스nox'가 나왔다. 또한 야상

밤의 여신 닉스
윌리앙 아돌프 부그로, 1883년

곡을 뜻하는 영어 '녹턴nocturne(야상곡)', 밤을 뜻하는 프랑스어 '뉘'도 여기에서 비롯되었다.

에레보스와 닉스는 서로 결합하여 낮의 여신 헤메라Hemera와 창공의 신 아이테르Aether를 낳았다. 푸른 하늘을 뜻하는 '이터르' 혹은 '에테르'는 창공의 신 아이테르에서 나온 말이다. 이렇게 탄생한 헤메라는 낮이 되고, 아이테르는 높은 하늘이 되어 타르타로스 및 가이아와

신들이 지내는 곳 사이의 경계가 되었다. 이렇게 해서 우주의 기초가
완성되었다.

닉스는 혼자 힘으로 다시 운명의 여신인 모이라이 세 자매와 에스
페리테스(저녁)를 낳았다. 운명의 여신인 모이라이 세 자매는 첫째가 '베
를 짜는 여신'이라는 뜻의 클로트, 둘째는 '나누어주는 여신'이라는 뜻의
라케시스, 셋째는 '거역할 수 없는 여신'이라는 뜻의 아트로포스이다.
모이라이 세 자매에 대해서는 제우스와 테미스의 딸이라는 설도 있다.

에스페리테스는 석양의 낙원에서 황금 사과를 지켰다. 닉스는 그
외에도 인간의 어두운 면과 관련된 많은 신을 낳았다. 죽음의 신 타나
토스Thanatos와 잠의 신 힙노스Hypnos, 그리고 비난, 불행, 복수, 불
화, 비참, 사기, 애욕, 노쇠를 낳았다. 이 중 불화의 여신 에리스Eris가
유명하다. 그녀는 고통, 망각, 기근, 병마, 분쟁, 전투, 살인, 거짓말, 맹
세를 낳았다. 에리스는 불화라는 속성 때문에 신들 사이에서도 초대를
꺼리는 존재가 되었다.

훗날 신들의 여왕 헤라와 지혜의 여신 아테나, 미의 여신 아프로디
테를 '누가 가장 아름다운 여신인가?'라는 타이틀을 놓고 서로 다투게
만든 것도 에리스였다. 이 다툼은 파리스의 심판으로 이어졌고, 마침
내 트로이 전쟁의 원인으로까지 발전한다.

대지의 여신
가이아

가이아는 대지를 의인화한 여신이다. 태초의 여신이라는 이미지와 대지를 여신으로 여기는 발상은 세계 여러 민족의 신화에서 쉽게 찾아볼 수 있다. 여기에는 '생명을 낳아 키우는 여성'이라는 이미지가 겹쳐져 있다.

영국의 과학자 제임스 러브록James Lovelock은 지구를 하나의 살아 있는 생명체로 보는 '가이아 가설'을 제시했다. 대지는 '지오'라고도 하며 geography지리학, geometry기하학 등의 단어와 연결되어 있다.

가이아는 스스로 하늘의 신 우라노스Uranus, 높은 산들인 오레Ore, 바다의 신 폰토스Pontus를 낳았다. 이렇게 하여 하늘과 땅, 산과 들, 바다의 구분이 생겨난 것이다. 가장 높은 산봉우리들이 창공인 아이테르와 낮은 하늘의 경계선 역할을 했다. 높은 산 속의 협곡에는 오레의 자

아이온과 가이아
기원전 3세기경, 로마의 모자이크

식인 요정들이 살게 되었다.

폰토스는 바다를 인격화한 신으로 '먼 바다'를 가리킨다. 또한 남성적인 힘이기도 하다. 먼 바다의 강하고 사나운 물결이며, 거친 파도가 넘실대는 거대한 바다가 폰토스이다.

대지인 가이아는 하늘인 우라노스와 결합하여 아들 여섯과 딸 여섯을 낳았다. 이들은 '티탄Titan' 즉 거대한 신족으로 불렸다.

여섯 아들은 오케아노스, 코이오스, 크리오스, 히페리온, 이아페토스, 크로노스이며, 여섯 딸은 테이아, 레아, 테미스, 므네모시네, 포이베, 테티스이다.

가이아는 그 외에도 외눈박이 거인 키클롭스cyclops 삼 형제와 50개의 머리에 팔과 손이 100개인 흉측한 괴물 헤카톤케이레스 Hekatoncheir 삼 형제를 낳았다.

키클롭스 삼 형제는 스테로페스(천둥), 브론테스(번개), 아르게스(벼락)이며. 헤카톤케이레스 삼 형제는 코토스(돌진하는 자), 브니아레오스(강한 자), 기게스(손을 함부로 놀리는 자)이다.

키클롭스라는 말은 퀴클cycle과 옵스ops라는 말로 이루어져 있다. 퀴클은 '둥글다'라는 뜻이며, 옵스는 '눈'이라는 뜻이다. 즉 키클롭스는 '둥그런 눈'이라는 뜻이다. 이들은 원하는 것은 무엇이든지 만들 수 있는 특별한 손재주를 타고났다.

가이아는 다시 폰토스와 결합하여 바다의 괴물로 불리는 포르퀴스, 케토, 에우뤼비아, 그리고 현명한 바다의 노인 네레우스와 경이로운 타우마스 등을 낳았다.

타우마스는 '무지개의 여신' 이리스Iris와 사람 얼굴을 한 괴물 새 하르피아이Harpies의 아버지가 된다. 포르키스는 여동생 케토와 결합하여 포르키스Phorcys와 고르곤Gorgon 등 괴물을 낳는다.

폰토스의 후손인 바다 괴물들은 영웅들을 괴롭히는 에피소드로 유명하며, 뱃사람들의 관심 대상이었다.

우라노스와
크로노스

우라노스는 하늘의 신이다. 태양계의 일곱 번째 행성인 천왕성으로 가장 잘 알려져 있다. 천왕성은 1781년에 발견되었으며, 고대인들은 그 존재를 모르고 있었다. 발견 당시에는 특별한 의미 없이 영국의 조지 왕의 이름을 따서 지었다. 그 후 발견된 금속 원소 우라늄uranium과 천왕성의 발견을 기념하기 위해 우라노스로 변경하게 되었다. 당시 사람들은 천왕성을 태양계의 마지막 행성이라고 믿었듯이 우라늄도 한때는 최후의 원소라고 믿었다.

우라노스는 가이아에게서 태어난 자식들 중 키클롭스와 헤카톤케이레스가 마음에 들지 않았다. 괴상망측한 모습에 강한 힘을 가진 이들이 말썽을 일으킬 위험이 있다고 염려하여 타르타로스에 던져 가두었다.

타르타로스는 저승세계에서도 가장 깊은 곳, 저승의 감옥과도 같았

아버지 우라노스를 거세하는 크로노스
조르지오 바사리, 16세기

다. 이 일로 가이아는 몹시 분노했다. 그녀는 자신의 몸속에서 견고하기 그지없는 아다마스adamas라는 금속을 창조했고, 자식들의 복수를 위해 '하르페harpe'라는 예리한 낫을 만들었다.

가이아는 티탄 신족들에게 우라노스를 벌주도록 명령했다. 그러나 우라노스를 두려워한 티탄 족은 서로 눈치만 보면서 아무도 나서지 않았다. 그러자 막내아들인 크로노스Cronus가 자청하고 나섰다. 크로노스는 '시간'이라는 뜻이며, 그는 시간의 신, 즉 세월의 신이다.

크로노스는 어머니 가이아가 일러준 장소에 숨어서 우라노스가 오기를 기다렸다. 어둠이 내리자 우라노스가 가이아와 동침하기 위해 내려와 대지를 덮었다. 그 순간을 노리고 있던 크로노스가 낫을 휘둘러 우라노스의 남근을 자른 뒤 멀리 던져버렸다. 이때 흘린 피는 대지에 떨어졌고, 그곳에서 요정 멜리아이와 복수의 여신 에리니에스, 그리고 24명의 기간테스 형제들이 태어났다.

기간테스Gigantes는 단수는 '기가스Gigas', 즉 가이아의 자식이라는 뜻이며, 복수일 경우는 '기간테스Gigantes'다. '거인'을 뜻하는 '자이언트 Giant'가 바로 기간테스에서 비롯되었다.

복수의 여신 에리니에스Erinyes는 알렉토, 메가이라, 티시포네 세 자매를 총칭하는 이름이다. 이들은 지하세계의 암흑인 에레보스에 살면서 복수 및 저주를 담당했다.

한편 먼 바다에 떨어진 우라노스의 남근에서는 정액이 흘러나와 하얀 거품이 일더니 그 속에서 미의 여신 아프로디테Aphrodite가 태어났다

아프로디테는 '거품Aphros에서 태어난 여신'이라는 뜻이다. 아프로디테는 벌거벗은 몸으로 육지에 올라왔다. 그곳은 지중해 동쪽 끝에 있는 키프로스 섬이었다. 그녀의 발이 닿는 곳마다 푸르른 풀이 돋아나고, 화사한 꽃이 흐드러지게 피어났다.

계절의 여신 호라이들이 아프로디테를 맞이했다. 호라이들은 아프로디테에게 활짝 핀 꽃으로 장식한 날개옷을 입히고, 귀걸이와 목걸이로 치장시켜 그녀의 매력이 한껏 돋보이게 해주었다. 마침내 몸단장을 마친 그녀는 천상의 신들 앞으로 나아갔다. 이때 사랑의 신 에로스와 욕망의 신 히메로스가 그녀의 뒤를 따랐다.

하늘과 대지가 분리되고, 우라노스가 쫓겨나자 크로노스가 아버지의 뒤를 이어 세상의 지배권을 장악했다.

티탄 신족

티탄신족은 가이아와 우라노스에게서 태어난 여섯 명의 아들과 여섯 명의 딸이다. 여섯 아들 중 첫째는 거대한 바다(대양)의 신 오케아노스Oceanos다. 바다를 뜻하는 영어 오션ocean은 여기에서 유래했다.

오케아노스는 누이동생인 테티스와 결혼하여 세상의 모든 바다와 강, 호수와 연못을 낳았다. 지혜의 여신 메티스와 행운의 여신 티케, 저승을 흐르는 강의 여신 스틱스도 이들의 딸이다. 훗날 메티스는 제우스와 결합하여 아테나의 어머니가 된다.

스틱스는 지혜의 신 중 하나인 팔라스와 결합하여 질투의 여신 젤라스와 승리의 여신 니케Nike를 낳게 된다. 니케의 영어식 발음은 '나이키'이며, 스포츠 브랜드인 나이키로 더욱 유명해졌다.

둘째는 '하늘의 덮개'라는 뜻의 코이오스Coeus이다. 코이오스는 누이 포이베와 결합하여 아스테리아와 레토 두 딸을 얻었다. 아스테리아는 '별자리'를 뜻한다. 레토는 훗날 태양의 신 아폴론과 달의 여신 아르테미스의 어머니가 된다.

셋째는 '저 높은 곳을 달리는 자'라는 뜻의 히페리온Hyperion이다. 그는 테이아와 결혼하여 태양의 신 헬리오스와 달의 여신 셀레네, 새벽의 여신 에오스를 낳았다. 헬리오스는 '빛나는 자'라는 뜻의 '포이보스'라는 별명을 가졌는데, 훗날 아폴론에게 태양신의 자리와 별명까지 함께 넘겨주게 된다.

넷째는 크리오스이다. 그는 여신 에우뤼비아와 결합하여 모든 별들의 아버지인 아스트라이오스와 지혜의 신 팔라스를 낳는다. 팔라스는 '지혜'를 뜻한다. 그는 지혜의 신 자리를 아테나에게 물려주게 되는데, 아테나가 '팔라스 아테나'라고 불리는 것은 그 때문이다.

다섯째는 이아페토스이다. 그에게서 두 아들이 태어나는데 형은 '먼저 아는 자'라는 뜻의 프로메테우스Prometheus이며, 동생은 '나중에 아는 자'라는 뜻을 지닌 에피메테우스Epimetheus이다. 이 두 단어의 접두사 프로Pro와 에피Epi는 오늘 날 머리말을 뜻하는 프롤로그prologue와 끝말을 뜻하는 에필로그epilogue에 남아 있다. 로그ogue는 말이라는 뜻이다.

여섯째의 이름은 크로노스, 즉 '시간'이라는 뜻이다. 크로노스는 자신의 아버지인 우라노스의 남근을 거세한 후 권력을 장악하여 최고의 신이 되었다. 올림포스의 12신은 모두 이 크로노스의 자손들이다.

가이아와 우라노스의 여섯 딸 중 첫째는 테이아다. 신화에서 그녀에 관한 언급은 별로 없다. 둘째는 레아다. 그녀의 이름은 '동물의 안주인'이라는 뜻이다. 그녀는 크로노스와 결혼하여 제우스와 헤라 등 올림포스 신들 여섯 명을 낳게 된다.

셋째는 므네모시네Mnemosyne, 즉 '기억'이라는 뜻이다. 이후 므네모시네에게서 우리가 뮤즈Muse라고 부르는 예술의 여신들인 무사이Mousai 아홉 자매가 태어난다. 넷째는 포이베, 다섯째는 테티스, 그리고 여섯째가 테미스이다. 테미스는 '이치'라는 뜻이며, 이 여신은 어떤 사물이나 사태를 접할 때마다 그것이 이치에 맞는 일인지 따지고 재판하는 일을 한다.

크로노스는 누이인 레아와 결혼하여, 세계의 지배자로 군림했다. 하지만 일말의 불안감이 그의 신경을 자극했다. 아버지인 우라노스가 "너 역시 아들에게 크게 당할 것이다"라는 저주에 가까운 예언을 했고, 그 말은 크로노스의 뇌리에서 떠나지 않았다. 불안감은 시간이 지날수록 더 커졌고, 레아가 임신하자 태어날 아들이 자신의 왕권을 위협할까 두려웠다.

예언이 성취되는 것을 막기 위해 크로노스는 자식이 태어나자 즉시 삼켜버렸다. 이렇게 아버지에게 잡아먹힌 아이가 다섯이었다. 크로노스는 이 방법만이 유일하게 아들에게서 왕좌를 지킬 수 있다고 믿었다. 레아는 다시 여섯 번째 아이를 잉태했다.

레아는 어머니 가이아가 겪었던 고통이 자신에게도 반복되자 더는 참을 수가 없었다. 자식을 깊이 사랑하는 어머니의 마음과 자식을 삼켜버리는 잔혹한 남편에 대한 절망감은 그녀를 행동하게 만들었다. 가이아는 딸을 돕기 위해 나섰다.

레아는 어머니의 조언에 따라 배내옷으로 둘둘 감은 돌을 제우스라고 속여 크로노스가 삼키게 했다. 그리고 갓난아기인 제우스를 가이아에게 맡겼다. 가이아는 크레타 섬의 이데산에 사는 요정 아말테이아에게 제우스의 양육을 맡겼다.

제우스는 유모 아말테이아의 보살핌을 받으며 염소젖과 꿀을 먹고 무럭무럭 자랐다. 어느 날 제우스가 실수로 염소 뿔 하나를 부러뜨렸다. 제우스는 그 뿔을 아말테이아에게 주면서, 그녀가 원하는 모든 과일들이 이 뿔 속에 가득 채워질 것이라고 약속했다.

전설 속의 '풍요의 뿔'은 이렇게 탄생했다. 염소가 죽자 제우스는 가죽을 벗겨 아이기스aegis라는 방패를 만들었다. 훗날 제우스는 이 방패를 아테나에게 물려준다. 아테나는 페르세우스가 메두사를 제거할 때 이 방패를 빌려주었고, 그 보답으로 페르세우스는 메두사의 머리를 아테나에게 바쳤다.

아테나는 메두사의 머리를 아이기스에 붙였다. 이후 아테나의 방패는 더욱 강력해져 천하무적이 되었고, 아이기스는 강력한 보호물이나 방패를 가리키는 말이 되었다. 꿈의 전함으로 불리는 미국의 순양함 이지스AEGIS는 아이기스의 영어식 발음이다.

크로노스가 모르는 사이에 제우스는 멋진 신으로 성장했다. 청년이 된 제우스는 티탄 신족인 오케아노스의 딸 메티스와 결혼했다. 제우스는 형제자매들을 구하기 위해 크로노스를 찾아가 그의 시종이 되었다. 레아는 제우스가 자신의 아들인 것을 알아보았지만, 크로노스는 전혀 눈치를 채지 못했다.

신들이 먹는 음식은 암브로시아Ambrosia라고 하고, 신들이 마시는 술은 넥타르Nectar라고 한다. 제우스는 크로노스의 식사 때마다 그가 먹는 암브로시아와 넥타르에 토제吐劑, 즉 토하게 만드는 약을 넣었다.

토제의 작용으로 크로노스는 마침내 그동안 삼켰던 자식들을 모두 토해냈다. 하데스, 포세이돈, 헤스티아, 데메테르, 헤라를 토해낸 크로노스는 마지막으로 바윗돌을 토해냈다. 그제야 크로노스는 자신이 속았다는 것을 깨닫고, 제우스의 정체를 알아보았다.

제우스는 막내로 태어났지만 이미 장성한 청년이었고, 그의 형제자매들은 어린아이와 다름없었다. 이러한 상황에 따라 제우스는 장남의 역할을 하게 되었다.

신들의 전쟁

제우스는 형제자매들을 데리고 올림포스 산Olympos Mt으로 갔다. 그들은 산의 꼭대기에 궁전을 짓고 그곳을 거처로 삼았다. 당시 티탄 신족은 오트리스 산Mount Othrys 꼭대기에 웅거하고 있었다. 크로노스와 티탄들은 제우스 형제들의 성장을 불안한 시선으로 지켜보고 있었다.

마침내 제우스와 형제들은 결단을 내렸다. 아버지를 몰아내고 새로운 세상을 만들기 위해 전쟁을 선포한 것이다. 이렇게 해서 올림포스의 신들과 티탄 신족의 전쟁이 시작되었다. 이 전쟁을 '티타노마키아'라고 하는데 이는 '티탄과의 싸움'이라는 뜻이다.

크로노스는 자신의 형제들인 티탄 신족에게 도움을 청했다. 하지만 티탄 신족이 모두 크로노스 편에 선 것은 아니었다. 제우스의 할머니인 가이아와 어머니 레아, 그리고 프로메테우스와 스틱스 강은 제우스 편에 가담했다.

제우스의 형제자매들과 크로노스의 형제자매인 티탄 신족 사이에 치열한 전쟁이 시작되었다. 하지만 싸움은 쉽게 끝나지 않았다. 그때 대지의 여신 가이아가 손자인 제우스에게 전쟁에서 승리하는 방법을 일러주었다.

제우스는 할머니의 조언에 따라 타로타르스에 내려가 키클롭스 삼 형제와 헤카톤케이레스 삼 형제를 올림포스로 데려왔다. 제우스는 그들에게 암브로시아와 넥타르로 성찬을 차려 대접했다. 암브로시아와 넥타를 배불리 먹은 거인들은 기운을 차렸다.

외눈박이 거인 키클롭스 삼 형제는 솜씨가 뛰어난 대장장이들이었다. 그들은 각각 스테로페스(천둥), 브론테스(번개), 아르게스(벼락)라는 이름으로 불렸다.

키클롭스들은 자신들을 구해준 보답으로 제우스 삼 형제를 위해 무기를 만들었다. 제우스에게는 천둥과 벼락, 번개, 포세이돈에게는 삼지창 트리아이나Triaina, 하데스에게는 머리에 쓰는 투구 퀴네에Kynee를 만들어 주었다.

포세이돈의 삼지창 트리아이나는 '트리덴트Trident'라고도 불린다. 트리Tri는 셋, 덴트dent는 이빨을 뜻한다. 구름과 비와 바람을 마음대로 불러올 수 있는 능력을 가진 이 창은 포세이돈의 상징물이 되었다. 그는 항상 이 상징물을 지니고 다니면서 파도를 일으키고 바람과 구름을 불러 바다의 위용을 드러냈다.

타이탄의 몰락
야코프 요르단스, 1638년

하데스의 퀴네에도 특별한 투구이다. 이 투구를 쓰면 상대방은 투구를 쓴 사람이 보이지 않는다. '하데스'라는 말 자체가 그리스어로 '보이지 않는 자' 또는 '볼 수 없다'는 뜻을 가졌다. 지하세계는 아무도 들여다 볼 수 없다. 지하세계의 왕이자 죽은 자들의 신인 하데스는 퀴네에를 쓰고 죽음을 앞둔 자에게 다가와서 한 순간에 저승으로 데려간다.

한편 헤카톤케이레스 삼 형제는 각각 100개의 팔과 손을 이용하여 한꺼번에 많은 바위 덩어리를 던져 티탄들을 공격했다. 이들의 협력으로 10년간 지루하게 이어지던 전쟁은 제우스 형제의 승리로 끝이 났다.

제우스는 크로노스와 그의 형제들인 티탄 신족을 제압하여 타르타로스에 가두고 헤카톤케이레스 삼 형제에게 지키게 했다. 그러나 티탄

36

신족들 중 아틀라스Atlas에게는 다른 형벌이 내려졌다. 그는 영원히 하늘을 받치고 서 있어야 했다.

이렇게 하여 천지 창조 이후 제1세대의 신이었던 티탄 신족의 시대는 막을 내렸다. 크로노스에 이어 세상의 지배자가 된 제우스는 형제들과 권력을 나누었다. 자신은 신과 인간의 세상을 지배하고, 하데스는 지하 세계와 죽은 자들의 나라를 다스리고, 포세이돈은 바다를 다스리게 했다. 그리고 올림포스에 제우스의 자식들이 합류하면서 제우스를 중심으로 한 올림포스 신들의 시대가 열렸다. 올림포스 산 아래에는 인간들도 하나 둘 모여 마을을 이루었다. 하지만 이들의 시대가 안정감 있게 자리 잡기도 전에 또 다른 전쟁이 기다리고 있었다.

기간토마키아

제우스의 승리를 도왔던 할머니 가이아는 손자의 승리가 기쁘지 않았다. 제우스가 티탄 신족을 타르타로스에 가두었기 때문이었다. 자신의 자식들이 깊고 끝이 보이지 않는 지하 세계의 어둠속에서 영원히 갇혀 지내는 것이 못내 그녀의 가슴을 아프게 했다. 그녀는 결국 자식들을 해방시키기로 마음먹었다.

가이아는 우라노스의 생식기가 잘렸을 때 쏟아진 피가 자신의 몸에 떨어져 잉태되어 태어난 24명의 기간테스Gigantes들에게 도움을 청했다. 기간테스란 '가이아의 자식들'이란 뜻이다. 거인을 뜻하는 영어 '자이언트giant'도 여기에서 비롯되었다.

기간테스는 거대한 몸과 괴력을 지닌 거인으로 두 다리는 뱀의 형상을 하고 있었다. 그들은 우레와 같은 함성을 지르면서 올림포스를 공격했다. 불붙은 나무들과 거대한 바위들이 올림포스를 향해 날아들면서 하늘과 땅이 요동쳤다.

제우스와 그의 자식들인 아테나, 아폴론, 아레스, 헤파이스토스 등 올림포스의 신들은 기간테스에 맞서 싸웠다. 하지만 승패가 쉽게 나지 않았다. 제우스는 아테나에게 헤라클레스를 데려오도록 시켰다. 헤라클레스는 제우스와 인간인 알크메네 사이에서 태어났으며, 그리스신화에서 가장 힘이 센 불사의 영웅이었다.

헤라클레스는 올림포스 신들이 기간테스를 공격하면 동시에 기간테스들에게 활을 쏘았다. 신과 인간의 협공을 받은 기간테스들은 혼비백산하여 사방으로 흩어졌다. 기간테스 중 전쟁의 주동자였던 폴리보테스는 포세이돈과 겨루다가 전세가 불리해지자 그리스 동남부에서 멀리 떨어진 코스Cos 섬 부근으로 피했다.

포세이돈은 이때를 놓치지 않고 코스 섬의 일부를 떼어내 폴리보테스에게 던졌다. 폴리보테스는 그 자리에서 깔려 죽었다. 훗날 사람들은 폴리보테스의 몸을 덮친 코스 섬의 일부를 '니시로스Nisyros' 섬이라고 불렀다. 그 외의 기간테스들도 대부분 죽음을 면치 못했고, 몇몇은 멀리 도망쳤다. 기간테스와의 전쟁은 헤라클레스의 도움을 받은 올림포스 신들의 승리로 끝이 났다. 하지만 제우스 앞에 또 다른 시련이 기다리고 있었다.

티폰과의 전투

올림포스 신들과의 전쟁에서 기간테스들이 패하여 대다수가 죽자 가이아는 몹시 분개했다. 그녀는 타로타로스와 결합하여 괴물 티폰을 낳았다. 티폰의 머리는 때때로 별에 닿을 만큼 거구였다. 양쪽 팔을 벌리면 한쪽 손은 세계의 동쪽 끝에, 다른 한쪽 손은 서쪽 끝에 닿을 정도였다.

상반신은 인간의 몸이었지만 허리 아래로는 거대한 뱀의 몸이었다. 등에는 날개가 달려 있고, 어깨와 팔에는 수많은 용머리가 달려있었다. 두 눈과 입에서는 시뻘건 불꽃을 뿜어냈다.

티폰이 올림포스를 공격하자 그 무시무시한 기세에 놀란 신들은 공포에 사로 잡혔다. 그들은 이집트로 달아나 제각각 동물로 변신한 뒤 사막에 몸을 숨겼다. 아폴론은 소리개로, 헤르메스는 따오기로, 아레스는 물고기로, 디오니소스는 염소로 헤파이스토스는 황소로 변했다.

그러나 제우스와 아테나는 티폰과 정면으로 맞서 싸웠다. 제우스는 연속으로 번개를 내리치며 티폰을 공격했고, 티폰의 주의력이 분산된 틈을 노려 낫으로 내리찍어 중상을 입혔다.

부상을 입은 티폰은 시리아로 도망쳤고, 제우스는 최후의 일격을 가하기 위해 티폰을 쫓았다. 그런데 급하게 추격하던 제우스는 방심한 사이 티폰에게 낫을 빼앗겼고, 티폰은 그 낫으로 제우스의 팔과 다리의 힘줄을 잘랐다.

티폰은 저항할 수 없게 된 제우스를 어깨에 걸쳐 메고 지금의 터키와 시리아의 접경지대인 킬리키아Kilikya로 가서 그곳의 바위굴에 가두었다. 그리고 제우스의 힘줄은 곰의 가죽에 싸서 델피네Delphyne(상 반신은 여자, 하반신은 용인 괴물)에게 지키게 했다.

제우스는 힘줄을 잃고 그야말로 전신마비 상태와 다름없었다. 위기 에 빠진 제우스를 구한 것은 도둑질에 재능을 타고난 헤르메스였다.

헤르메스는 자신의 아들인 목신 판과 함께 델피네를 속여 곰 가죽 에 싸서 숨겨두었던 제우스의 힘줄을 훔쳐내는데 성공했다. 헤르메스 덕분에 힘줄을 되찾은 제우스는 원래의 힘을 회복했다. 제우스와 티탄 은 다시 전투를 벌였다. 이 싸움은 오래 지속되었고, 이들이 서로를 공 격할 때마다 세상은 요동쳤다.

오랜 전투 끝에 제우스는 티폰을 간신히 제압한 뒤 시칠리아의 에 트나 화산으로 짓눌러 놓았다. 티폰은 화산 아래서 옴짝달싹할 수 없게 되었다. 분노에 찬 티폰은 가끔씩 울부짖으며 불을 토해냈다. 그래서 에트나 화산은 오늘날에도 이따금 용암과 불을 내뿜으며, 티폰의 건재 를 과시한다고 전해진다. 티폰의 패배는 가이아에게 충격이었다. 그녀 는 우라노스와 크로노스, 제우스에게 이르기까지 자신이 원하는 대로 세상의 지배자를 갈아치웠다.

가이아는 맨 처음 자신의 아들이었던 우라노스를 세상의 지배자 자 리에 앉혔고, 이어서 크로노스에게 명해 남편인 우라노스를 거세시키 고 크로노스를 왕좌에 앉혔다. 그리고 제우스의 조력자가 되어 티탄 신 족과의 전쟁에서 승리하도록 도왔고, 그 덕분에 제우스는 신들의 왕이 되었다. 하지만 제우스는 달랐다. 그녀는 티탄 신족을 해방시키기 위 해 제우스를 왕좌에서 쫓아내려 했지만 뜻을 이루지 못했다.

이제 가이아도 손자인 제우스의 권위를 인정하고 스스로 권력의 무대에서 퇴장했다. 이렇게 하여 온전한 세대교체가 완벽하게 이루어졌다. 이제 제우스의 권위에 도전하거나 위협할 자는 신과 인간의 세계에 아무도 존재하지 않았다. 제우스는 명실상부한 신들의 제왕으로 우뚝 서게 되었다.

프로메테우스

이아페토스는 가이아와 우라노스의 여섯 아들 중 다섯째 아들이다. 그는 큰 형인 오케아노스의 딸 클뤼메네와 결혼했다. 이들 사이에서 네 아들이 태어났는데 그들은 아틀라스, 메노이티오스, 프로메테우스, 에피메테우스였다.

아틀라스와 메노이티오스는 사나운 거인으로 이들은 올림포스 신들과의 전투에서 크로노스 편에 섰다. 반면에 프로메테우스와 에피메테우스는 제우스 편에 섰다. 프로메테우스는 '미리 아는 자', 에피메테우스는 '나중에 아는 자'라는 뜻이다.

프로메테우스는 전쟁의 결과를 미리 내다보았고, 전쟁이 나자마자 일찌감치 제우스 편에 섰던 것이다. 이아페토스의 아들들은 형제들끼리 서로 적이 되어 싸웠다.

전쟁은 프로메테우스의 예언대로 올림포스 신들의 승리로 돌아갔고, 크로노스의 편에 섰던 아틀라스에게는 영원히 하늘을 받치고 서서 있어야하는 끔찍한 형벌이 내려졌다.

당시 인간들은 오늘날의 펠로폰네소스 반도 동북쪽의 시퀴온에 해당하는 메코네 평야에서 신들과 조화를 이루며 어울려 살았다. 그들은 풍요와 번영을 누렸다. 인간은 불사의 존재는 아니었지만 늙거나 병들지 않았다. 고통이나 슬픔에도 시달리지 않았다.

인간은 아직 여자는 없었고 모두 남자들뿐이었다. 그들은 이성이라는 것을 몰랐기에 여성의 필요성을 느끼지 못했다. 그저 신들과 어울려 평화롭게 공존했지만 신들의 전쟁은 모든 것을 바꿔 놓았다.

티탄 신족과 올림포스 신들의 전쟁이 끝나고, 패배한 티탄 신족은 타르타로스에 갇혔다. 승리한 올림포스 신들은 서로 역할을 분담했다. 각자 다스리는 영역을 가지게 되면서 위계질서가 세워졌다. 다음 단계는 인간과의 관계 설정이었다. 신과 인간이 함께 어울려 지낼 때는 서로를 구분하거나 신경 쓸 필요가 없었다. 각자 자기방식대로 살아가면 그만이었다.

하지만 이제 시대가 바뀌었다. 세상은 신들에 의해 위계질서가 세워지고 영역이 나뉘어졌다. 신과 인간의 관계 설정이 필요한 시점이 된 것이다. 하지만 인간은 신들과 지위를 놓고 협상하거나 세력을 다툴 대상은 아니었다.

인간은 신들에 비해 모든 면에서 열등했다. 그들은 힘도 약했고, 야만성과 동물성에서 벗어나지 못한 아직은 미개한 존재였다. 그렇다면 신과 인간의 관계는 어떻게 정립해야할까?

제우스는 이 문제로 고민하다가 프로메테우스에게 조언을 구했다. 프로메테우스는 매우 영리하고, 지략이 뛰어났으며, 무엇보다 미래를 내다보는 통찰력을 지녔다. 제우스는 그의 능력을 매우 신뢰했다. 이번에도 프로메테우스가 명쾌한 답을 줄 것으로 기대했다.

제우스의 부름을 받은 프로메테우스는 황소 한 마리를 끌고 왔다. 신과 인간의 지위를 구분하기 위해서였다. 프로메테우스는 소를 잡아 먼저 가죽을 벗기고, 뼈와 살을 분리했다. 뼈 위에는 희고 얇은 비계를 덮어 먹음직스럽게 보이도록 만들었다. 반면 살코기와 내장은 보기 흉한 소의 위 점막으로 씌웠다. 이렇게 소를 잡아 두 덩어리로 분리한 프로메테우스는 제우스에게 둘 중 어떤 것을 신들의 몫으로 할지 물었다. 그리스어로 '모이'라는 '부분'과 '몫'이라는 의미를 가진 단어이다.

운명의 여신들을 모이라이(모이라의 복수형)라 부르듯이 '운명'을 뜻하는 낱말이기도 하다. 프로메테우스는 소를 둘로 나누어 그중 한 덩어리를 신들의 '운명'인 '몫'으로 삼고, 다른 한 덩어리를 인간의 '모이라'로 삼으려 했던 것이다. 이제 제우스의 선택에 따라 신과 인간의 운명이 결정되는 것이다.

제우스는 단번에 프로메테우스의 속셈을 간파했다. 하지만 그는 속는 척하며 비계로 덮인 덩어리를 골랐다. 그리고 비계를 들춰보았다. 살점이라고는 전혀 없는 흰 뼈들뿐이었다.

이제부터 신과 인간의 관계는 명확해졌다. 프로메테우스가 소를 잡아서 했던 것처럼 인간들은 '제물을 바치는' 행위를 통해 신과의 관계를 맺게 되었다. 이후 인간은 제단 위에 흰 뼈를 비계와 함께 태워 맛있는 냄새만 하늘 위로 피워 올리면 신을 섬기는 의무를 다하게 되었다. 그것이 제우스가 선택한 신들의 몫이었기 때문이다.

인간들은 남은 것, 즉 살코기를 차지하고 그것을 굽거나 삶아서 먹었다. 이 결과만 놓고 보면 인간 쪽에서 큰 이득을 챙긴 것처럼 보여 진다. 하지만 신들은 고기를 먹지 않아도 불멸을 누렸지만, 인간은 먹어야만 살 수 있었다. 그러므로 인간에게 고기가 제공된 것은 당연했다. 하지만 뼈는 소가 죽어도 말라비틀어지거나 썩어 문드러지지 않는 불멸의 부위로 신성에 가까웠다. 하지만 살코기와 내장은 소가 죽으면 순식간에 부패해서 악취를 풍기고, 얼마 지나지 않아 썩어 문드러져 없어진다. 그래서 뼈는 불멸의 존재인 신들의 운명을 상징하고, 살코기와 내장은 유한한 삶을 살다가 흙으로 돌아가는 인간의 덧없는 운명을 상징했다.

프로메테우스는 제우스를 속이고 인간을 도와주었다고 생각했다. 하지만 결과적으로 신들이 받은 것은 짐승의 생명력이었고, 인간에게 돌아간 것은 죽은 짐승의 고기에 불과했다. 여기에 영원성을 지닌 불사의 신과 유한한 생명력을 지닌 인간의 운명이 함축되어 있다.

신의 생명은 영원하지만 인간은 죽을 수밖에 없는 운명이 된 것이다. 이것은 오히려 제우스가 의도했던 결과였다. 뛰는 프로메테우스 위에 제우스는 날고 있었던 것이다.

하지만 이일로 프로메테우스에 대한 제우스의 신뢰에 금이 갔다. 제우스는 자신을 속이려한 프로메테우스를 괘씸하게 여겼다. 그래서 프로메테우스가 도와주려고 했던 인간의 운명을 한층 더 가혹하게 만들기로 했다.

제우스는 먼저 인간들이 자유롭게 사용하던 불을 더는 사용하지 못하도록 감춰버렸다. 동시에 인간들의 생명과 직결된 곡식인 밀도 숨겨버렸다. 불은 원래 제우스의 번갯불인데 물푸레나무 꼭대기에 놓여있어서 인간들은 필요할 때마다 가져다 쓸 수 있었다.

신들도 인간과 마찬가지로 그 불을 사용했다. 그런데 제우스가 불을 감추자 심각한 문제가 생겼다. 신들에게 제물을 바칠 짐승은 있지만 그것을 잡아서 익힐 방도가 없었다. 더구나 인간은 고기를 날것으로 먹지 못하기 때문에 굽거나 삶지 않으면 먹을 방법이 없었다. 이것은 인간에게 큰 재앙이었으며, 최고신을 농락한 프로메테우스에게 보내는 일종의 경고이기도 했다.

인간이 불이 없어서 어려움을 당하자 프로메테우스는 다시 인간을 돕기 위해 나섰다. 그는 회향나무 가지를 꺾어 들고 하늘을 날아 올림포스로 갔다.

회향나무는 다른 나무와 반대로 겉은 푸르고 촉촉하지만 속은 완전히 바싹 마른 나무였다. 프로메테우스는 제우스 몰래 불씨를 훔쳐 회향나무 가지에 넣고 땅 위로 내려와서 인간에게 건네주었다. 인간들은 그 불로 부엌에 불을 지피고 고기를 요리했다. 제우스는 곧 그 사실을 알게 되었다.

프로메테우스
하인리히 프리드리히 퓌거, 1790년 또는 1817년경

"내가 보낸 경고를 무시하고 또 다시 나를 속이고 인간을 돕다니, 도저히 용서할 수 없다."

제우스는 프로메테우스를 붙잡아 그리스인들이 세상의 끝이라고 생각한 코카서스 산의 바위에 묶고, 독수리에게 매일 간을 파먹게 했다. 그러나 프로메테우스는 불사의 몸이었기 때문에 생명에는 지장이 없었다. 간은 밤이 지나면 원래 상태로 회복되었다. 하지만 끔찍한 고통만은 면할 수 없었다.

독수리는 매일 찾아와 그의 간을 파먹었고, 밤이 지나면 간은 원래 상태로 돌아왔다. 그는 매일 똑같은 고통에 시달려야만 했다. 긴 세월이 지난 후에야 제우스는 그가 형벌에서 벗어나 자유의 몸이 되도록 허락했다. 그를 구해준 것은 헤라클레스였다. 그는 독수리를 죽이고 프로메테우스의 결박을 풀어주었다. 이후 제우스는 프로메테우스를 용서하고 화해한 다음, 신의 지위를 회복시켜 올림포스 복귀를 허락했다.

판도라의 상자

프로메테우스에게 독수리가 간을 파먹는 끔찍한 형벌을 내리고도 제우스의 분노는 쉽게 가라앉지 않았다. 그의 분노는 인간에게 향했다.

제우스는 자신의 아들이자 대장장이의 신 헤파이스토스를 불렀다. 그리고 진흙으로 아프로디테를 닮은 아름다운 인간을 빚으라고 명했다. 솜씨 좋은 헤파이스토스는 제우스의 기대를 저버리지 않았다.

아프로디테를 쏙 빼닮은 인간의 형상이 완성되자 그 모습을 본 제우스는 매우 만족했다. 제우스는 그 형상에 생명을 불어넣고 '여자'라고 불렀다. 그는 이 여자를 이용해서 인간에게 재앙을 내릴 계획이었다. 당시 인간은 남자뿐이었고, 제우스는 여자를 프로메테우스의 동생인 에피메테우스와 짝을 맺어줄 생각이었다.

제우스는 프로메테우스가 인간에게 불과 문명의 혜택을 준 것에 대한 대가를 그의 동생인 에피메테우스를 통해 보상받고자 했던 것이다.

제우스는 모든 신들을 불러 모아 남자가 여자에게 호감을 갖도록 선물을 하나씩 가져올 것을 부탁했다. 다만 인생에 전혀 도움이 되지 않아야 한다는 조건이 붙었다.

데메테르는 정원 가꾸는 법을 가르쳤고, 아프로디테는 남자의 관심을 끄는 마성적인 매력을 선물했다. 아테나는 실을 뽑아 천을 짜는 법을 가르쳤지만, 자신이 지닌 지혜는 조금도 나눠주지 않았다. 제우스는 여기에 허영심과 우둔함까지 보태었다. 마지막으로 헤르메스에게 그가 지닌 도둑질과 뻔뻔한 거짓말의 기술을 여인의 내면에 불어넣어 마무리하게 했다.

신들은 인간 여인이 완성되자 아름다운 옷과 화관과 목걸이 등 장신구로 치장시켰다. 신들은 이 여인에게 '판도라'라는 이름을 붙였다. 고대 그리스어로 '판'은 '모든 것'을 '도라'는 '선물'이라는 뜻이다.

제우스는 정교하게 세공한 황금상자를 판도라에게 건넸다. 그리고 무슨 일이 있어도 상자를 열어서는 안 된다고 다짐을 받았다. 이때 헤라가 판도라에게 의심과 호기심을 불어넣었다.

제우스는 헤르메스를 시켜 판도라를 프로메테우스의 동생인 에피메테우스에게 데려다 주게 했다.

프로메테우스는 '먼저 아는 자'로 미래를 내다보는 통찰력을 지녔으나 동생인 에피메테우스는 '나중에 이해하는 자'로 매우 우매했다. 프로메테우스는 제우스에게 끌려가 코카서스 산에서 형벌을 받기 전 미래를 내다보고 동생에게 당부를 했다.

상자를 여는 판도라
존 윌리엄 워터하우스, 1896년

"제우스가 만약 선물을 보내거든 절대 받아서는 안 된다. 혹시 받더라도 즉시 돌려보내야 한다. 명심하도록 해라."

하지만 판도라의 아름다움에 마음을 빼앗긴 에피메테우스는 형의 당부를 까맣게 잊어버렸다. 그는 제우스의 속셈도 모르고 신이 나서 판도라를 신부로 맞았다. 남자밖에 없던 세상에 여자가 등장하자 세상은 변했다. 이후 인간들은 짝을 맺고 스스로 번식했다.

에피메테우스의 아내가 된 판도라는 평범한 일상을 보내고 있었다.

어느 날 그녀는 문득 제우스의 당부가 생각났다. 절대 열어보지 말라고 했던 황금상자 속에 무엇이 들었는지 궁금했다. 헤라가 불어넣은 호기심이 발동하자 그녀는 도저히 참을 수가 없었다. 결국 판도라는 상자를 열고 말았다.

그 순간 이 세상의 모든 악과 부정한 것들이 순식간에 상자에서 빠져나와 인간 세상으로 흩어졌다. 고통과 다툼이 없던 평화로운 인간세상은 곧 혼란에 빠져 아수라장이 되었다. 그때부터 인간은 눈에 보이지 않고 들리지도 않고 언제 닥칠지도 모르는 재앙으로부터 위협을 받으며 고통스럽게 살아야했다. 놀라고 당황한 판도라는 급히 상자 뚜껑을 닫았을 때 상자 안에 남은 것은 '희망'뿐이었다. 덕분에 인간은 재앙이 닥쳐 절망에 빠진 순간에도 희망만은 품고 살아가게 되었다. 희망으로 힘과 용기를 얻은 덕분에 절망을 이겨내고 고달픈 인생길을 꿋꿋하게 살아가게 된 것이다.

에피메테우스가 판도라를 아내로 맞이한 순간부터 여자가 인간 세상에서 존재하기 시작했고, 인간 사회에 큰 변화를 가져왔다. 인간 남자는 여자와 결혼하여 아내를 맞이하고, 그 여자를 부양하지 않으면 자손을 얻지 못하게 되었다.

제우스는 마침내 인간의 운명을 자신이 원하던 퍼즐로 짜서 끼워 맞추었다. 프로메테우스에 의해 설계되었던 신과 운명의 경계도 보다 확실해졌다.

인류의 다섯 시대

에피메테우스와 판도라 사이에서 피라Pyrrha라는 딸이 태어났다. 그녀는 프로메테우스의 아들인 데우칼리온Deucalion과 결혼했다. 데우칼리온은 정직하고 공정했으며, 피라는 신앙심이 깊었고, 경건한 삶을 살았다.

제우스는 이들 부부를 기특하게 여겨 이들을 통해 새로운 인류를 창조하기로 마음먹었다. 당시 청동의 종족이 살았는데 그들은 힘이 세고 매우 난폭했다. 그들은 밤낮으로 서로 다투고 싸우며 잔혹한 행위를 멈추지 않았다. 더구나 신들을 두려워하거나 경외하지도 않았다.

제우스는 타락할 대로 타락한 이 종족을 없애기 위해 대홍수를 일으키려고 했다. 그러나 신앙심이 깊은 데우칼리온과 피라는 살려주기로 했다.

프로메테우스는 아들인 데우칼리온에게 물위를 떠다니는 방주를
만들게 했다. 그리고 식량과 생필품을 미리 방주에 실어놓았다가 비가
오면 즉시 방주에 타라고 당부했다.

제우스는 바람을 일으켜 먹구름을 한 곳으로 모은 뒤 천둥과 번개
를 신호로 폭우를 쏟아지게 했다. 억수같은 비가 쏟아져 내리자 세상은
이내 물바다로 변했다. 제우스는 바다의 신 포세이돈을 시켜 홍수를 더
욱 심해지도록 했다.

프로메테우스의 조언에 따라 방주에 오른 데우칼리온과 피라는 9일
동안이나 물 위를 떠다니다가 보이오티아의 파르나소스 산에 닿았다.
비가 그치고 대지를 뒤덮었던 물이 빠지자 그들은 방주에서 내렸다. 홍
수로 인해 세상의 모든 것이 휩쓸려 내려가서 대지는 황량하기 그지없
었다. 그들 앞에 헤르메스가 찾아왔다.

"제우스신께서 너희의 소원을 들어주시겠다고 하셨다. 무엇
이든지 원하는 것을 말하라."

데우칼리온은 드넓은 세상에 단 둘만 남아있으니 외롭다며, 함께
할 수 있는 사람들이 있으면 좋겠다고 말했다. 제우스는 데우칼리온에
게 '어머니의 뼈'를 던지라고 계시를 내렸다. 하지만 두 사람의 어머니
는 이미 땅에 묻힌 지 오래였고, 어머니의 뼈를 파내서 던지는 행위는
신성모독과도 같았다.

제우스의 계시를 받고 충격에 빠진 두 사람은 당황했다. 그러나 곧

데우칼리온과 피라
페테르 파울 루벤스, 1636년

'어머니'가 무엇을 의미하는지 깨달았다. 모든 것의 어머니는 가이아이며, 가이아는 대지이다. 대지의 갈비뼈란 대지의 흙 속에 들어있는 돌이나 바위였던 것이다.

데우칼리온은 제우스가 시키는 대로 돌을 주워서 어깨너머로 던졌다. 땅 위에 떨어진 돌이 녹아내리더니 금방 인간의 형체를 갖추었고, 곧 남자가 되었다. 피라가 던진 돌은 여자가 되었다. 이렇게 해서 새로운 인간들이 태어났다. 그리고 데우칼리온과 피라의 사이에서도 자식들이 태어났다. 그들은 그리스인들의 선조가 되었다. 큰아들 헬렌, 둘째인 도로스, 셋째 크수토스, 막내인 아이올로스가 그들이다.

헬렌은 모든 그리스인의 선조가 되었다. 고대 그리스인들은 헬렌의 이름을 따서 자신들을 헬레네스라 부르게 되었다. 도로스와 아이올로스는 도리아인과 아이올리아인의 시조가 되었다. 크수토스는 아카이오스와 이온을 낳았는데 이들은 각각 아카이아인과 이오니아인의 시조가 되었다.

고대 그리스인들은 자신들의 도시와 지역의 고유성에 관심이 많고 민족적 자긍심이 대단했다. 그래서인지 도시들은 저마다 신화적 기원을 갖고 있다. 신화는 인간의 창조에 관해서는 명확하게 다루지 않지만 인류의 변천사에 대해서만은 분명하게 밝히고 있다.

헤시오도스는 인류의 역사를 다섯 시대로 구분했다. 즉 황금의 시대, 은의 시대, 청동의 시대, 영웅의 시대, 철의 시대이다.

황금의 시대는 티탄 신족인 크로노스가 지배하던 시대였다. 당시 인간은 남자뿐이었다. 그들의 영혼은 순수하고, 그들의 삶은 행복했으며, 어느 것 하나 부족함이 없던 시대였다. 다툼도 분열도, 미움도 시기도 없었고, 먹을 것은 사방에 널려있어서 손만 뻗으면 구할 수 있었다. 노동이 필요 없었고 질병에 걸리지도 않았다. 고통을 몰랐고 늙지도 않았다.

인간은 불사의 몸은 아니었지만 신들과 어울렸고, 신들처럼 살다가 죽었다. 이 시대를 '황금의 시대'라고 한다. 그 영향으로 오늘날에도 번영을 누리는 시기를 황금시대라고 부르게 되었다.

크로노스와 티탄 신족의 시대가 끝나고, 제우스와 올림포스 신들의 시대가 열렸다. 따라서 인류도 '황금의 시대'가 끝나고 '은의 시대'를 맞았다. 은의 시대를 살았던 인간들은 올림포스 신들이 만든 종족이었다. 이들은 황금의 종족에 비해 열등했다. 키도 작았고, 지능도 떨어졌으며 무절제하게 살아서 수명도 짧았다. 은의 종족은 신들을 공경할 줄 몰랐고, 제사를 지낼 줄도 몰랐다. 제우스는 불경스러운 이 종족을 못마땅하게 여겼다. 결국 그들은 모두 땅속에 묻히고 말았다.

은의 종족을 멸망시킨 제우스는 물푸레나무에서 새로운 종족을 만들었다. 그들은 무기와 집과 도구를 모두 청동으로 만들었다. 이들이 사는 시대를 구분하여 '청동의 시대'라고 한다. 청동의 종족은 맹수처럼 매우 난폭하고 호전적이었다. 또한 거칠고 사나워 다툼이 끊이지 않았고, 그들 사회에서는 폭력이 난무했다. 보다 못한 제우스는 이 사나운 종족을 모두 대홍수로 쓸어버렸다.

청동의 종족이 사라지자 제우스는 새로운 종족이 태어나게 했다. 이들은 청동의 종족보다 정의롭고 덕을 갖춘 훌륭한 종족으로, '반은 신이고 반은 인간'이었다. 이들로 인해 '영웅의 시대'가 열렸다.

당시 신이 인간 여자를 사랑해서 자식을 낳거나 여신이 인간 남자와 관계를 맺어 자식을 갖는 일은 이상한 일이 아니었다. 신과 인간의 혈통을 받고 태어난 자손들은 대부분 영웅이 되었다. 하지만 이들은 끊임없이 전쟁을 치러야 할 운명이었다.

전쟁이 끝나고 살아남은 영웅들은 제우스가 신과 인간으로부터 멀리 떨어진 전설의 낙원으로 보냈다. 그곳은 '축복받은 자들의 섬'으로 불리는 엘리시온 평원이었다. 영웅들은 그곳에서 모든 근심과 걱정에서 해방되어 풍요롭고 행복한 삶을 누렸다.

다섯 번째 종족은 헤시오도스 자신이 살고 있던 시대의 사람들이었다. 이들은 '철의 종족들'이며, 밤낮없이 늘 피곤하고 불안한 삶을 살았다.

신들이 이들에게 항상 걱정거리를 가져다주었기 때문이다. 아이들은 부모를 존경하지 않고, 형제끼리도 별로 우애가 없었다. 부모가 늙으면 효도는커녕 괄시했다. 신의를 저버렸고, 정의롭거나 선하지도 않았다. 법보다 힘이 앞섰고, 악인이 영광을 얻고 명예를 누리는 시대였다. 그들은 거짓과 위선으로 선량한 사람들을 해쳤다.

인간들에게는 쓰디쓴 고통만이 남았고, 악을 치유할 방도를 찾을 길이 없었다. 헤시오도스가 분류한 이 다섯 시대는 실제 역사를 설명한 것이 아니라 어디까지나 신화이다.

올림포스의
신들

신들의 왕
제우스

크로노스와 레아의 아들인 제우스는 그리스 신화의 중심적 존재이다. 하늘, 날씨, 법률, 사회 질서 영역을 다스렸으나 실질적으로는 신과 인간 세계의 지배자였다. 그는 명실상부한 그리스 로마 신화의 최고신으로 그의 신권에 도전할 자는 아무도 없었다.

고대 그리스의 비극 시인인 아이스킬로스는 제우스에 대해서 이렇게 묘사했다. "제우스는 창공이며, 제우스는 대지이고, 제우스는 하늘이다. 그렇다. 제우스는 모든 것이며 모든 것 위에 존재한다."

하지만 그의 권위에 대한 도전이 아예 없었던 것은 아니었다. 한때 헤라는 포세이돈과 아폴론, 아테나와 함께 반란을 일으켰다. 그들은 제우스가 잠이 든 사이 제우스를 덮쳐 쇠사슬로 결박했다. 모든 신들이 제우스를 외면했지만 바다의 여신 테티스만은 도우러 왔다. 그녀는 헤카톤케이레스 형제 중 하나인 브리아레오스를 소환했다.

브리아레오스가 제우스를 돕기 위해 나서자, 기세에 눌린 신들은 반역을 포기했고, 제우스는 곧 풀려났다. 제우스는 포세이돈과 아폴론에게 트로이의 라오메돈 왕을 위한 노역을 형벌로 내렸다. 반면 도움을 준 테티스에게 감사의 표시로 그녀의 아들 아킬레우스를 인간들 중 가장 위대한 영웅으로 만들어 주었다.

그리스에서 로마로 전승된 신화는 제우스를 매우 다양한 모습으로 묘사하고 있다. 제우스는 하늘의 지배자였다. 그는 천둥과 벼락, 번개를 마음대로 조종했다. 구름을 모으고 천둥과 번개를 내리쳐 날씨를 다스렸으며, 눈과 비, 가뭄 등 모든 기상상태를 주관했다. 제우스의 상징은 독수리이며, 고대인들은 독수리가 제우스의 번갯불을 나른다고 믿었다.

제우스는 풍년의 신이었다. 농경 사회였던 고대 그리스에서 자연현상만큼 중요한 것은 없었다. 한해의 수확이 풍작이 되거나 흉작이 되는 것은 날씨에 달려있었기 때문이다. 따라서 고대 그리스인들에게 날씨를 주관하는 제우스는 두려움의 대상이 될 수밖에 없었다. 그들은 농사를 지을 때면 제우스에게 풍년을 기원했다.

제우스는 가정의 부를 지켜주는 신이었다. 그는 집안의 곳간에 앉아 재산의 출입을 통제했다. 그는 집의 안마당에 자리 잡고 집안의 안녕과 번영을 주관했기 때문에 고대 그리스인은 안마당에서 정기적으로 제우스에게 제사를 지냈다. 도시 국가의 궁전 안뜰에 제우스 제단이 있었던 것도 이 때문이다.

제우스
장 오귀스트 도미니크 앵그르, 1811년

제우스는 정화의 능력을 가진 신이었다. 사람들은 큰 잘못을 저지르거나 오점을 남겼을 때 제우스의 제단에서 죄를 씻었다. 그들은 과거의 잘못을 속죄하고 더러워진 마음을 정화하여 새 삶을 찾고자 했던 것이다.

제우스는 법률과 사회 질서를 다스리는 신이었다. 그는 정의를 수호하고, 폭력이나 협잡에 의한 권리 침해를 보호했으며, 모든 율법의 아버지였다. 또한, 왕에게 왕권의 상징인 왕 홀을 건네주고 왕권을 수호했다. 도시의 수호신으로서 시민을 일깨우고 시민의 자유를 지켜주었다.

그뿐만 아니었다. 그는 청원자의 대부였으며, 이방인과 거지를 보살피는 수호자였고, 맹세와 약속을 주관하여 당사자들이 서로 존중하는 자세를 갖도록 했다.

제우스는 예언의 신으로서 면모도 보여주었다. 그는 천둥과 번개 등으로 사태의 전조를 알리거나, 꿈을 꾸게 하거나, 말소리를 들려주거나, 새들이 나는 모양을 통해 예언했다. 올림피아의 제우스 신전은 제우스를 예언의 신으로 모시고 있었다. 이곳의 사제들은 제사를 올리며 제물이 불타오를 때, 타오르는 불꽃 모양을 보고 제우스의 예언을 해석했다.

제우스는 이처럼 다양한 영역을 주관하며 다스렸다. 그러다 보니 다른 신들과 다스리는 영역이 겹치기도 했다. 하지만 제우스는 어디까지나 신들의 왕으로서 총체적인 역할을 했을 뿐 다른 신과 영역을 두고 다투거나 일체 간섭하지 않았다. 그들에게 모든 것을 일임하고 그들의 역할을 존중했다. 이렇게 함으로써 제우스는 신과 인간 세계의 질서를 유지했고, 그것은 우주를 주관하는 주관자로서 그의 사명이기도 했다.

로마 신화에서는 유피테르Jupiter, 영어로는 주피터라고 하며, 태양계 최대의 행성인 목성을 상징하는 신이다.

올림포스의 신들

제우스는 티탄 신족과의 전쟁, 기간테스와의 전쟁, 티폰과의 전쟁에서 모두 승리했다. 이후 올림포스 산에 신들의 거처를 정하고 형제들과 권력을 나눴다. 하데스는 저승세계를 차지했고, 포세이돈은 바다왕국을 다스렸다.

포세이돈은 바다에서 주로 생활했지만 신들의 회의나 잔치에 참석하기 위해 올림포스에 머물기도 했다. 하지만 저승세계를 다스리는 하데스는 지상에 올라올 일이 거의 없었기 때문에 올림포스 산에 그의 자리 또한 없었다. 그의 누이들인 헤라와 데메테르, 헤스티아도 각자 다스리는 영역이 주어졌다.

헤라는 결혼과 가족의 영역을, 데메테르는 곡식, 농업, 번식, 모성 등의 영역을 맡았다. 헤스티아에게는 화로와 가정의 영역이 주어졌다. 이들은 모두 크로노스와 레아가 낳은 6남매로 올림포스의 1세대 신들이 되었다.

제우스는 메티스와 결혼했으나 그녀에게서 태어난 아들에게 왕좌를 빼앗긴다는 예언을 들었다. 메티스가 임신하자 걱정이 된 제우스는 아이가 태어나기도 전에 임산부인 그녀를 통째로 삼켜버렸다. 그리고 자신의 누이인 헤라와 재혼했다.

헤라는 첫아들을 낳았는데 볼품없는 못난이였다. 더구나 한쪽 다리에 장애까지 있었다. 헤라는 제우스와 자신을 닮은 멋진 아들을 기대했다가 크게 실망했다. 그녀는 태어난 갓난아기를 바다에 던져버렸다. 그 아이는 바다의 노인 네레우스의 딸 테티스에게 구조되어 그녀의 보호를 받으며 자랐다. 이 아이가 바로 대장장이 신 헤파이스토스이다.

헤라는 다시 아들을 낳았는데 그는 전쟁의 신이 된 아레스였다. 그 뒤를 이어 두 딸 헤베와 에일레이티이아를 낳았다.

아테나는 제우스와 메티스의 딸이지만 제우스가 임신한 메티스를 삼켜서 어머니가 아닌 아버지의 머리에서 태어났다. 아테나가 태어날 무렵 제우스는 심한 두통을 호소하며 헤파이스토스를 불렀다. 제우스의 요청을 받고 헤파이스토스가 도끼로 제우스의 머리를 쪼개자 그곳에서 투구와 갑옷으로 무장한 아테나가 태어났다. 아테나는 지혜와 전쟁의 여신이 되었다.

제우스는 헤라와 결혼한 후에도 많은 여인을 탐했다. 그중에는 가이아와 우라노스의 손녀인 레토도 있었다.

제우스와 사랑을 나눈 레토는 임신을 했고, 그 사실을 알게 된 헤라는 질투에 사로잡혀 레토의 출산을 방해했다. 하지만 레토는 포세이돈의 도움을 받아 쌍둥이 남매를 출산했는데 이들이 바로 태양의 신이자 음악의 신 아폴론과 사냥과 달의 여신인 아르테미스였다.

제우스는 다시 티탄 신족인 아틀라스의 딸 마이아와 관계를 맺어 전령과 도둑의 신 헤르메스를 낳았다. 제우스의 자식들인 헤파이스토스, 아레스, 아테나, 아폴론, 아르테미스, 헤르메스는 올림포스의 2세대 신들이 되었다. 이렇게 하여 올림포스 12신은 모두 제우스의 가족들로 구성되었다.

가정의 여신
헤라

헤라는 크로노스와 레아의 딸이며, 제우스의 부인이다. 그녀는 결혼과 가족을 관장했다. 그녀를 상징하는 동물은 공작새이며, 상징물은 홀과 왕관이다.

결혼을 주관하는 여신이지만 남편의 외도로 인해 늘 고통 받았다. 애정 편력이 심한 남편 때문인지 그녀는 유난히 질투가 많기로 유명했다. 하지만 신들의 왕인 제우스를 직접 비난하거나 보복할 수 없었다. 그 화는 제우스와 사랑에 빠진 상대 여성들과 태어난 자식들에게 돌아갔다. 헤라의 보복은 집요하고 잔인했다.

디오니소스의 어머니 세멜레는 헤라의 꼬임에 빠져 온몸이 불에 타서 한 줌의 재로 변했다. 아폴론과 아르테미스의 어머니 레토는 임신후 출산과정에서 헤라의 방해로 온갖 고초를 겪어야 했다. 제우스와 알

제우스와 이오를 발견한 헤라
피터 라스트만, 1618년

크메네 사이에 헤라클레스가 태어나자 헤라는 아이를 죽이기 위해 독
사를 보내기도 했다.

　제우스는 이오와 사랑을 나누던 중 헤라의 눈을 속이기 위해 이오
를 암소로 변신시켰다. 질투심에 불타는 헤라는 암소로 변한 이오를 선
물로 줄 것을 요구했고, 제우스는 비밀이 탄로 날것이 두려워 어쩔 수
없이 그녀의 요구를 들어주었다.

　헤라는 암소의 모습이 된 이오를 눈이 100개나 달린 괴물 아르고스
에게 보내 지키게 했다. 그러나 제우스가 보낸 헤르메스는 아르고스를
속여 잠들게 한 후 이오를 구출했다.

그 사실을 알게 된 헤라는 즉시 아르고스의 목을 베어버리고 100개의 눈을 아르고스의 몸에서 떼어낸 후 자신의 상징인 공작새의 날개에 장식으로 달아주었다.

헤라는 제우스와의 결혼생활이 원만하지 못했지만 가정을 충실히 지켜 결혼의 수호신이 되었다. 그녀는 제우스와의 사이에서 모두 네 명의 자녀를 두었다. 대장장이의 신 헤파이스토스, 전쟁의 신 아레스, 청춘의 여신 헤베, 출산의 여신 에일레이티아가 그들이다.

대장장이 신 헤파이스토스의 탄생과 관련해서는 여러 가지 이야기가 있다. 대표적인 것이 제우스의 외도에 화가 난 헤라가 홀로 잉태했으며, 태어난 후에는 제우스에 의해 올림포스 밖으로 내던져졌다는 이야기다.

청춘의 여신 헤베는 신들의 만찬장에서 넥타르를 따라주는 역할을 했다. 나중에 제우스가 사랑했던 미소년 가니메데스에게 그 역할이 넘겨졌다.

출산의 여신 에일레이티아는 출산의 고통을 덜어주거나, 산모의 의향에 따라 임신 기간을 늘리거나 줄여주었다.

그리스와 로마에서는 결혼식 날 신부에게 축하의 의미를 담아 사과나 석류를 선물했는데, 그것은 헤라가 제우스와 결혼할 때 할머니 가이아로부터 황금사과를 선물로 받은 것을 기념하기 위해서였다. 처녀, 유부녀, 미망인이 가져야 할 덕목을 모두 갖춘 헤라는 고대 그리스 여성상의 표상이었다. 그녀는 모든 여성의 수호신으로 추앙받았다.

테이레시아스

테이레시아스는 제우스를 모시는 사제였다. 젊은 시절 그는 숲속을 거닐다가 교미 중인 두 마리의 뱀을 발견했다. 테이레시아스는 가지고 있던 지팡이로 암컷을 때려죽였는데 그 순간 그의 모습이 여자로 변했다. 여자가 된 테이레시아스는 헤라의 사제가 되었고, 결혼해서 자식도 낳았다. 이때 낳은 딸이 유명한 델포이의 무녀 만토다. 7년 후 테이레시아스는 또다시 교미 중인 뱀을 발견했다. 이번에는 수컷을 때려죽였더니 다시 남자의 몸으로 돌아왔다.

어느 날 제우스와 헤라는 남녀가 사랑을 나눌 때 둘 중 어느 쪽이 더 쾌락을 많이 느끼는지를 놓고 의견을 나누다가 언쟁을 벌였다. 제우스는 여자의 쾌락이 높다고 주장했고, 헤라는 동의하지 않았다. 그들은 남자와 여자의 몸을 모두 가져본 테이레시아스가 해답을 줄 수 있다고 생각했다.

테이레시아스는 제우스와 헤라 앞에 불려 와서 여자의 쾌감이 9배 정도 높다고 대답했다. 이 일로 테이레시아스는 헤라의 분노를 샀고, 헤라는 테이레시아스를 장님으로 만들어 버렸다.

제우스는 눈을 잃은 것에 대한 보상으로 테이레시아스에게 새들의 말을 알아듣는 능력과 미래를 예견하는 능력을 주었다. 또한, 7세대에 걸쳐 장수하도록 긴 수명을 제공했다. 이후 테이레시아스는 존경받는 예언자로 살아갔다.

오이디푸스에게 끔찍한 미래를 알려주었으며, 디오니소스 신앙이 처음 테바이에 전파되었을 때 펜타우스 왕은 디오니소스의 신성을 인

여자로 변신한 테이레시아스
피에트로 델라 베키아, 1626~1678년 사이

정하지 않았다.

테이레시아스는 그에게 디오니소스의 신앙을 받아들이라고 경고했다. 그의 충고를 무시한 펜타우스 왕은 결국 디오니소스의 여신도들에게 비참한 죽임을 당했다.

테이레시아스는 오랜 시간을 예언자로 살다가 세상을 떠났다. 그러나 저승세계에서도 그의 예언의 능력은 계속 남아있었다. 그는 저승으로 찾아온 오디세우스에게 무사히 귀환할 수 있도록 조언하기도 했다.

단테는《신곡》에서 점성가들과 함께 지옥의 제8계에 갇혀있는 그의 모습을 묘사했다.

바다의 신
포세이돈

포세이돈은 바다와 물의 신이며 지진을 관장했다. 크로노스와 레아의 아들이다. 그의 상징물은 삼지창(트리아이나)이다. 티탄 신족과의 전쟁에서 형제인 제우스와 하데스를 도와 승리한 후 그들과 세상의 지배권을 나누었다. 이때 그는 바다와 물에 대한 지배권을 확보했다. 하지만 제우스가 가진 하늘의 지배권이 더 광대했기 때문에 불만을 품었다.

포세이돈은 제우스를 권좌에서 몰아내기 위해 헤라가 주도한 반역에도 적극적으로 가담했다. 그러나 반역은 실패로 끝났고, 포세이돈은 아폴론과 함께 가혹한 형벌에 처해졌다. 그들은 형벌에서 벗어나기 위해 트로이의 라오메돈 왕이 시키는 일을 해야 했다. 그 일은 트로이 성 주변에 성벽을 쌓는 일이었다. 일이 끝나자 라오메돈 왕은 약속한 보수를 주기는커녕 그들의 귀를 자르고 노예로 팔아버리겠다고 위협했다.

아테네시를 놓고 경쟁하는 아테나와 포세이돈
르네 앙투안 우아스, 1689년경

격분한 아폴론은 트로이에 전염병을 퍼트렸고, 포세이돈은 사악한
바다 괴물을 보냈다. 포세이돈은 트로이 왕국을 파괴할 목적이었다.
왕국의 멸망을 막는 유일한 길은 라오메돈의 딸 헤시오네를 바다 괴물
에게 바치는 방법뿐이었다. 결국, 라오메돈은 자신의 딸을 바다 괴물에
게 바쳐야 했다. 그런데 뜻하지 않은 행운이 따랐다.

헤라클레스가 바다 괴물을 죽이고 헤시오네를 구해준 것이다. 그
사실을 알게 된 포세이돈은 격노했다. 이후 포세이돈은 자신이 쌓은 성
벽을 제외하고 트로이에 대한 모든 것에 적대감을 가지게 되었다.

포세이돈은 바다의 물결만큼이나 성격이 변화무쌍하고 까다로웠다. 그는 다른 신들과 영토에 대한 지배권을 놓고 자주 분쟁을 벌였다.

포세이돈은 아테네를 놓고 아테나 여신과 경쟁했고, 아르골리스의 지배권을 놓고 헤라 여신과 다퉜다. 또한, 아이기나 섬을 놓고 제우스와, 낙소스 섬을 놓고 디오니소스와 경쟁했다. 하지만 번번이 경쟁에서 패했다. 그는 내기에는 재간이 어지간히도 없는 신이었다.

포세이돈의 여인들과 자식들

포세이돈의 부인은 바다의 요정인 암피트리테이다. 그녀는 '바다노인'으로 불리는 네레우스의 딸이다. 어느 날 포세이돈은 바다의 요정 암피트리테가 50명의 자매들과 춤추는 모습을 보았다. 그 모습이 너무나 아름답고 매혹적이어서 포세이돈은 한눈에 그녀에게 반했다. 그러나 갑작스러운 첫 대면에 놀란 암피트리테는 바다 속 깊이 몸을 숨겼다. 다행히 돌고래가 포세이돈의 전령 역할을 훌륭하게 수행하면서 기회를 만들어주었다.

포세이돈은 매력적인 바다 신의 모습으로 암피트리테에게 청혼했다. 그러자 이번에는 암피트리테도 마음의 문을 열고 포세이돈을 배우자로 받아들였다. 그들은 부부가 되었고, 아들이 태어났다. 그들의 아들인 트리톤은 상반신은 인간, 하반신은 물고기인 반인반어의 모습으로 태어났다.

트리톤은 해마를 타고 고동을 부는 모습의 이미지를 지녔다. 이는 트리톤Triton이 '고동'을 뜻하기 때문이다. 또 트리톤은 해왕성의 가장 큰 위성 이름이기도 하다.

　　포세이돈이 사랑했던 여인 중에는 고르곤 세 자매의 막내인 메두사가 있다. 그녀는 원래 매우 아름다웠으며 바다의 신 포세이돈의 연인이었다. 어느 날 포세이돈과 메두사는 어리석게도 아테나 신전에서 밀회를 나누었다. 이것은 신성에 대한 모독이었고, 신들이 정한 금기를 깨트린 용서받을 수 없는 행위였다.

　　아테나는 격노하여 메두사에게 저주를 내렸다. 메두사의 얼굴은 흉측하게 변했고, 그녀의 머리카락은 한 올 한 올이 모두 뱀으로 변했다. 하지만 포세이돈은 연인이 저주를 받은 일에 개입할 수 없었다. 그 자신이 해를 입지는 않았지만 신으로서 금기를 어겼고, 자숙하며 죄를 씻어야하는 상황에 처해졌기 때문이다.

　　훗날 메두사는 페르세우스에게 목이 잘렸다. 그때 쏟아진 피에서 포세이돈과 메두사의 두 자손이 태어났다. 용사 크리사오르와 천마 페가수스였다. 크리사오르는 오케아노스의 딸 칼리로에와 결합하여 게리오네우스와 에키드나를 낳았다.

　　포세이돈은 그 외에도 자식이 많았다. 거인 오리온, 예언의 능력을 가진 글라우코스, 장님 예언자 피네우스, 항해술이 뛰어난 나우플리우스, 외눈박이 거인 폴리페모스 등이 모두 포세이돈의 자식들이다. 또한 아테네의 영웅 테세우스도 포세이돈의 아들이라는 설이 있다.

전설의 대륙 아틀란티스

전설의 대륙 아틀란티스Atlantis의 주민도 모두 포세이돈의 후손이었다. 그리스인이 '헤라클레스의 기둥'이라고 부르던 지브롤터 해협 저편에 '아틀란티스'라는 이름의 섬이 있었다. 하지만 그 땅은 섬이라고 부르기에 적합하지 않았다.

소아시아와 북아프리카를 합쳐놓은 것처럼 광대했기 때문이다. 이 대륙에는 강대하고 견고한 제국이 존재했고, 이 제국은 아틀란티스 대륙은 물론 주변의 섬이나 바다 저편에 있는 대륙까지 지배하고 있었다.

아틀란티스는 풍부한 천연자원을 보유했다. 이를 바탕으로 교역을 활발하게 전개하여 도시와 항구에는 부가 넘쳤고, 수도는 크게 번영을 이루었다. 그런데 갑작스러운 대지진과 대홍수로 인해 광활한 아틀란티스 대륙은 하루아침에 모두 바닷속으로 사라져 버리고 말았다.

고대 그리스의 철학자 플라톤은 아틀란티스의 기원에 대하여 다음과 같이 말하고 있다. 원래 아틀란티스 대륙에는 한 쌍의 인간 부부와 그들의 외동딸만이 살았다. 부부가 죽고 드넓은 대륙에는 그들의 딸 클레이토만 홀로 남았다.

포세이돈은 클레이토와 결합하여 다섯 차례에 걸쳐 쌍둥이를 낳았다. 포세이돈은 클레이토와 열 명의 자식들을 위해 이 땅에 온천과 냉천이 솟아나는 두 개의 섬을 파고, 대지에서 모든 종류의 작물이 풍부하게 열매를 맺도록 해주었다. 이곳은 나중에 왕국의 수도가 되었다.

대륙은 평화롭고 모든 것이 풍요로웠다. 포세이돈은 자식들이 장성하자 대륙을 10등분해서 공평하게 나누어주었다. 포세이돈의 자식들은 자신에게 주어진 땅을 영토로 삼아 나라를 세우고 왕이 되었다. 큰아들은 형제들의 지도자가 되어 왕 중의 왕으로 불렸다.

포세이돈은 큰 아들인 아틀라스Atlas의 이름을 따서 이 대륙의 이름을 '아틀라스의 땅'이라는 뜻의 아틀란티스로 지어주었다. 이때부터 주변의 바다를 아틀란틱(Atlantic, 대서양)이라고 부르게 되었다. 이후 아틀란티스 왕국은 크게 발전했다.

포세이돈의 아들인 아틀라스는 하늘을 떠받들고 있는 티탄 신족 아틀라스와는 서로 다른 존재이다.

신과 인간의 혼혈인 아틀란티스 주민들은 신의 성품을 물려받아 온화하고 사려 깊었으며, 매우 고매한 정신을 유지했다. 그들은 평화와 번영을 누렸고, 아틀란티스는 그야말로 지상낙원이었다. 하지만 넘쳐나는 풍요로움이 오히려 그들에게 해가 되었다.

포세이돈의 혈통을 이어받은 그들은 점차 나태해졌고, 사치와 향락을 즐기면서 신성을 잃어버리기 시작했다. 플라톤은 아틀란티스 주민들이 신성을 잃고 처참한 모습으로 바뀌어 가자 그 모습을 본 최고신 제우스가 마음이 상했다고 전한다.

제우스는 그들을 징계하여 신성을 회복하도록 벌을 주려고 생각했다. 그리고 신들을 올림포스 신전으로 불러 모았다.

플라톤의 이야기는 여기에서 끝났다. 이후 제우스가 어떤 조치를 취했는지 그는 언급하지 않았다. 그 이유를 알 수 없지만 중요한 것은 아틀란티스 대륙은 하루아침에 바닷속으로 자취를 감추었다는 사실이다.

갑작스럽게 대륙을 강타한 대지진과 대홍수는 사람들이 미쳐 손을 쓸 틈도 주지 않고 지상낙원으로 불리며 번성했던 왕국을 삽시간에 삼켜버렸다. 그것이 자연 현상이었는지, 신이 내린 벌이었는지 알 수 없다.

아틀란티스 대륙의 실존여부에 대해서도 오랫동안 큰 논란이 되어왔고, 오늘날에도 여전히 의견이 분분하다. 하지만 아틀란티스는 여전히 사람들의 마음속에 '이상향'으로 존재하고 있다.

곡식의 여신
데메테르

　데메테르는 올림포스 12신 중 한 명이다. 곡식의 여신이며 농업, 번식, 모성, 손실을 관장한다. 크로노스와 레아의 딸이며, 제우스의 누이이기도 하다. 그녀는 제우스와의 사이에 페르세포네라는 딸을 두었다. 나중에 이 딸은 하데스의 아내가 되어 저승세계의 왕비가 된다.

　곡식의 여신인 데메테르는 곡식 중에서도 밀의 경작과 수확이 그녀의 주된 소관이었다. 그녀는 미케네에서 '다마테Da-ma-te'로 불렸으며 그 뜻은 '대지의 어머니'이다. 하지만 가이아와는 그 뜻이 다르다.

　가이아가 모든 것의 근원으로서 어머니로 불렸다면, 데메테르는 밀이 자라는 평원의 어머니이고 땅의 생산력을 주관하는 여신이다. 데메테르가 밀의 파종과 수확을 주관한다면 곡물 창고를 가득 채워놓는 '풍요'는 데메테르의 아들 플루토스Plutus의 몫이다.

플루토스

데메테르는 카드모스와 하르모니아의 결혼식에 참석했다가 티탄 신족인 이아시온과 서로 호감을 느끼게 되었다. 그들은 세 번 갈아 일군 밭이랑에서 사랑을 나누었다. 그 사실을 알고 화가 난 제우스는 이아시온에게 벼락을 내리쳐 죽였다. 이후 데메테르는 아이를 잉태했고, 아들을 출산했다. 그 아이가 바로 플루토스였다. 그는 성장하여 땅과 바다를 여행하는 친절한 신이 되었다. 그리고 자신의 기준에 따라 사람들을 부자로 만들어주거나 가난하게 만들었다.

제우스는 상벌과 관계없이 부의 분배가 이루어지도록 플루토스의 눈을 멀게 했다. 악인이 부를 축적하고 선한 사람이 가난해진 것도 그 때문이다. 하지만 플루토스는 시력을 다시 회복하여 공정하게 부를 재분배하였다. 이후 그는 '풍요'의 신으로 불리며 재물을 관장했다.

지하세계의 왕 하데스의 다른 이름인 '플루톤Pluton'은 플루토스Plutus에서 파생되었다. '밀의 풍요'를 뜻하는 플루토스가 망자들로 붐비는 저승에서 '객의 풍요'를 뜻하는 플루톤이라는 말을 만들어 낸 것이다.

데메테르가 밀의 수확을 주관하고 플루토스가 풍요를 주관했다면, 밀이 파종되어 싹이 나기까지 땅속에 있는 동안은 데메테르의 딸 페르세포네가 주관했다. 밭에서 남녀가 사랑하는 행위는 사람처럼 대지를 풍요롭게 잉태시킨다는 농경 사회의 소박한 믿음이 플루토스의 출생 신화를 탄생시켰다.

아프로디테, 에로스와 데메테르
코넬리스 반 하를렘, 1604년

페르세포네

데메테르는 제우스와의 사랑을 나누고 딸을 하나 낳았다. '처녀'라는 뜻의 '코레Core라고 불리는 이 딸은 요정들 사이에서 행복하게 자랐고, 제우스의 딸들과도 자주 어울렸다.

어느 날 그녀는 밀밭에서 꽃을 따고 있었다. 그녀가 수선화 한 송이를 따려고 허리를 굽히는 순간 갑자기 땅이 열렸다. 그 속에서 흑마가 이끄는 황금마차를 타고 저승세계의 왕 하데스가 나타났다. 그는 코레를 번쩍 안아 마차에 태운 뒤 저승세계로 돌아갔다. 데메테르는 딸의 비명을 듣고 현장에 왔지만 이미 그곳에는 아무런 흔적도 찾아볼 수 없었다.

데메테르는 곧 딸을 찾아 나섰다. 이곳저곳을 다니며 밤이 새도록 코레를 찾았지만 그 어디에서도 딸의 모습을 발견할 수 없었다. 며칠이 지나도록 딸을 찾지 못하자 데메테르는 거의 실성한 사람처럼 변했다. 그녀는 먹지도 않고, 잠들지도 않고, 쉬지도 않았다.

데메테르가 깊은 절망감에 사로잡혀 시름에 잠기자 세상의 모든 초목이 싹을 틔우지 않고 잎은 시들었다. 그렇게 시간은 흘러 열흘째 되던 날 아침, 지하 세계에 사는 헤카테 여신이 슬픔에 잠긴 데메테르를 찾아왔다. 그녀는 비명을 듣고 납치 장면을 목격했지만, 범인이 누구인지 알아볼 수 없었다고 말해주었다. 그래서 헤카테와 데메테르는 항상 모든 것을 지켜보는 태양의 신 헬리오스를 찾아갔다. 데메테르의 하소연에 헬리오스는 모든 사실을 이야기해 주었다.

"코레를 납치한 범인은 하데스입니다. 그리고 이번 일에는 제우스도 관련이 있어요. 그가 하데스를 도왔습니다."

데메테르는 분노했다. 그녀는 올림포스로 복귀하지 않고 딸을 돌려받을 때까지 자신의 역할을 멈추기로 작정했다.

데메테르는 평범한 노파로 변신한 후 엘레우시스로 갔다. 그곳에서 우물가에 있던 엘레우시스의 왕 켈레우스의 네 딸과 이야기를 나누었다.

데메테르는 자신의 이름이 도소이며 크레타 섬에서 해적들에게 끌려왔다고 말했다. 해적들이 식사를 하기 위해 배에서 내리자 그 틈에 도망쳐왔다고 둘러댔다. 그녀는 가사를 돌보는 일자리가 있으면 취직하고 싶다고 했다. 네 자매는 마침 자신들의 어머니가 남동생을 낳아 보모가 필요할 것이라고 알려주었다.

데메테르는 네 자매를 따라 왕궁으로 갔다. 켈레우스의 궁전에서 왕비 메타네이라와의 만남을 기다렸다. 왕비는 자신을 찾아온 방문객이 여신일지 모른다고 의심했다. 하지만 데메테르의 모습은 영락없이 깊은 슬픔에 빠져있는 한 명의 노파였다. 그 슬픔은 너무 깊어 보는 사람의 가슴까지 먹먹하게 만들었다.

이때 왕비의 시녀들이 코믹한 농담과 우스꽝스러운 행동으로 데메테르를 웃게 만들었고, 그제야 표정이 조금 밝아졌다. 왕비는 붉은 포도주 한 잔을 권했다. 하지만 여신은 포도주 대신 박하 향을 넣은 보리차를 청했다. 그들은 이런저런 이야기를 나눈 끝에 데메테르가 왕비의 아들을 돌보는 보모가 되는 것에 합의했다.

아기의 이름은 데모폰Demophon, 또는 트리프톨레모스Triptolemos라고 했다. 데메테르의 보살핌 속에 아기는 무럭무럭 자랐다. 여신은 가족들 모르게 아기에게 불로불사의 영약을 먹였고, 매일 밤 불속에 넣어 단련시켰다.

어느 날, 아이가 보고 싶었던 왕비 메타네이라는 한 밤중에 아이의 방에 들렀다. 공교롭게도 그때 데메테르는 아이를 불 속에 넣어 단련시키고 있었다. 그 광경을 본 왕비는 놀라서 비명을 질렀다. 그 소리에 놀란 데메테르는 불 속에 그만 아이를 떨어트렸다. 이렇게 하여 아이를 불사의 몸으로 만들려던 데메테르의 계획은 수포로 돌아갔다.

데메테르는 어쩔 수 없이 자신의 정체를 밝혀야 했다. 데메테르가 여신의 모습으로 돌아오자 온몸에서 쏟아져 나온 빛이 집안을 가득 채웠다.

"이 아이는 이제 불사의 몸을 가질 수 없게 되었다. 하지만 여신의 품에서 자랐기 때문에 앞으로 명예로운 삶을 살게 될 것이다."

데메테르는 왕궁에 기거하면서 트리프톨레모스에게 세계를 돌아다니며 밀을 경작하는 법을 가르치는 영광스러운 사명을 안겨주었다. 이후 그는 날개 달린 용이 끄는 전차를 타고 세계 곳곳을 다니며 밀의 씨를 뿌렸다.

데메테르는 엘레우시스에 자신을 기념하는 신전을 세우게 했다. 이 것이 고대 그리스에서 크게 부흥했던 엘레우시스 비교秘教의 시작이었다. 그러나 신전이 세워진 후에도 데메테르의 슬픔은 조금도 줄어들지 않았다. 들판은 황폐해졌고, 식물은 싹을 틔우지 못했다. 나무가 잎을 내거나 꽃을 피우지 못하자 자연히 열매도 달리지 않았다.

세상은 가뭄과 기근으로 대혼란이 벌어졌다. 제우스는 어떤 조치든 취해야 했다. 그는 무지개 여신 이리스를 보내 데메테르의 마음을 돌려보려고 했다. 하지만 데메테르는 완강했다. 그녀는 엘레우시스 신전에 머물며 꿈쩍도 하지 않았다.

이 지경이 되자 제우스는 코레를 돌려주는 방법 외에는 달리 그녀의 마음을 돌릴 수 있는 방법이 없다고 판단했다. 결국 제우스는 하데스에게 헤르메스를 보내 코레를 돌려보내라고 요구했다. 하데스는 제

페르세포네의 귀환
프레데릭 레이튼, 1891년

우스의 요구를 거부할 수 없었지만, 코레를 보내고 싶지도 않았다. 그
는 방법을 궁리했다.

　헤르메스가 자신을 데리러 왔다는 소식에 코레는 기쁨에 들떴다.
그녀는 저승세계로 납치된 후 줄곧 식음을 끊고 저항을 해왔었다. 하데
스는 허기진 코레에게 작별 선물이라며 석류를 주었다. 허기와 갈증을
느낀 코레는 무심코 석류를 쪼개어 씨앗을 입에 넣었다. 그런데 저승에
서 음식을 먹은 자는 영원히 저승세계에 머물도록 운명 지어져 있었다.

그 사실을 몰랐던 코레는 결국 하데스의 꾀에 넘어가 저승을 떠날 수 없게 되었다. 저승세계의 왕비가 된 코레는 이제 '가장 무서운 여인'이라는 뜻의 페르세포네Persephone로 불리게 되었다.

제우스는 데메테르와 하데스 사이에서 입장이 난처해졌다. 한번 정해진 운명은 신들의 왕인 자신도 함부로 바꿀 수 없었다. 고심 끝에 제우스는 1년 가운데 3분의 2는 지상에서 데메테르와 지내고, 3분의 1은 저승세계에서 하데스와 지내는 협상안을 제시했다. 데메테르와 하데스 역시 그 방법이 최선의 선택임을 잘 알고 있었다. 그들은 결국 협상을 받아들여야 했다. 이렇게 해서 페르세포네는 저승세계의 왕비로 살아가게 되었다. 페르세포네가 저승세계에 머무르는 동안 데메테르는 일을 하지 않았다. 그 때문에 들판에는 곡식이 자라지 않았고, 가뭄에 초목은 말라비틀어졌다. 하지만 페르세포네가 돌아오면 데메테르는 메마른 대지에 비를 뿌려 씨앗이 땅에 뿌리를 내리고 꽃을 틔우며 열매를 맺게 했다.

에리식톤

엘리시우스라는 땅에 데메테르의 신전이 있었다. 신전 뒤에는 아주 큰 떡갈나무가 한 그루 있었다. 사람들은 그 나무를 데메테르 여신의 나무라고 부르며 신성시했다. 신전 근처에는 에리식톤Erysichthon이라는 큰 부자가 살았다. 그는 사람들이 신전에서 데메테르에게 기도하고 제물을 바치는 것을 늘 못마땅하게 여겼다. 게다가 그는 신전 뒤의 떡갈나무도 무척 싫어했다.

어느 날 에리식톤은 하인들을 데리고 신전 뒤편의 떡갈나무 앞으로 갔다. 그는 하인들에게 나무를 베어버리라고 명령했다. 하인들은 주인의 명령을 받고 겁에 질렸다. 그들은 떡갈나무를 베면 데메테르 여신의 노여움을 사게 될 것이라며 에리식톤을 만류했다. 그러자 화가 난 에리식톤은 하인이 들고 있는 도끼를 빼앗아 직접 나무를 찍기 시작했다. 그 순간 상처 난 나무 부위에서 붉은 피가 흐르기 시작했다. 하인들은 더욱 두려워 떨며 에리식톤을 말렸다. 그러자 에리식톤이 짜증을 부리며 하인 중 한 명의 몸을 도끼로 찍었다. 그 하인은 비명을 지르며 쓰러졌다.

에리식톤은 다시 도끼로 나무를 찍어대기 시작했다. 하인들도 더는 말리지 못하고 겁에 질려 떨기만 했다. 떡갈나무의 요정인 드라이어드 Dryad는 더는 견디지 못하고 나무를 탈출하여 데메테르 여신을 찾아갔다. 요정은 에리식톤의 만행을 여신에게 고하고 도움을 요청했다.

데메테르는 여사제의 모습으로 변신한 후 에리식톤에게 가서 나무를 베는 행위를 중단하라고 경고했다. 그러나 에리식톤은 그녀의 경고를 무시하며 비웃기까지 했다. 화가 난 데메테르는 굶주림의 여신 리모스에게 에리식톤에게 영원한 굶주림을 맛보게 해주라고 명령했다.

리모스는 즉시 밤하늘을 날아 에리식톤의 집으로 갔다. 여신은 잠든 에리식톤의 혈관 속에 굶주림의 독을 주입했다.

그 순간, 잠에서 깬 에리식톤은 갑자기 심한 허기를 느끼기 시작했다. 그는 주방으로 달려가 눈에 보이는 음식을 모두 먹어치웠다. 하지만 어찌 된 일인지 아무리 먹어도 허기는 가시지 않았다. 에리식톤은 날마다 하인들에게 먹을 것을 준비하게 했다. 그는 쉬지 않고 음식을 먹었지만 여전히 배는 부르지 않았다. 집 안에 있던 값비싼 물건들은 하나 둘 음식을 사들이기 위해 모두 팔아치웠다.

에리식톤은 얼마 지나지 않아 재산이 모두 거덜 났고, 결국 빈털터리가 되고 말았다. 하인들은 제 살길을 찾아 뿔뿔이 흩어져 이제 에리식톤의 곁에는 외동딸인 메스트라만이 남았다. 하지만 먹을 것을 구하기 위해 에리식톤은 자신의 딸까지 노예로 팔아야 했다. 그 돈으로 음식을 장만했지만 이마저도 며칠 버티지 못했다.

에리식톤에게 남은 것은 이제 자신의 몸이 전부였다. 그는 먹을 것이 떨어지자 자신의 팔을 뜯어먹었다. 양팔을 먹어치운 후에는 다리를 먹기 시작했다. 그렇게 자신의 몸까지 모두 먹어치운 에리식톤은 최후에 이빨만 남았다. 결국, 그는 자신의 삶까지 모두 삼켜버리고 나서야 최후를 맞았다.

예언과 활의 신
아폴론

아폴론은 제우스와 레토Leto의 아들이다. 그는 올림포스 12신 중한 명이며, 신 중에서 가장 아름다운 남자 신이다. 아폴론은 음악과 시, 의술, 예언, 궁술, 빛의 영역을 주관했다. 그는 올림포스 신들과 달리재능 있고, 신중하고 박식했다.

아폴론의 별명 '포이보스'는 '빛나는 자'라는 뜻이다. 또한 태양신 헬리오스와 동일시되기도 한다. 하지만 아폴론은 헬리오스와 다르다. 태양의 신으로도 불리기는 하지만 그의 본질적인 속성은 예술이나 궁술, 의술, 문학에 가까웠고, 하늘의 신인 제우스의 아들로서 여러 역할을수행했다.

아폴론의 어머니 레토는 티탄 신족인 코이오스와 그의 누이 포이베사이에서 태어났다. 레토의 언니는 '별자리'의 여신 아스테리아Asteria

이다. 아폴론이 빛의 신이 된 것은 어머니가 별들을 조상으로 두고 있기 때문이다.

아폴론이 출생하기 전 레토는 자신이 쌍둥이 아이를 낳게 된다는 예언을 들었다. 쌍둥이 중 한 명은 사내아이로 제우스 다음가는 권력을 누리게 되며, 다른 한 아이는 계집아이로 그녀 역시 강력한 신이 될 것이라고 했다. 이 소식은 곧 헤라의 귀에 들어갔다.

헤라는 질투심에 불탔다. 그녀는 레토의 자식이 자신이 낳은 자식들보다 더 위대하게 된다는 사실을 용납할 수 없었다. 레토가 제우스의 사랑을 받아 임신하자 헤라는 레토의 출산을 집요하게 방해했다. 또한 괴물용 피톤을 보내 레토의 출산을 막으라고 시켰다. 그 때문에 레토는 출산이 임박해졌지만 해산할 장소를 찾지 못하고 이곳저곳을 떠돌아다녔다.

제우스는 북풍의 신 보레아스를 보내 레토를 포세이돈에게 데려갔다. 포세이돈은 레토의 해산을 돕기 위해 바다 위를 떠다니는 델로스 섬에 데려다주었다. 그리고 파도를 일으켜 섬 전체를 물의 장막으로 가렸다. 포세이돈 덕분에 헤라의 눈은 가렸지만 레토는 출산하지 못했다. 헤라가 출산의 여신 에일레이티아를 붙잡아 두고 있었기 때문이다. 보다 못한 신들은 무지개의 여신 이리스를 보내어 헤라 몰래 에일레이티아를 황금 목걸이로 매수했다.

멧비둘기로 변신한 두 여신이 델로스에 오자 비로소 레토는 종려나무 아래에서 몸을 풀 수 있었다. 아르테미스가 먼저 나오고 곧 이어 아

예술을 관장하는 아폴론
니콜라스 앙투안 가이 브레네트, 1771년

폴론이 태어났다. 출산의 여신은 아이들을 씻겨서 포대기로 감쌌다.

테미스 여신은 손수 아이들에게 신들의 음식인 암브로시아와 넥타르를 떠먹였다. 신들의 성장은 놀랍도록 빨랐다. 아폴론은 순식간에 아름답고 늠름한 젊은이로 성장했다.

그는 신들 앞에서 앞으로 리라를 켜며, 활을 쏘고, 신탁을 내리며 살겠다고 선언했다. 그리고 자신의 첫 번째 신전을 델로스에 세웠다. 떠돌이 불모의 섬이 모든 그리스인의 숭배를 받는 가장 영광스러운 성지로 바뀐 것이다. 이후 1년에 한 번씩 아폴론의 탄생을 축하하는 축제일이 돌아오면 그리스 전역에서 몰려온 참배객들이 줄을 이었다.

델포이 신탁

아폴론은 자신의 출산을 막기 위해 어머니를 쫓아다니며 괴롭혔던 피톤piton을 찾아 나섰다. 피톤은 파르나소스 산 산기슭에 있던 도시 델포이의 샘 곁에서 암컷 피티아Pythia와 살며 가이아의 신탁을 전하였다. 그런데 피톤은 성질이 포악하여 샘물을 마시러 온 사람이나 짐승을 가리지 않고 닥치는 대로 마구 잡아먹었다.

아폴론은 활을 쏘아 괴물 용 피톤을 죽였다. 하지만 피티아는 살려서 인간으로 둔갑시켜, 자신의 예언을 전달하는 신녀로 만들었다. 이후 델포이 신전의 여사제는 모두 피티아로 부르게 되었다. 그리고 가이아 여신으로부터 신탁의 지배권을 가져왔다.

아폴론은 피톤을 죽인 기념으로 '퓌틱'경기라는 운동 대회를 만들었다. 처음엔 각 종목의 우승자에게 떡갈나무 잎으로 만든 관을 씌워 주다가, 아폴론이 사랑했던 다프네가 월계수로 변한 뒤에는 월계관을 씌워 주었다.

파르나소스 산자락에서 고대인들은 신성한 서약을 맹세하고 종교 축제를 열고, 조언을 구하고 때때로 노예를 풀어주었다. 처음에 사람들은 1년에 단 한 차례만 신탁을 물을 수 있었다. 그러나 사람들의 요청이 빗발치자 기원전 6세기부터 신탁은 매달 개방되었다.

신탁을 묻기 위해서는 특별한 준비가 필요했다. 그들은 먼저 정해진 샘에서 목욕한 후 특별한 케이크를 공물로 만들었고, 짐승들을 제물로 바쳤다. 이 과정을 거친 후에야 여사제인 피티아에게 나아갈 수 있었다. 피티아는 신전의 삼각대 위에 앉아 무아지경에 빠진 채 사람들에게 신탁을 내렸다. 아폴론의 신탁은 피티아의 입에서 나오는 말에만 전적으로 의존했다.

아폴론의 예언은 이곳에서만 얻을 수 있었기 때문에 델포이는 '세상의 배꼽Omphalos'으로 자처했고, 그것을 '옴팔로스'라는 돌을 세워 표현했다.

신화에 등장하는 많은 영웅이 신탁을 구하기 위해 델포이로 향했고, 그 중 대표적인 인물이 헤라클레스와 오이디푸스이다. 헤라클레스에게 12 과업을 명한 것도 오이디푸스에게 비극적인 운명을 알려준 것도 모두 아폴론의 신탁이었다.

고대 그리스의 여러 도시는 중요한 정치적 판단을 내릴 때 반드시 델포이에 신탁을 구했다. 그들은 신탁에 의지해 미래에 일어날 불운을 피하고, 스스로 결정할 수 없는 어려운 문제들을 신에게 답을 구했다.

기원전 480년, 아테나 함대를 주력으로 한 그리스 연합군이 살라미스해협에서 막강한 전력을 자랑하는 페르시아의 대규모 함대를 괴멸시켰다. 이 전쟁을 승리로 이끈 아테네는 결전에 앞서 델포이 신전에 사자를 보내 신탁을 구했고, 그리스의 장군 테미스토클레스는 신탁의 예언에 따라 세운 전략으로 그리스군을 대승으로 이끌었다.

이 전쟁에서 크게 패한 페르시아는 두 번 다시 그리스 원정에 나설 수 없게 되었고, 반면에 막강한 해군력을 보유한 아테네는 오랫동안 지중해의 강자로 군림할 수 있었다.

아폴론의 신전은 델로스를 비롯한 여러 곳에 있었고, 아폴론 숭배의식 역시 그리스 전역에서 행하여졌다. 그의 예언은 최고신 제우스의 뜻이었기 때문에 권위가 있었고, 따라서 아폴론의 위세 또한 대단했다. 그는 그리스인들에게 제우스 다음으로 권능을 가진 신으로 숭배되었다.

아폴론의 영역

아폴론은 예언의 능력이 뛰어났지만 활 솜씨도 뛰어났다. 그가 들고 다니는 은 화살은 역병을 퍼뜨리는 힘이 있었다. 활시위를 벗어난 은 화살은 사납고 격렬하게 날아가 역병을 퍼뜨렸고 삽시간에 많은 사람의 목숨을 앗아가는 잔인한 결과를 만들어냈다. 그러나 아폴론의 화살은 원래 악을 예방하고 퇴치하는 용도로 사용되었기 때문에 정의로운 측면이 훨씬 강했다.

아폴론은 의술에도 뛰어났다. 그는 살아있는 모든 존재의 건강을 담당하는 의술의 신이기도 했다. 그는 역병을 퍼트리거나 거둬들이기도 하지만 악을 정화하기도 한다. 살인자를 속죄시키는 것도 그의 역할이었다. 그의 불은 더럽혀지거나 타락한 영혼을 정화시키는 힘이 뛰어났다. 아들인 아스클레피오스Asklepios가 성장한 후에는 그에게 의술의 신 자리를 물려주었다.

아스클레피오스는 죽은 사람을 되살리기도 했다. 제우스는 인간이 그를 통하여 불사의 능력을 얻게 될 것이 두려워 번개를 내리쳐 죽였다. 아들이 번개에 맞아 숨을 거두자 아폴론은 격노하여 번개를 만든 키클롭스 삼 형제를 죽여 복수했다. 그리고 제우스에게 부탁하여 아스클레피오스를 하늘의 별자리로 만들어주었다. 그 별자리가 '뱀주인자리Ophiuchus'이다.

아폴론은 예술을 관장했다. '열광'으로 영혼을 사로잡는 일은 그의 몫이었다. 아폴론은 시와 음악이 만들어내는 주술의 힘으로 영혼을 사로잡았다. 그는 아홉 명의 뮤즈들을 지휘했고, 그 가운데 칼리오페를 사랑하여 그녀와의 사이에서 오르페우스를 얻었다.

아스클레피오스가 아폴론의 의술의 능력을 물려받았다면 오르페우스는 음악과 시의 재능을 물려받았다. 그는 최고의 음유시인으로 명성을 얻었다. 그의 노래와 리라 연주는 초목과 짐승들까지도 감동시켰다. 특히 세이렌과 노래 대결을 벌여 승리한 이야기는 유명하다.

마르시아스와의 승부

음악의 신 아폴론에게 음악으로 승부를 건 사티로스가 있었다. 사티로스는 상반신은 말의 귀를 가진 인간의 몸이지만 하반신은 말의 다리와 꼬리를 가진 숲의 요정이었다. 얼핏 생각하면 그 모습이 켄타우로스와 비슷하다고 생각할 수 있다. 하지만 켄타우로스는 다리가 네 개였으나 사티로스의 다리는 두 개다. 이것이 사티로스와 켄타우로스의 결정적인 차이였다. 그의 이름은 마르시아스였다.

어느 날 아테나는 자신의 능력을 발휘하여 피리를 발명했다. 그녀는 신들의 연회에서 자랑삼아 피리를 연주를 선보였다. 그러자 다른 여신들이 피리를 부느라고 뺨을 잔뜩 부풀린 아테나의 얼굴이 우스꽝스럽다고 놀리며 웃어댔다.

심통이 난 아테나는 강물에 피리를 부는 자신의 얼굴을 비춰보았다. 물에 비친 자신의 모습이 여신들이 놀려 된 것처럼 꼴사나워 보이자 피리를 발명한 것을 후회했다. 아테나는 피리를 강둑에 집어 던지고 올림포스로 돌아갔다.

아테나가 떠난 후 그곳을 지나가던 마르시아스가 바닥에 버려진 피리를 발견했다. 호기심이 많은 그는 피리를 주워들고 한참을 만지작거리다가 입으로 가져갔다. 그가 가볍게 입김을 불어 넣자 피리에서 아름다운 소리가 났다. 마르시아스는 그 소리에 매료되어 연주하기 시작했다. 실력을 갈고닦은 마르시아스는 이제 피리로 어떤 곡이든 자유자재로 연주할 수 있는 경지에 올랐다. 마르시아스는 금세 우쭐해져서 자신이 세상에서 가장 뛰어난 음악가라며 떠벌리고 다녔다. 그는 점점 교만해져서 음악의 신인 아폴론보다 자신의 연주 실력이 더 뛰어나다고 생각하게 되었다. 마침내 마르시아스는 아폴론을 찾아가 호기롭게 도전장을 던졌다.

"승부에 진 자는 무엇이든지 승리자가 시키는 대로 따라야 한다."

아폴론은 한 가지 조건을 내걸고 그의 도전장을 받아주었다. 아폴론이 타는 리라와 마르시아스가 부는 피리 소리는 각기 음색이 달라 우열을 가리기가 어려웠다. 그러자 아폴론은 각자의 악기를 거꾸로 들고 연주하는 것으로 승부를 내자고 제안했다. 아폴론은 리라를 거꾸로 들더니 아무렇지도 않게 아름다운 연주를 해냈다. 마르시아스의 차례가 되었다. 그러나 마르시아스는 연주를 할 수 없었다. 마르시아스는 결국 패배를 인정해야 했다. 아폴론은 그를 밧줄에 묶어 큰 나무에 거꾸로 매달았다.

마르시아스는 악기 연주로 자신이 이렇게 심한 벌을 받을 것으로 생각지 않았기에 몹시 당황했다. 그는 아폴론의 처사가 너무 심하다며 울부짖었다. 하지만 아폴론은 인정사정없이 마르시아스의 가죽을 산 채로 벗겨내는 끔찍한 형벌을 집행했다. 그 자리에서 둘의 승부를 지켜보던 요정들과 인간 목동들은 마르시아스가 당하는 끔찍한 형벌을 목격하고 그를 동정하여 눈물을 쏟아냈다. 그들이 흘린 눈물은 프리기아를 흐르는 마르시아스 강이 되었다는 이야기가 오늘날까지 전승되어져 오고 있다.

지혜와 전쟁의 여신
아테나

아테나는 제우스와 메티스의 딸이다. 그녀는 올림포스의 신들 중에서 지혜와 베 짜기, 전쟁, 문명을 관장했다. 그녀는 전쟁의 신답게 늘 승리를 쟁취했는데 그 때문에 '아테나 니케'라고도 불렸다. 니케Nike는 영어 '나이키Nike'로 '승리'를 뜻한다.

그녀의 출생 과정은 매우 색다르다. 그녀의 어머니 메티스는 티탄 신족인 오케아노스와 테티스의 딸로 태어났다. 그녀는 제우스의 사촌이며 동시에 첫 번째 부인이다. 크로노스가 제우스의 형제자매들을 삼키고 나서 토해내도록 약을 만든 장본인이기도 하다. 메티스가 임신했을 때 가이아는 메티스가 이번에는 딸을 낳겠지만 두 번째는 아들을 낳을 것이며, 그 아들이 제우스의 왕권을 빼앗게 될 것이라고 예언했다.

그 사실을 알게 된 제우스는 잠시의 망설임도 없이 메티스를 즉시

제우스의 머리에서 무장한 채 태어난 아테나
르네 앙투안 우아스, 17세기, 베르사유 궁

삼켜버렸다. 메티스가 달이 차서 해산할 때가 되자 제우스는 극심한 두통을 앓게 되었다. 제우스는 헤파이스토스를 불러 자신의 두개골을 쪼개라고 시켰다.

헤파이스토스가 시키는 대로 하자 갈라진 두개골 속에서 손에 창을 들고 갑옷과 투구로 완전 무장한 아테나가 튀어나왔다. 제우스의 머리에서 태어난 아테나는 제우스의 분신과도 같았다. 그녀는 제우스로부터 자식들 중에서도 특별한 총애를 받았다. 제우스는 자신이 직접 만들어 애착을 가진 방패 아이기스를 아테나에게 물려주기도 했다.

아테나와 포세이돈은 아테네를 자신들을 숭배하는 성지로 만들기 위해 서로 다투었다. 그들은 경합을 통해 아테네를 차지하기로 했다. 아테나는 주민들에게 올리브 나무를 한그루 선물했다. 포세이돈은 아크로폴리스에 샘을 만들어 바닷물이 샘솟게 해주었다.

포세이돈과 아테네가 준 선물은 모두 값진 것이어서 승부를 가릴 수 없었다. 신들은 결국 투표로 승자를 가리기로 했다. 여신들은 아테나의 손을 들어주었고, 남신들은 포세이돈의 손을 들어주었다.

제우스는 중립을 선언하며 투표를 하지 않았다. 그 결과 아테나가 승리하면서 아테네를 차지하게 되었다. 하지만 포세이돈은 패배를 인정하지 않았다. 그는 억수 같은 비를 퍼부어 아테네를 홍수에 잠기게 만들었다.

아테네 시민들은 포세이돈을 진정시키기 위해서 여자들의 투표권을 몰수했다. 또한, 아들은 어머니의 성을 따르지 않기로 결정했다. 이렇게 해서 아테나의 승리는 부분적으로 빛이 바랬다.

하지만 아테나는 도시의 수호신이 되었고, 아테네 시민들은 자신들의 수호신을 위해 파르테논신전을 세웠다.

팔라스 아테나

제우스는 완전 무장을 하고 태어난 아테나의 양육을 포세이돈의 아들 트리톤(상반신은 인간 하반신은 물고기인 바다의 신)과 그의 딸 팔라스에게 맡겼다. 팔라스는 아테나와 마음이 맞고 뜻이 잘 통해 오래지 않아 절친한 친구가 되었다.

어느 날 제우스는 아테나와 팔라스가 다투는 모습을 목격했다. 팔라스가 아테나에게 막 손찌검을 하려고 할 때였다. 그 순간 제우스는 자신의 방패 아이기스로 둘 사이를 갈라놓았다.

팔라스가 화들짝 놀라 멈칫하는 순간 아테나가 팔라스를 가격했다. 그런데 전쟁의 여신인 아테나의 주먹은 상상외로 강했다. 가볍게 휘두른 아테나의 주먹에 맞은 팔라스는 그 자리에서 숨이 끊어졌다.

아테나는 친구의 죽음에 충격을 받았다. 그녀는 자신의 잘못을 뉘우치고 용서를 비는 의식에 사용하기 위해 올리브 나무에 그녀를 닮은 조각상을 새겼다. 아테나는 팔라디온이라 부르는 그 조각상을 올림포스로 가져가서 신으로 예우하였다. 또한, 친구를 기리는 뜻에서 자신의 이름에 '팔라스'라는 별칭을 붙였다. 이후 아테나는 '팔라스 아테나'로 불리게 되었다.

트로이의 시조인 일로스는 트로이 성을 건설하면서 제우스에게 자신이 올바른 일을 하고 있는지 징표를 구하였다. 제우스는 그의 요구에 응답하여 팔라스의 신상을 건설이 한창인 트로이 성안에 던졌다. 이때 제우스는 실수로 팔라스의 것이 아닌 아테나의 조각상을 던졌다. 일로스는 이를 신들이 도시의 건설을 인정한다고 받아들여 성안에 아테나 신전을 짓고 그곳에 팔라디온을 안치했다. 트로이 전쟁이 일어났을 때 아테나는 트로이가 아닌 그리스 편에 섰다.

하지만 팔라디온의 존재만으로도 트로이는 보호를 받았다. 그러나 오디세우스와 디오메데스가 조각상을 훔쳐 그리스군의 진영으로 가져가자, 도시는 곧 함락되었다.

이후 사람들은 팔라스 아테나 여신을 상징하는 이 조각상이 도시를 지켜주는 주술적인 힘이 있다고 믿었다. 훗날 여러 경로를 거쳐 로마의 베스타 신전에 아테나 조각상이 안치되었다.

기원전 390년에 갈리아로부터 도시를 구했다는 평판을 얻으며, 이 조각상의 신성에 대한 믿음은 더욱 확산되었다. 기원전 241년 베스타 신전에 화재가 발생했을 때 대사제 막시무스는 자신의 시력을 잃는 위험을 감수하고 이 조각상을 구해냈다.

영웅들의 수호신

아테나는 전쟁의 여신답게 갑옷과 투구에 창과 방패를 들고 무장한 모습으로 그려졌다. 그녀의 어깨에는 성수聖獸인 부엉이가 앉아있다.

아테나는 기간테스와의 전쟁에서 큰 공을 세웠다. 또한, 티폰과의 전투에서 모든 신이 도망쳤을 때도 홀로 남아 제우스와 함께 싸웠다. 아테나는 페르세우스가 죽인 메두사의 머리를 방패에 달고 다녔다. 메두사의 머리는 그것을 바라보는 사람을 모두 돌로 만들어버리는 위력이 있었다. 그래서 아테나의 방패 아이기스는 천하무적의 방패로 통했다.

아테나는 전쟁의 신 아레스와 자주 비교된다. 그들은 전쟁을 대하는 방식이 서로 달랐다. 아레스는 성격이 불같고 호전적이면서 맹목적으로 피를 불렀지만, 아테나는 전쟁을 통해 정의를 구현하고 이성을 실천했다. 그녀는 정의로운 영웅들을 보호하고, 그들이 위기에 처하면 그 위기를 벗어나도록 인도해주었다.

트로이 전쟁에서 그리스군의 편에 서서 아킬레우스와 오디세우스를 보호해 주었다. 그리스 신화의 대표적인 영웅 헤라클레스 역시 아테나의 도움을 받았다. 헤라클레스가 헤라의 미움을 받으며 강제 노역을 할 때 아테나는 뒤에서 몰래 도와주었으며, 이아손이 원정대를 결성하여 모험을 떠날 때 그들이 타고 가야 할 아르고호의 건조를 후원했다. 그리고 프로메테우스의 후손인 벨레로폰이 괴물 키마이라를 처치하러 갔을 때 아테나는 그에게 천마 페가수스를 얻도록 도와주었다. 벨레로폰은 페가수스를 타고 하늘을 날아다니며 화염을 뿜어대는 키마이라를 공격했고, 마침내 괴물을 처치할 수 있었다.

페르세우스가 고르곤 자매 중 하나인 메두사를 처치하도록 도와준 것도 아테나였다. 페르세우스는 메두사의 머리를 아테나에게 바쳤고, 그녀는 메두사의 머리로 자신의 방패 아이기스를 장식했다. 그녀는 아레스와 같은 전쟁의 신으로도 여겨졌으나, 영웅들의 수호신으로서의 면모가 더욱 두드러졌다. 고대 그리스인들은 아테나 여신이 영웅들의 활약을 돕는다고 믿었다.

전쟁의 신
아레스

아레스는 제우스와 헤라의 아들이다. 올림포스 12신 중 전쟁을 관장하는 신이다. 아레스의 성격은 호전적이다. 전쟁은 전쟁터에서 싸우는 자들이 잔인하게 서로 죽고 죽이는 야만적인 행위이다. 전쟁의 신 아레스는 인간들이 목숨을 걸고 피 흘려 싸우는 모습을 즐겼다.

투구를 쓰고 갑옷을 입은 아레스가 창과 방패를 들고 전장에 나서면 불안의 신 데이모스Deimos와 공포의 신 포보스Phobos, 불화의 여신 에리스Eris, 싸움의 여신 에니오Enyo가 항상 그의 뒤를 따랐다.

그리스인들은 아레스가 야만적이고 잔인하며 광적으로 피비린내를 즐기는 신이라고 생각했다. 비록 많은 추종자가 있었지만 다른 신들에 비하면 그들은 아레스에게 별로 헌신적이지 않았다. 신들조차 피와 살육을 즐기는 아레스를 경멸했다.

아프로디테와 아레스
산드로 보티첼리, 1485년경

아레스와 연인 관계인 미의 여신 아프로디테를 제외하면 신들은 아무도 아레스를 좋아하거나 존경하지 않았다. 아버지인 제우스도 아레스를 경멸했고, 어머니인 헤라도 피에 굶주린 아들에게 애정을 느끼지 못했다. 특히 대장장이의 신 헤파이스토스는 아레스에게 적대감마저 가지고 있었다.

올림포스 12신 중에서 헤파이스토스와 아레스는 유일하게 헤라에게서 태어난 아들들이다. 그들은 따지고 보면 올림포스의 신들 중 가장 가까운 사이였다. 하지만 헤파이스토스가 친동생인 아레스에게 악감정을 가지게 된 데는 다 이유가 있다. 자신의 아내인 아프로디테와 아레스가 불륜관계였기 때문이다.

아레스는 같은 전쟁의 영역에서 활동하는 아테나를 시기했다. 아테나에 대한 제우스의 총애가 특별했기 때문이다. 아레스는 제우스의 노골적인 편애에 항상 투덜거리며 푸념을 늘어놓았다.

아테나는 이런 아레스를 경멸했으며, 트로이 전쟁에서는 제우스의 묵인 아래 아레스를 공격하여 중상을 입히기도 했다. 그는 무시무시한 전쟁의 신이라는 타이틀과 어울릴 만큼 강하지는 않았다. 아테나와는 여러 번 겨루어 모두 패했다. 심지어 거인 에피알테스와 오토스 쌍둥이 형제에게 쇠사슬로 묶여 청동 항아리에 갇히는 처량한 신세가 되기도 했다. 그는 무려 13개월이나 항아리 속에 갇혀 지냈고, 간신히 헤르메스에게 구조되었다.

그뿐만이 아니었다. 아레스는 헤라클레스가 자기 아들 키크노스를 죽이자 복수하기 위해 헤라클레스를 향해 창을 던졌다. 그러나 아레스는 창을 피한 헤라클레스의 반격으로 허벅지에 큰 부상을 입었다. 또, 트로이 전쟁 중에는 그리스의 장수 디오메데스가 던진 창에 아랫배를 찔려 피를 흘리며 올림포스로 도망쳐야 했다. 아레스는 이렇듯 전쟁의 신이라고 부르기에는 부끄럽고 민망한 면모를 여러 차례 보여주었다.

아레스는 전쟁에서 치열하게 싸웠지만, 결정적으로 용기와 자제력이 없었다. 다혈질에 난폭한 성격의 소유자인 그는 항상 전략이 부족했다. 아테나가 전쟁에서 항상 승리를 거둔 것과 달리 아레스는 승리와는 거리가 멀었다. 이러한 아레스를 두고 제우스는 올림포스에서 가장 불쾌한 신이라고 표현했다.

그러나 로마에서 아레스는 불명예를 벗고, 마르스Mars로 불리며 새롭게 평가받았다. 아레스는 고대 이탈리아 농경신과 결합하였고, 최고신 유피테르 다음가는 명예를 누렸다. 그는 로마의 건국 시조인 로물루스와 레무스의 아버지로 여겨져, 로마에서 널리 숭배하게 되었다.

봄과 가을이면 로마에서는 군신 마르스를 위한 제전이 열렸다. 의식이 시작되면 사제들은 춤을 추었고, 신성한 나팔을 불었으며, 시민들은 온갖 종류의 제물을 제단 위에 바쳤다.

로마의 장군들은 정복 전쟁에 나서기 전 마르스 신전에서 승리와 안전을 기원하며 제물을 바쳤다. 아우구스투스 황제는 카이사르의 적을 진압한 기념으로 마르스 신전을 건립하였다.

사냥의 여신
아르테미스

아르테미스는 태양의 신 아폴론과는 쌍둥이 남매이다. 올림포스 12신 중 여성의 순결을 지키는 '처녀의 수호신'이며 천체를 관장하는 '달의 여신'이다. 또한, 아르테미스는 늘 활과 화살통을 메고 다녔는데 '궁술의 신'으로 불리는 아폴론에 필적할 만큼 활쏘기의 명수였다. 그녀는 '사냥의 여신'으로 사냥꾼을 보호하는 동시에 숲속 동물들의 번식을 돕기도 했다.

제우스는 아폴론과 아르테미스 남매를 자랑스러워했다. 아폴론은 황금빛 태양 같았고, 아르테미스는 은빛 달처럼 빛났다. 아르테미스가 세 살이 되었을 때 제우스가 말했다.

"소원이 있으면 말해보아라. 네가 원하는 것은 무엇이든지 들어주겠다."

아르테미스는 즉시 대답했다.

"저는 결혼하지 않고 평생 독신으로 살 거예요. 요정들과 함께 숲과 들을 누비며 사냥도 하고 놀이도 즐기면서 자유롭게 살고 싶어요. 그리고 숲에서 요정들과 함께 독립된 생활을 하고 싶어요."

"좋다. 네가 하고 싶은 대로 살게 해주마. 단, 조건이 있다. 만약 너에게 사랑하는 사람이 생긴다면 그땐 마음을 바꿔야 한다."

제우스는 키클롭스들에게 명령하여 특수 제작한 은제 활과 화살을 아르테미스에게 선물로 주었다. 키클롭스들이 만든 화살통은 화살이 비워지는 즉시 화살이 자동으로 채워지도록 만들어졌다. 목신 판은 세상에서 가장 뛰어난 사냥개 열 마리를 선물했다.

아르테미스는 다시 제우스에게 세상의 모든 산과 강, 바다의 요정들이 자신에게 복종하도록 해 달라고 부탁했다. 제우스는 딸의 요구를 들어주었고, 아르테미스는 마침내 처녀의 수호신이 되었다. 동시에 사냥과 달, 야생 동물, 여성의 순결을 관장하게 되었다.

아르테미스는 모든 준비가 끝나자 올림포스를 떠나 요정들과 함께 숲속에서 생활했다. 그녀는 자신을 추종하는 요정 플레이아데스 Pleiades들과 함께 숲을 누비며 사냥을 즐겼다.

처녀의 수호신이 된 아르테미스는 순결에 대해 매우 엄격했다. 자신을 추종하는 요정들이나 여사제가 순결을 잃으면 가차 없이 징벌했다.

아르테미스는 신을 모독하는 인간들도 가혹하게 응징했다. 미케네의 왕 아가멤논은 트로이 전쟁에서 그리스 원정군의 총사령관이었다. 그는 트로이 원정을 떠나기 전 사냥을 나간 일이 있었다. 아가멤논은

달과 사냥의 여신 아르테미스
안톤 라파엘 멩스, 1765년경

사슴을 발견하고 활을 쏘아 단번에 명중시켰다. 함께 한 일행들이 그의 활 솜씨에 찬사를 보내자 아가멤논은 어깨가 으쓱해졌다. 그는 자신의 솜씨가 아르테미스 여신보다 뛰어나다고 자랑했다.

화가 난 아르테미스는 바람을 거두어 트로이 원정을 떠나는 그리스군의 함대를 묶어 놓았다. 그리스군의 장수들이 원인을 알기 위해 신탁을 구하자 아가멤논이 신을 모독했기 때문이라는 답을 얻었다.

결국, 아가멤논은 여신의 분노를 풀기 위해 자신의 큰딸 이피게네이아를 제물로 바쳐야 했다. 하지만 마지막 순간 아르테미스는 자비를 베풀었다. 제물을 암사슴으로 바꾸어 놓고, 이피게네이아를 흑해 연안에 있는 자신의 신전으로 데려가 여사제로 삼았다. 제사가 끝나자 순풍이 불어왔고, 마침내 그리스의 함대는 트로이를 향해 닻을 올릴 수 있었다.

곰이 된 칼리스토

아르카디아의 왕 리카온에게 칼리스토라는 아름다운 딸이 있었다. 그녀는 아르테미스를 섬기며 평생 순결을 지킬 것을 맹세했다. 하지만 너무나 뛰어난 미모 탓에 제우스의 눈에 띄고 만다. 제우스는 그녀를 유혹하여 자신의 욕망을 풀고자 하였다. 하지만 뜻을 이루지 못하자 아르테미스로 변신하여 접근했다. 변신한 제우스를 아르테미스로 착각한 칼리스토는 경계심을 풀었다. 결국 칼리스토는 제우스에게 순결을 빼앗기고 임신을 했다.

칼리스토는 처벌이 두려워 임신한 사실을 숨겼다. 하지만 임신한 그녀는 조금씩 배가 불러오기 시작했다. 어느 여름날 사냥을 마친 여신과 그녀의 추종자들은 다 함께 목욕을 했다. 결국 그녀의 임신 사실은 동료들에게 발각되고 말았다.

칼리스토는 그 즉시 무리에서 추방되었다. 홀로된 그녀는 숲속을 떠돌며 지내다가 아들을 출산했다. 그녀는 아이에게 아르카스라는 이름을 지어주었다.

제우스의 아들이 태어났다는 소식은 곧 헤라의 귀에 들어갔다. 화가 난 헤라는 칼리스토를 찾아가 그녀를 곰으로 둔갑시켰다. 제우스는 홀로 남겨진 아르카스를 칼리스토의 아버지인 리카온에게 데려다주었다. 아르카스는 외조부 리카온의 밑에서 무럭무럭 자라 건장한 청년으로 성장했다. 세월이 흘러 아르카스는 리카온의 왕위를 물려받아 아르카디아의 왕이 되었다.

어느 날 아르카스는 숲으로 사냥을 나갔다가 곰이 된 칼리스토와 마주쳤다. 칼리스토는 한눈에 자신의 아들을 알아보았다. 어머니는 반가운 마음에 달려갔지만 아들은 곰이 자신을 공격하는 것으로 받아들였다. 아르카스는 칼리스토를 향해 화살을 겨누었다. 아르카스가 막 활시위를 당기는 순간, 하늘에서 그 모습을 내려다본 제우스는 황급히 두 모자를 하늘로 끌어 올렸다. 그리고 북쪽 하늘의 별자리로 만들어주었다. 그 별자리가 큰곰자리와 작은곰자리이다.

이후 칼리스토는 목성의 주위를 도는 4대 위성 중 하나의 이름으로 채택되었다. 나머지 위성은 이오, 에우로페, 가니메데스로 모두 제우스의 사랑을 받았던 이들이다. 이 위성들은 갈릴레이가 발견했다고 해서 갈릴레이 위성 군으로도 불렸다. 목성의 영어식 이름은 주피터, 즉 제우스다. 제우스의 사랑을 받았던 이들이 그의 주위를 돌고 있는 셈이다.

악타이온

어느 날 아르테미스는 사냥을 마친 후 자신을 따르는 요정들과 함께 숲속 계곡에서 목욕을 하고 있었다. 그때 멀지 않은 곳에서 테베의 왕자 악타이온Actaeon이 사냥감을 찾아다니고 있었다. 그는 숲속에서 들려오는 여자들의 감미로운 웃음소리를 듣고 호기심이 발동했다.

악타이온은 웃음소리가 들려온 곳으로 다가갔다. 그곳에는 신비로운 아름다움을 간직한 소녀들이 벌거벗은 채 물장구를 치며 물놀이를 하고 있었다. 악타이온은 소녀들의 아름다움에 넋을 잃고 그녀들에게 다가갔다. 악타이온을 발견한 요정들은 비명을 질렀고, 아르테미스는 크게 분노했다.

그제야 요정들 사이에서 아르테미스 여신을 알아본 악타이온은 크게 놀라서 두려움에 떨며 용서를 구했다. 하지만 아르테미스는 그의 용서를 받아들이지 않고 저주를 내렸다.

악타이온의 모습은 순식간에 수사슴으로 변했다. 사슴이 된 악타이온은 공포에 사로잡혀 그곳을 도망쳤다. 악타이온은 사슴으로 변한 자신의 모습을 내려다보며 눈물을 흘렸다.

숲속을 방황하던 악타이온은 자신이 데려왔던 사냥개들과 마주쳤다. 그러나 개들은 사슴으로 변한 주인을 알아보지 못하고 사납게 덤벼들었다. 악타이온은 놀라서 도망을 쳤지만, 사냥개들의 추격을 뿌리치지 못했다. 결국, 악타이온은 자신이 길렀던 사냥개들에게 물려 비참한 최후를 맞이했다.

미의 여신
아프로디테

아프로디테는 미의 여신이다. 그녀는 올림포스 12신 중에서 사랑과 아름다움, 다산을 관장했다. 로마 신화에서는 베누스Venus, 영어로는 '비너스'라고 한다. 비너스는 '금성'을 뜻하기도 한다. 그녀의 이름은 출생과 관련이 있다. 아프로디테Aphrodite라는 이름은 '거품에서 태어난 여신'이라는 뜻이다. 'aphrosr'가 거품을 뜻하기 때문이다.

아프로디테가 거품에서 태어난 사연은 이렇다. 대지의 여신 가이아는 남편인 우라노스가 키클롭스와 헤카톤케이레스 등 자신이 낳은 자식들을 타르타로스에 가두자 분노했다. 그녀는 막내아들인 크로노스에게 낫으로 우라노스의 생식기를 자르게 시켰다. 크로노스는 그대로 실행했고, 잘려진 아버지의 생식기를 바다에 던졌다. 이때 생식기에서 흘러나온 정액이 바닷물과 섞여 하얀 거품이 되었고, 그 거품은 바다를

비너스의 탄생
윌리앙 아돌프 부그로, 1879년

떠다니다가 키프로스 섬의 해변에 닿았다.

이때 거품에서 아름다운 여신이 태어났다. 계절의 여신 호라이 세 자매와 우아한 아름다움의 여신 카리테스 세 자매가 그녀를 환영했다. 아프로디테는 여신들의 도움으로 아름답게 치장하고 걸음을 옮겼다. 그녀가 지나는 곳마다 아름다운 꽃들이 피어났다. 사랑의 신 에로스가 그녀를 따랐다.

아프로디테는 올림포스로 가서 대장장이의 신 헤파이스토스의 아내가 되었다. 가장 아름다운 여신은 신들 중에서 가장 못생긴 남편을 맞게 된 것이다. 그래서인지 그녀는 결혼하고 나서 호전적인 전쟁의 신 아레스와 불륜을 맺고 그의 애인이 되었다.

사랑의 신 에로스

에로스는 사랑의 신이다. 작은 몸집에 날개가 달린 귀엽고 아름다운 모습을 하고 있다. 로마에서는 큐피도Cupido, 또는 아모르Amor(사랑), 영어로는 큐피드Cupid라고 한다. 에로스는 황금 화살과 납 화살을 가지고 다녔다. 황금 화살을 맞으면 처음 본 이성을 사랑하게 되고, 납 화살을 맞으면 처음 본 이성에게 혐오감을 느끼게 된다. 즉 상대방의 사랑을 거부하게 된다.

에로스의 탄생에는 두 가지 설이 있다. 헤시오도스의 『신통기』에 따르면 가이아와 타르타로스에 이어 에로스가 태어났다. 그러나 후대에 와서는 아프로디테의 아들로 묘사되었다.

아프로디테와 에로스는 별자리와도 관련이 있다. 올림포스의 신들이 에리다누스 강 주변에 모여 연회를 즐기고 있을 때 갑자기 괴물 티폰이 공격해왔다. 신들은 놀라 도망쳤고, 이때 에로스와 아프로디테는 일행을 놓치지 않기 위해 서로를 끈으로 묶은 후 물고기로 변신하여 강물에 뛰어들었다. 이후 그 모습은 별자리로 만들어졌고, 물고기자리로 불렸다.

안키세스

어느 날 아프로디테는 이다 산을 거닐고 있었다. 이때 그녀의 눈앞에 양을 치고 있던 아름다운 청년이 눈에 들어왔다. 그는 트로이의 왕자 안키세스였다.

안키세스에게 첫눈에 반한 아프로디테는 그를 유혹하기로 마음먹고 처녀로 변신했다. 인간으로 변신하여 미모를 숨겼지만, 그녀의 아름다움은 여전히 빛났다. 아프로디테는 안키세스가 살고 있는 오두막으로 찾아갔다. 아름다운 처녀의 방문에 안키세스는 잠시 놀랐으나 곧 그녀의 아름다움에 마음을 빼앗겼다. 그는 자신을 찾아온 처녀가 요정이나 여신이 아닌지 의혹을 품었다. 그녀가 인간이라고 믿기엔 너무나 아름다웠기 때문이다.

안키세스가 자신의 정체에 대해서 의심하자 아프로디테는 인간이 맞으며, 프리기아 땅을 다스리는 오트레우스의 딸이라고 둘러댔다. 또 헤르메스 신으로부터 신탁을 받았는데, 자신이 안키세스와 결혼하여 뛰어난 자식을 낳게 될 운명이라고 했다.

아프로디테는 안키세스의 가족을 소개시켜 달라고 했다. 프리기아의 부모에게 사절을 보내 기쁜 소식을 전하면 황금을 비롯한 풍성한 선물을 보내올 것이라고 속였다. 안키세스는 아프로디테의 거짓말에 속아 넘어갔다.

헤르메스 신이 예언한 운명이라면 거부할 이유가 없었다. 더구나 상대는 요정이나 여신이라고 해도 믿을 만큼 눈이 부시도록 아름다웠다. 안키세스는 떨리는 가슴을 진정시키며 그녀를 안았다. 그렇게 인

아프로디테와 안키세스
윌리엄 블레이크 리치먼드, 1889~1890년 사이

간과 여신은 밤이 새도록 뜨거운 사랑을 나누었다.

　다음 날 아침, 여신은 자신의 정체를 밝혔다. 안키세스는 공포에 사
로잡혔다. 여신과 동침한 인간은 해를 당하게 된다는 사실을 잘 알고
있었기 때문이다.

　아프로디테는 아무런 해도 없을 것이라고 안키세스를 안심시켰다.
단 오늘 있었던 일을 비밀로 해야 한다는 단서를 달았다. 만약 어기면
제우스 신의 벼락을 맞게 될 것이라고 경고했다.

　아프로디테는 훗날 아이가 태어나면 다섯 살이 되었을 때 아버지에
게 보내겠다고 했다. 혹시 아이가 자라서 어머니에 관해 물으면 '아름

다운 숲의 요정의 딸'이라고 대답하라고 했다.

안키세스는 오랫동안 아프로디테와의 약속을 지켰다. 하지만 어느 날, 술에 만취한 안키세스는 자신이 여신과 사랑을 나누었다고 떠벌렸다.

그 순간, 아프로디테의 경고처럼 하늘에서 벼락이 떨어져 안키세스를 불구로 만들었다. 하지만 아프로디테는 항상 그의 아들인 아이네이아스를 애정 어린 눈으로 지켜보며, 위험에서 구해주었다. 그리스군의 공격을 받은 트로이 성이 함락되어 화염에 휩싸였을 때 아프로디테는 아이네이아스에게 트로이 성을 떠나라고 조언했다. 그녀의 조언을 받아들인 아이네이아스는 아버지 안키세스를 무동 태우고 불바다가 된 트로이 성을 떠났다. 훗날 아이네이아스는 로마제국의 건국 시조가 되었다.

대장장이의 신
헤파이스토스

　헤파이스토스는 대장장이의 신이다. 올림포스 12신 중 대장장이의 신으로 장인匠人, 기술, 불, 대장간 영역을 관장했다. 헤파이스토스는 전쟁의 신 아레스와 함께 헤라에게서 태어났다. 하지만 아레스와 달리 헤파이스토스는 제우스의 혈통이 아니다. 그는 아버지 없이 어머니의 혈통만을 받고 태어났기 때문이다.

　헤라는 남편인 제우스의 머리에서 아테나가 태어나자 남편에게 복수하기 위해 남자 없이 스스로 임신을 했다. 그렇게 해서 태어난 아들이 헤파이스토스다. 헤파이스토스가 태어난 날 그의 어머니 헤라는 아들의 볼품없는 모습에 매우 실망했다. 아테나와 비교하니 모든 면에서 너무 뒤떨어졌고, 추한 얼굴에 다리까지 비틀어져 있었다.

　자존심에 상처를 입은 헤라는 화가 나서 갓난아기를 바다에 내던져

버렸다. 다행히 바다의 여신 테티스와 에우리노메가 헤파이스토스를 구조해서 돌보았다. 여기서 테티스는 훗날 아킬레우스의 어머니가 되는 여신으로, 오케아노스의 아내이자 에우리노메의 어머니 테티스와는 서로 다른 존재이다.

헤파이스토스는 렘노스 섬에서 9년 동안 여신의 보호를 받으며 양육되었고, 이 섬은 헤파이스토스를 숭배하는 성지가 되었다. 이곳에서 그는 자신의 재능을 갈고닦아 대장장이가 되었다. 그가 잠시 손만 대면 딱딱하고 쓸모없던 쇳조각들이 멋진 장식이 박힌 창이며 방패로 변했고, 우아한 전차나 웅장한 신전도 만들어지곤 했다.

올림포스로 복귀한 후에는 신들을 위해 여러 가지 물건을 만들었다. 키클롭스 삼 형제가 아폴론에게 목숨을 잃은 후 올림포스에서 필요한 물건들은 대부분 헤파이스토스가 만들었다. 그의 솜씨는 키클롭스 삼 형제에 절대 뒤지지 않았다.

물과 진흙을 빚어 인류 최초의 여자인 판도라를 만든 것도 헤파이스토스였다. 그가 만든 물건들 중에는 헤르메스의 날개 달린 샌들이 있고, 헤라를 위해 금강석으로 만든 신발과 눈에 보이지 않을 만큼 가느다란 쇠줄을 엮어 만든 그물도 있다.

헤파이스토스는 9년이 지나도록 어머니에 대한 분노를 삭일 수 없었다. 자신을 버린 어머니에 대한 미움은 복수로 이어졌다. 헤파이스토스는 황금으로 만든 정교한 의자를 헤라에게 선물했다. 그녀가 의자에 앉자마자 눈에 보이지 않는 그물이 헤라를 의자에 묶어 꼼짝할 수 없도록 만들었다. 당황한 헤라는 그물을 풀려고 노력했으나 소용이 없

헤파이스토스의 대장간
디에고 벨라스케스, 1630년

었고, 다른 신들도 도움이 되지 못했다.

　아레스와 여러 신들이 헤라를 풀어줄 것을 간청했지만 헤파이스토스는 단호하게 거부했다. 당황한 신들은 대책을 세웠고, 디오니소스가 헤파이스토스에게 술을 먹여 올림포스로 데려왔다. 헤파이스토스는 헤라를 풀어주는 조건으로 미의 여신 아프로디테와의 결혼을 요구했다. 이렇게 해서 헤파이스토스는 어머니에게 복수하고, 신들 중 가장 아름다운 여신을 아내로 맞았으며, 올림포스에 거처를 마련하여 복귀할 수 있었다. 이렇게 해서 가장 추하고 못생긴 신이 가장 아름다운 여신과 부부가 되었다.

호메로스의 『일리아스』는 다른 이야기를 전하고 있다. 헤파이스토스는 원래 정상적인 몸으로 태어났다. 그는 동생인 아레스와 달리 헤라의 애정을 듬뿍 받았고, 그런 어머니를 누구보다 사랑하며 존경했다.

어느 날 제우스와 헤라는 심하게 부부 싸움을 했다. 헤라에게 크게 화가 난 제우스는 그녀의 양손을 황금 사슬로 묶고 양발에 금속 추를 달아 허공에 매달았다. 제우스의 분노가 워낙 커서 어느 신도 감히 나서서 이의를 제기하지 못했다. 하지만 헤파이스토스는 조금도 망설이지 않고 헤라를 풀어주려고 했다. 그 모습을 보고 화가 난 제우스는 헤파이스토스의 발목을 잡고 올림포스 산 아래로 힘껏 내던졌다.

헤파이스토스는 아침부터 저녁가지 온 종일 지상으로 추락하다가 마침내 렘노스 섬과 충돌했다. 이때 그는 심한 부상을 입었고, 현지인들의 도움을 받아 상처를 치료했다. 하지만 회복한 후에도 다리에 장애가 남아 절름발이가 되었다.

서로 다른 이 두 가지 이야기에서 공통점은 헤파이스토스가 다리에 장애를 가졌다는 점이다. 장애를 가지고 태어나서 올림포스 밖으로 던져졌거나, 올림포스 밖으로 던져져서 장애를 입었거나 헤파이스토스가 절름발이라는 사실에 변함은 없다.

어느 쪽이든 중요한 것은 그가 올림포스의 신으로 당당하게 복귀했다는 사실이다. 그곳에서 헤파이스토스는 가장 아름다운 여신과 가정을 꾸렸고, 신들이 감탄할만한 물건들을 끊임없이 만들어냈다.

두 번의 결혼

헤파이스토스는 다른 신들의 부러움과 축복 속에서 아프로디테와 결혼식을 올렸다. 하지만 결혼 생활은 순탄하지 않았다. 자신이 선택한 남편이 아니었던 관계로 아프로디테는 결혼 생활에 충실하지 않았다.

어느 날 헤파이스토스는 태양신 헬리오스로부터 충격적인 소식을 들었다. 아프로디테가 자신의 동생인 전쟁의 신 아레스와 바람을 피우고 있다는 것이다. 헤파이스토스는 망연자실했다. 가정에 충실하지 않은 아내였지만 설마 불륜을 저지르리라고 생각지 못했다. 그것도 자신의 친동생인 아레스와 바람이 났다는 사실에 배신감과 굴욕감을 동시에 느꼈다. 분노한 헤파이스토스는 불륜 현장을 잡기로 했다. 그는 대장간에서 근사한 침대를 만든 후 그곳에 황금 그물을 장착하여 덫을 놓았다. 불륜 현장을 잡기 위한 모든 준비를 마친 헤파이스토스는 아내에게 잠시 렘노스 섬에 며칠 다녀오겠다고 집을 나섰다.

남편이 집을 비운다는 것은 부정한 아내에게 해방구를 제공하는 것과 다름없었다. 아프로디테는 즉시 아레스를 침실로 불러들였다. 이들이 침대에 누워 막 사랑을 나눌 때였다. 갑자기 기관 장치가 작동하면서 황금 그물이 그들을 덮쳤다. 헤파이스토스가 놓은 덫에 그들은 보기 좋게 걸려들고 말았다.

헤파이스토스는 올림포스의 신들을 모두 불러 모아 불륜 현장을 공개했다. 아프로디테와 아레스는 공개적으로 망신을 당했고, 헤파이스토스는 비통함에 눈물을 삼켰다.

포세이돈은 신들을 대표하여 중재에 나섰고, 아레스가 헤파이스토

헤파이스토스에게 붙잡힌 아레스와 아프로디테
알렉상드르 샤를 기예모, 1827년

스에게 피해 보상을 하는 것으로 사건을 마무리 지었다.

　헤파이스토스는 첫 결혼의 실패로 쓰라린 아픔을 겪었다. 그러나 운명의 여신은 그의 아픔을 버려두지 않았다. 헤파이스토스는 새로운 인연을 만났고, 상대는 미의 3여신 카리테스 중 막내 아글라이아였다. 3여신은 순결, 사랑, 아름다움을 관장하는 여신들이며, 아글라이아는 그중에서 아름다움을 관장했다. 새로 아내를 맞이한 헤파이스토스는 그녀를 위해 청동 집을 짓고, 아름다운 물건과 가사를 돕는 장치들로 집안을 가득 채웠다. 그중에는 자동으로 움직이는 의자와 황금으로 도금된 기계 인간 가정부도 있었다. 이후 헤파이스토스의 삶은 행복한 나날로 바뀌었다.

전령의 신
헤르메스

헤르메스는 도둑의 신, 상업의 신으로 불리지만 가장 중요한 역할은 전령이었다. 그는 제우스의 뜻을 신이나 인간에게 전달하는 역할을 했다. 헤르메스는 헤파이스토스가 만들어준 날개 달린 신발과 투구를 쓰고, 하늘과 땅, 지하세계를 자유롭게 오가며 제우스의 뜻을 전했다. 특히 죽은 자들의 세계인 저승은 신들도 갈 수 없는 곳이었지만, 헤르메스만은 자유롭게 그곳을 드나들었다. 자연스럽게 죽은 자들을 안전하게 저승세계로 인도하는 역할도 그에게 부여되었다.

헤르메스는 카두케우스caduceus라는 황금 지팡이를 늘 가지고 다녔다. 이 지팡이는 원래 아폴론의 소유였지만 거래를 통해 헤르메스의 것이 되었다. 카두케우스에는 서로 싸우고 있는 두 마리의 뱀과 날개가 달려있다. 이 지팡이는 분쟁이 있는 곳에서 중재자 역할을 하는 헤르메스를 잘 상징하고 있다.

헤르메스는 '도둑의 신'으로 불리기도 했다. 그는 머리가 좋고 꾀가 많으며, 약삭빠르고, 남을 속이고 물건을 훔치는 능력이 탁월했다. 그래서인지 헤르메스는 선과 악의 경계에 서서 때론 선한 자를, 때로는 악한 자를 도왔다. 매춘부나 도둑, 사기꾼, 거짓말쟁이도 그의 보호 대상이었다.

헤르메스는 제우스와 마이아 사이에 태어났지만 어려서부터 헤라의 젖을 먹고 자랐다. 헤라는 자신의 젖을 먹여 키운 헤르메스를 친 자식 이상으로 아끼며 사랑했다. 제우스가 바람을 피워 낳은 자식들 중 헤라에게 미움을 받지 않고 사랑을 받은 것은 헤르메스가 유일하다.

헤르메스는 제우스와 마이아(아틀라스의 딸)의 아들이다. 그가 태어난 곳은 아르카디아 지방에 있는 키레네 산의 동굴이다. 그곳은 마이아의 거처이기도 했다. 헤르메스는 태어나자마자 이복형인 아폴론의 소를 훔칠 만큼 조숙했다.

헤르메스는 태어난 첫날 아침에 동굴에서 나왔다가 우연히 아폴론의 소떼를 발견했다. 그는 소를 훔치기로 마음먹고 길을 가다가 거북이를 발견했다. 길조로 생각한 헤르메스는 거북이를 잡아 등껍질을 취했다.

아폴론이 소 떼를 키우는 곳은 피에이라 산이었다. 그곳에 도착한 헤르메스는 은매화 나무와 정류나무 가지로 샌들을 만들어 신었다. 그리고 소 떼의 무리에서 50마리의 소를 떼어내 뒷걸음치며 산 아래로 몰았다. 그러자 땅에 소 떼의 흔적이 남았다. 헤르메스는 샌들의 나뭇

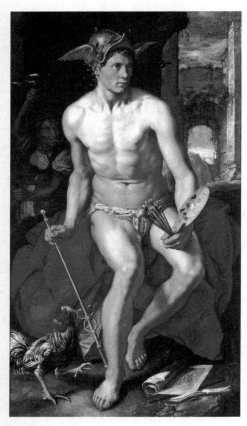

헤르메스
헨드릭 골치우스, 1611

가지를 이용하여 그 흔적을 모두 지워버렸다. 이때 포도밭에서 일하던
농부가 그 광경을 목격하게 되었다.

헤르메스는 농부에게 지금 본 것들을 모두 기억에서 지우라고 충고
한 뒤 아르카디아를 향해 소 떼를 몰았다. 목적지에 도착한 헤르메스는

나무를 모아 불을 피웠다. 훔친 소들을 동굴에 몰아넣은 뒤 그중에서 두 마리를 잡아 신들에게 제물로 바쳤다. 그는 소가죽을 바위 위에 널어놓은 뒤 고기를 구워 열 두 조각으로 나누고, 발굽과 머리는 태워 없앴다. 그리고 샌들은 강물에 내다 버렸다. 소의 힘줄은 다듬어서 거북이 등껍질에 묶어 리라를 만들었다.

마이아의 동굴로 돌아온 헤르메스는 리라를 가지고 요람에 올라가 포대기를 감싸고 잠이 들었다.

한편 소를 도둑맞은 아폴론은 범인을 잡으려고 했지만, 범인의 흔적조차 찾을 수 없었다. 마침 포도밭에서 일하던 농부와 마주친 아폴론은 그에게서 사건의 단서를 얻게 되었다. 그는 도둑이 새로 태어난 제우스의 아들임을 확신하고, 지체 없이 마이아의 동굴로 향했다. 그곳엔 갓난아이 하나가 깊은 잠에 빠져있었다. 아폴론은 잠자는 아이를 깨워 소를 돌려달라고 요구했다. 하지만 헤르메스는 자기가 태어난 지 하루밖에 되지 않아서 소가 뭔지도 모른다며 잡아뗐다.

갓난아이의 능청스러움에 아폴론은 혀를 내둘렀다. 하지만 그 모습에 아폴론은 화가 나기는커녕 오히려 귀엽고 앙증맞아 실소를 터뜨렸다. 그리고는 헤르메스가 영원히 도둑의 왕으로 불리게 될 것이라고 선언했다.

아폴론은 헤르메스를 올림포스로 데려가서 제우스에게 판결을 부탁했다. 모든 사실을 이미 알고 있던 제우스는 헤르메스에게 소를 돌려주라고 명령했다. 헤르메스는 아폴론을 소 떼를 숨겨둔 동굴로 안내했다. 동굴의 바위 위에는 소 두 마리의 가죽이 널려있었다. 헤르메스는 아폴론의 눈치를 살피며 올림포스 열두 신에게 제물로 바치기 위해 소를 잡았다고 변명했다. 그리고 열두 조각으로 나눈 고기를 증거로 보여주었다.

아폴론은 올림포스의 신은 열두 명이 아니라 열한 명이라고 헤르메스의 말을 바로잡았다. 그러자 헤르메스는 장차 자신이 올림포스 신에 포함될 것이기 때문에 이젠 열두 명이 되었다고 주장했다. 아폴론은 헤르메스의 주장이 황당하면서도 맹랑해서 실소를 터뜨렸다.

헤르메스는 아폴론의 표정이 굳어지자 그의 마음을 풀어주기 위해 리라를 연주했다. 그 소리가 너무나 아름다워 음악의 신인 아폴론의 마음을 단번에 사로잡았다.

아폴론은 리라 선율에 매료되어 헤르메스에게 거래를 제안했다. 리라와 연주 능력을 주면 소를 훔친 죄를 용서하겠다는 제안이었다. 그러나 헤르메스는 아폴론의 예언 능력과 황금 지팡이 카두케우스를 주면 생각해보겠다고 응수했다. 아폴론은 리라를 갖고 싶은 마음에 헤르메스의 요구를 모두 들어주었다.

헤르메스는 이후 자신의 주장대로 올림포스 신의 일원이 되었다. 그는 교역, 상업, 문학, 언론, 웅변, 잠, 꿈, 여행, 홍보, 속임수 등의 영역을 관장했다. 제우스는 그에게 사자, 멧돼지, 개, 소 그리고 '길조'에 대한 지배권을 주었다. 또한, 날개 달린 신발을 비롯한 여러 가지 마법의 물건들을 챙겨 주었다.

술의 신
디오니소스

디오니소스는 포도주의 신이다. 올림포스 12신 중 그는 포도주, 황홀경, 식욕, 식물의 영역을 관장했다. 자연이 주는 충만감을 포도주의 힘을 통해 드러내는 디오니소스는 도취감을 일으키고 신비로운 착상과 억제할 수 없는 광란을 불러오기도 한다.

디오니소스는 제우스와 테베의 공주 세멜레 사이에서 태어났다. 그의 이름 디오니소스는 '두 번 태어난 자'를 의미하며 '뉘사 산에서 자란 제우스'라는 뜻이다.

어느 날 제우스는 우연히 테베의 공주 세멜레가 목욕하는 모습을 보게 되었다. 그날 밤, 인간의 모습으로 변신한 제우스는 세멜레의 침실을 찾았다. 그 후 세멜레는 제우스의 연인이 되었다. 그리고 제우스의 아이를 잉태했다.

그 사실을 알고 질투심에 불탄 헤라는 세멜레에게 이를 갈았다. 헤라는 즉시 인간 세상으로 내려가 세멜레의 늙은 유모로 변신했다. 헤라는 세멜레에게 접근한 후 그녀가 사랑을 나누는 연인의 정체가 제우스가 맞는지 의심하게 만들었다.

"세상에는 나쁜 남자들이 정말 많아요. 아름다운 여인을 유혹하기 위해 자신의 신분을 속이는 거짓말쟁이 사내들 말이에요. 아씨께서 사귀는 그분이 제우스신인지 거짓 신인지 어떻게 알 수 있겠어요. 정말 그분이 아씨를 사랑한다면 증거를 보여 달라고 하세요. 헤라 여신 앞에 계실 때처럼 위대하시고 영광스러운 신의 모습을 보여 달라고 말이에요."

헤라의 꼬드김에 넘어간 세멜레는 마음속 깊은 곳에서 의심이 싹트기 시작했다. 한 번 시작된 의심은 시간이 지날수록 깊어졌다.

며칠 뒤 제우스가 찾아오자 세멜레는 그에게 한 가지 부탁을 들어 달라고 요청했다. 제우스는 세멜레가 어떤 부탁을 할지도 모르고 승낙했다. 그러자 세멜레는 재차 약속에 대한 다짐을 요구했고, 제우스는 스틱스 강에 맹세했다. 그러자 세멜레는 제우스가 헤라에게 나타나듯이 자신에게도 영광스럽고 멋진 모습을 보여 달라고 요구했다.

제우스는 당황했다. 인간이 신의 모습을 직접 보는 것은 매우 위험했다. 신에게서 뿜어져 나오는 강렬한 광채는 순식간에 인간의 몸을 불태워버리기 때문이었다. 그는 자신이 한 약속을 후회했다. 하지만 스틱스 강에 한 맹세는 번복할 수 없고, 최고신 제우스도 반드시 지켜야만했다.

제우스가 올림포스 신의 위용을 드러내자, 강렬한 빛이 쏟아져 나와 세멜레의 몸을 순식간에 불태웠다. 재로 변해가는 세멜레의 몸에서 제우스는 태아를 꺼내 자신의 허벅지를 가르고 그 속에 넣었다. 이렇게 해서 디오니소스는 재로 변한 어머니와 아버지의 허벅지에서 태어났다. 헤라는 세멜레의 죽음에도 노여움을 거두지 않았다.

어린 디오니소스는 세멜레의 여동생인 이노에게 양육되었다. 그 사실을 알게 된 헤라는 이노와 그녀의 남편 아타마스에게 저주를 내렸다. 그들은 정신착란을 일으켜 자신의 아이들을 살해했다.

그러자 제우스는 디오니소스를 그리스에서 멀리 떨어진 인도의 '뉘사Nysa'라는 곳으로 데려갔다. 그곳에서 디오니소스를 염소로 둔갑시켜 요정들의 보살핌 속에 자라게 했다.

광기에 사로잡힌 디오니소스

성인이 된 디오니소스는 포도로 술을 만드는 법을 터득했다. 그는 동료들과 함께 포도주를 마시며 즐겼다. 그가 포도주 제조법을 알게 된 데는 슬픈 사연이 있다. 그에게 암펠로스라는 사랑하는 친구가 있었다.

암펠로스는 포도송이를 따려다가 느릅나무 가지에 떨어져 죽었다. 비탄에 빠진 디오니소스는 흐느끼며 눈물을 흘렸다. 그 눈물이 친구의 시신에 떨어지자 포도주로 변했다. 그렇게 슬픔 속에서 기쁨을 주는 포도주가 태어났다. 이후 사람들은 슬프고 괴로울 때 술을 찾게 되었다.

표범을 안고 있는 디오니소스
요한 빌헬름 슈체, 1878년 이전

헤라는 디오니소스가 평온한 생활을 누리도록 그냥 두지 않았다.
그녀는 디오니소스에게 광기를 불어넣었다. 이성을 잃고 광기에 사로
잡힌 디오니소스는 이집트와 시리아를 정처 없이 떠돌았다. 그를 추종
하는 숭배자들이 하나 둘 뒤를 따랐다. 그 수는 시간이 지날수록 늘어

나 무리를 이루었다.

'마이나데스Maenades'라고 불리는 이 무리에는 그의 스승인 실레노스, 그를 길러준 요정들, 상반신은 인간이고 하반신은 말의 다리를 가진 사티로스, 왕성한 생식력의 프리아포스 등이 함께했다. 그들은 가는 곳마다 술 마시고 노래 부르고 춤을 추면서 흥겹게 무아지경에 빠졌다.

디오니소스는 이동할 때면 표범을 타고 손에는 덩굴식물인 송악으로 장식하고 끝은 솔방울로 마감된 티르소스Thyrsos라는 긴 홀을 들고 다녔다.

디오니소스와 그 무리가 그리스 북부 트라키아에 도착했을 때, 그곳의 왕 리쿠르고스Lycurgus는 그들을 박해했다. 심지어 디오니소스를 잡아 가두려고 했다. 그는 바다의 여신 테티스에게 몸을 피했다. 그러자 왕은 마이나데스 중에서 여자들만 잡아서 옥에 가두었다.

디오니소스의 복수는 포도주를 통해 이루어졌다. 트리키아로 다시 돌아온 디오니소스는 리쿠르고스에게 포도주를 먹여 취하게 만들었다.

술에 만취한 그는 자기 어머니도 몰라보고 욕보이려고 했다. 제정신이 돌아온 그는 수치심에 사로잡혀 포도나무를 도끼로 찍어버렸다. 하지만 그가 도끼로 찍은 것은 포도나무가 아니라 그의 아들이었다. 그 일이 있고 나서 트라키아에는 기근이 들어 풀 한 포기 나지 않았다.

신탁을 물으니 다시 비옥한 땅이 되려면 리쿠르고스의 사지를 찢어서 대지에 뿌려야 한다는 것이었다. 이에 사람들은 왕을 붙잡아 판가이온 산으로 끌고 가서 사지를 찢어 죽였다.

트라키아를 떠난 디오니소스와 그의 무리들은 소아시아로 이동하기 위해 배를 탔다. 그 배의 선장은 디오니소스를 아시아에 노예로 팔아버리려고 했다. 그러자 디오니소스는 선원들을 모두 실성하게 만든 뒤 그들이 스스로 바다에 뛰어들게 만들었다. 그리고 돌고래로 둔갑시켰다.

디오니소스의 숭배자들

디오니소스 일행은 오늘날 터키 북동부의 프리기아라는 지방에 도착했다. 그곳은 '자연의 여신'이자 '신들의 어머니'인 키벨레kybele가 다스리는 곳이었다. 여신은 디오니소스를 가엾이 여겨 그의 광기를 치유해주었다. 또한 자신의 종교에서 행하는 기이한 제례의 비밀을 모두 전수해주었다. 디오니소스는 여신에게서 배운 비밀에 자신의 독자적인 사상을 더해 비밀 의식을 창안했다. 이 의식은 인가에서 멀리 떨어진 산속에서 디오니소스를 숭배하는 바카이(Bakchai, 디오니소스의 다른 이름인 바커스의 신녀들)와 함께 마이나데스(광란하는 여자들)라 불리는 여성들이 집전했다.

디오니소스를 숭배하는 여자들은 옷 대신 네브리스라는 새끼 사슴 가죽을 걸치고, 허리띠 대신 살아있는 뱀을 두르고, 손에는 횃불과 티르소스(디오니소스를 상징하는 지팡이)를 들었다. 그녀들은 피리를 불고 큰 북을 치며 광란의 춤을 추었다. 이 의식을 치른 여자들은 불가사의한 괴력을 발휘했다. 그 힘은 무장한 장정들도 감당할 수 없을 정도로 강력했다. 그녀들은 맨손으로 짐승을 때려잡은 뒤 살을 찢어 날고기를 씹어 먹었다.

디오니소스는 이 의식을 그리스에 전파하기 전에 아시아부터 먼저 전하기 위해 인도를 향했다. 그가 지나가는 곳마다 사람들은 열광했고, 그의 마력은 모든 곳을 매료시켰다. 사람들은 술과 노래와 춤에 취해 현실의 고통과 괴로움을 잊고 도취감과 열광을 만끽했다.

디오니소스는 순식간에 인도까지 정복하고, 드디어 어머니와 자신의 고향인 테베Thebes를 향해 발걸음을 옮겼다.

테베의 왕은 펜테우스였다. 그는 테베를 건설한 카드모스 왕의 손자였으며, 디오니소스와 이종사촌지간이었다. 디오니소스가 테베에 입성하자 그곳의 여자들은 하루아침에 바커스의 신녀가 되었다. 그들 중에는 펜테우스의 어머니 아가우에도 있었다. 그녀의 신앙은 광적이었다. 왕궁을 버리고 신녀들을 이끌고 산속으로 들어가 디오니소스에게 바치는 제의에 몰두했다.

펜테우스는 어머니의 그런 모습에 실망했다. 그는 테베에 디오니소스의 숭배를 금지했다.

그는 디오니소스 숭배가 더 퍼지기 전에 미리 손을 써서 막으려 했다. 금지령을 어긴 신녀들은 잡혀서 투옥되었다. 그런데 기적 같은 일이 벌어졌다. 신녀들을 묶은 밧줄이 저절로 풀리고, 감옥 문도 저절로 활짝 열렸다. 그녀들은 당당하게 걸어 나와 다시 산속으로 돌아갔다.

펜테우스는 이런 기적을 목격하고도 신을 인정하지 않았다. 기적은 오히려 그의 분노를 자극할 뿐이었다. 디오니소스 신앙에 대한 모진 박해는 갈수록 심해졌다.

펜테우스는 디오니소스를 잡아들이기 위해 혈안이 되었다. 병사들을 풀어 그의 행방을 쫓았지만 번번이 실패했다.

그러던 어느 날, 신출귀몰해서 흔적도 찾기 어려웠던 디오니소스가 자진해서 붙잡혀왔다. 펜타우스는 디오니소스에게 갖은 모욕을 준 끝에 가축우리에 가두었다. 그러자 디오니소스는 지진과 화재를 일으켜 펜타우스의 왕궁을 파괴했다. 그리고 유유히 왕궁을 빠져나왔다.

펜테우스는 무너진 왕궁에서 간신히 목숨을 부지하여 탈출했다. 이때 한 목동이 달려와서 키타이론 산에서 자신이 목격한 내용을 보고했다. 그는 동료들과 함께 소 떼를 몰던 중 신녀들이 바커스 제사 의식을 올리는 광경을 우연히 보게 되었다고 했다.

그런데 제사의식을 이끈 사람이 펜테우스의 어머니인 아가우에라는 것이다. 그는 동료들과 함께 아가우에를 왕궁으로 모셔오려고 시도했다가, 신녀들의 완강한 저항에 실패했다고 했다.

"광분한 신녀들은 소 떼를 습격하여 맨손으로 소의 사지를 찢어 죽였습니다. 태어나서 그런 끔찍한 광경은 처음 봤습니다. 그들은 인근 마을까지 습격했어요. 놀란 마을 장정들이 무기를 들고 대항했는데, 신녀들은 창으로 찔러도 상처를 입지 않았습니다. 오히려 거구의 장정들이 신녀들에게 일방적으로 두들겨 맞고 도망쳤습니다."

목동의 이야기를 듣고 난 펜테우스는 신녀들을 토벌하기로 결심했다. 그전에 자신의 눈으로 직접 바커스 제의를 확인하기로 했다. 그는 신녀로 변장하고 산으로 올라갔다.

산 위에서는 한창 제사의식이 진행되고 있었다. 펜테우스는 조금 더 자세히 보기 위해 전나무 위로 올랐다가 그만 신녀들에게 발각되고 말았다. 신녀들은 우르르 몰려와서 전나무를 뽑아버렸다. 그 바람에 펜테우스는 땅바닥에 내동댕이쳐졌다. 제일 먼저 달려온 것은 그의 어머니 아가우에였다.

"어머니, 살려주세요. 저는 어머니의 아들 펜테우스입니다."

펜테우스는 다급하게 외쳤다. 하지만 아가우에나 신녀들의 눈에 비친 펜테우스의 모습은 사자였고, 그의 다급한 외침은 사자의 포효로 들렸다. 아가우에는 사납게 펜테우스의 어깨에서 팔을 잡아 뽑았고, 다른 신녀들이 합세하여 순식간에 펜테우스의 몸을 갈기갈기 찢었다.

펜테우스는 디오니소스를 거역하고 능멸한 대가를 비참한 죽음으로 치러야 했다. 디오니소스는 이처럼 자신의 신앙을 거부하는 자에게 끔찍한 벌을 내리는 무서운 신이기도 했다.

미다스의 손

프리기아의Phrygia의 왕 고르디우스Gordius는 소달구지를 타고 프리기아의 수도에 들어와 신탁에 따라 왕으로 추대된 인물이다. 고르디우스는 왕으로 추대된 것을 기념하면서 신탁을 내린 신전에 소달구지를 바쳤다. 그리고 멍에를 복잡한 매듭의 고삐로 묶어 놓은 뒤 이 매듭을 푸는 사람은 앞으로 아시아의 지배자가 될 것이라고 예언했다. 그

후 많은 사람이 이 매듭을 풀려고 시도했으나 어느 누구도 성공하지 못했다. 그때부터 '고르디우스의 매듭Gordius Knot'은 복잡하게 얽혀 도저히 해결할 수 없는 불가능한 문제를 뜻하게 되었다.

고르디우스에게는 미다스라는 아들이 있었다. 그는 어느 날 길을 헤매던 디오니소스의 스승 실레노스를 발견하고 자신의 집으로 초대했다. 미다스는 정성을 다하여 실레노스를 극진하게 대접한 후 그를 디오니소스에게 인도했다. 디오니소스는 미다스에게 스승을 대접한 사례를 하겠다며, 소원을 말하면 들어주겠다고 했다.

미다스는 며칠을 궁리한 끝에 자기 손에 닿는 것은 무엇이든 황금으로 변하면 좋겠다고 말했다. 디오니소스는 그가 원하는 대로 해주었다. 미다스는 만지기만 하면 황금으로 변하자 흥분해서 쉬지 않고 황금을 만들었다. 식사 시간이 되자 허기를 느낀 미다스는 식탁에 앉아 식사를 하려고 했다. 그런데 포크나 나이프, 심지어 빵이나 포도주마저 그의 손이 닿는 순간 황금으로 변해버렸다. 그는 아무것도 먹을 수가 없었다.

심지어 오랜만에 집을 찾아온 딸이 반가워서 포옹했는데, 그 순간 딸마저 황금으로 변하고 말았다. 그가 축복이라고 여겼던 황금을 만드는 손이 이제는 저주의 손처럼 느껴졌다. 미다스는 디오니소스를 찾아가 자신의 잘못을 뉘우치며 자신의 손과 딸을 원래대로 돌려달라고 애원했다. 디오니소스는 미다스에게 팍트로스 강에 가서 손을 씻어라고 말했다.

미다스는 강물에 손을 담그고 지문이 닳도록 박박 문질러 씻었다.

미다스와 디오니소스
니콜라 푸생, 1629~1630년 사이

그 뒤 이 강에서 사금이 많이 나왔다고 한다.

　미다스는 당나귀 귀로도 유명하다. 그는 목신 판과 아폴론이 음악 경연을 벌였을 때 아폴론의 승리가 부당하다며 심판에게 이의를 제기했다. 화가 난 아폴론은 미다스의 귀를 당나귀 귀로 만들어 버렸다. 큰 귀로 음악을 제대로 들으라는 의미였다.

　미다스는 자신의 귀를 남들에게 보이기 부끄러워 모자로 가렸다. 유일하게 그의 비밀을 아는 것은 이발사뿐이었다. 미다스는 이발사에게 비밀을 누설하면 그 즉시 처형하겠다며 협박했다. 하지만 이발사는 입이 가벼운 사람이었다. 그는 비밀을 참지 못하고 땅에 구덩이를 판

뒤 그곳에 대고 "미다스 왕의 귀는 당나귀 귀다"라고 외쳤다.

그 구덩이에 갈대가 자라자 바람이 불 때마다 미다스 왕의 비밀이 갈대 숲 사이에서 들려왔다고 한다. 이렇게 해서 그의 비밀은 세상에 알려지게 되었다.

03

하데스의
세계

저승의 왕
하데스

하데스는 크로노스의 아들이며 제우스의 형제이다. 그는 올림포스의 12신 중에서 지하세계, 죽음, 숨겨진 부의 영역을 관장했다. 지하는 금과 은, 보석이 산출되는 곳으로 로마 시대에 들어와 하데스는 '풍요를 가져다주는 자'를 뜻하는 플루톤Pluton이라는 별명을 가지게 되었다. 이 단어에서 부호계급인 Plute, 부자들이 지배하는 정부를 뜻하는 'plutocracy(금권정치)'가 유래되었다.

태양계에서 가장 먼 아홉 번째 행성도 '지하세계의 왕별'이라는 뜻의 '명왕성Pluto'으로 정의되었다. 하지만 2006년 국제천문연맹(IAU)의 행성 분류법이 바뀜에 따라 행성의 지위를 잃고 왜소행성dwarf planet으로 분류되었다. 공식명칭은 '134340 플루토'이다.

크로노스와의 전쟁에서 승리한 후 포세이돈, 제우스와 함께 권력을

페르세포네를 납치하는 하데스
작자미상, 17세기 후반

나눠 저승세계를 다스렸다. 그는 지하세계에 왕국을 건설한 후 자신의
이름을 따서 '하데스Hades'로 지었다. 하데스는 '보이지 않는 자'라는
뜻인데, 그는 자신의 모습을 상대가 보지 못하게 만드는 투구를 가지
고 있었다. 그 투구는 외눈박이 거인 키클롭스 삼 형제가 만들어 준 것
이다.

　하데스는 지하세계를 다스렸지만 죽음의 신 타나토스와는 달랐다.
타나토스는 밤의 신 닉스의 자식 중 한 명이었다. 저승의 왕인 그는 인
간들에게 인기가 없어서 그를 모시는 신전도 별로 없고, 그를 숭배하는
인간도 많지 않았다. 하데스 역시 살아있는 인간에게 별 관심이 없었

고, 죽은 자들을 다스리는 것으로 만족했다.

하데스는 지하세계를 다스린 후 자신의 왕국을 떠난 적이 거의 없다. 심지어 신들의 전쟁 중에도 자리를 지켰다. 다만, 그는 욕정에 사로잡혀 세 차례 지하세계를 나왔다. 민트로 변한 요정 민테Minthe를 쫓아서, 백양나무로 변한 리우케를 쫓아서, 그리고 페르세포네를 납치하기 위해서였다. 그리고 한 번은 헤라클레스의 화살에 부상당한 어깨를 치료하기 위해 올림포스를 찾았을 때였다.

저승의 강

망자亡者가 하데스로 가려면 다섯 개의 강을 건너야 했다. 슬픔의 강인 아케론Acheron, 탄식의 강인 코키토스Cocytus, 불의 강인 플레게톤Phlegethon, 탄식의 강인 레테Lethe, 증오의 강인 스틱스Styx를 건너야 했다. 이 강을 건너려면 저승의 뱃사공 카론Charon의 배를 타야한다. 그 대가로 뱃삯을 지불해야 되기 때문에 그리스인들은 죽은 자의 입에 동전을 넣어 주었다.

스틱스 강을 건너면 저승 세계의 입구에 도착한다. 그곳에서 저승문을 지키는 문지기 케르베로스와 만나게 된다. 이 문지기는 머리가 셋 달린 무시무시한 개의 모습을 하고 있다. 저승으로 향하는 망자에게는 꼬리를 흔들며 환영하지만, 저승 밖으로 도망치려는 영혼에게는 사납게 짖어대며 사정없이 물어뜯는다. 케르베로스는 헤라클레스에게 산 채로 지상에 끌려간 적이 있다.

스틱스 강에서 영혼을 실어 나르는 저승의 뱃사공 카론
알렉산더 리토프첸코, 1861년

　스틱스는 맹세의 강이라고도 불렀다. 이 강을 두고 맹세하면 인간이든 신이든 반드시 지켜야 한다. 심지어 최고신인 제우스조차 어길 수 없다. 그는 디오니소스의 어머니 세멜레와 스틱스 강을 두고 맹세한 약속을 지키기 위해 그녀가 불에 타죽는 모습을 지켜볼 수밖에 없었다.

　스틱스 강은 강물에 몸을 담그는 자에게 불멸을 선사하기도 했다. 그리스의 영웅 아킬레우스가 태어났을 때 그의 어머니 테티스는 아들을 그 강물에 담가 불멸의 힘을 얻게 했다. 하지만 그녀가 잡고 있던 발뒤꿈치만은 물에 젖지 않아 '치명적인 급소'가 되고 말았다. 그래서 이 부위를 아킬레스건Achilles tendon이라고 부른다.

　망자가 건너는 두 번째 강인 코키토스는 '탄식의 강'이라고 불렀는데, 망자는 여기서 눈물을 흘리며 슬픔을 흘려보내야 했다. '망각의 강' 레테에 이르면 망자는 그 강물을 마셔야 한다. 이렇게 함으로써 이승에 대한 모든 기억을 깨끗이 지우게 된다. 그래서 망각을 일으키는 것이라는 뜻으로 lethean이라는 말을 사용하기도 한다.

저승을 찾아간
오르페우스

오르페우스는 아폴론과 무사이Muses 9자매 중 한 명인 칼리오페 Calliope 사이에서 태어났다. 전승에 의하면 트리키아의 왕 오이아그로스Oeagrus가 그의 아버지라는 설도 있다. 어찌되었건, 오르페우스는 음악의 신 아폴론의 음악적 재능을 물려받았다. 아폴론은 헤르메스와의 거래에서 차지한 황금 리라를 아들인 오르페우스에게 선물로 주었다.

오르페우스가 리라를 연주하면 신들과 요정, 짐승들까지 넋을 잃고 선율에 깊이 빠져들었다. 아르고 원정대와 함께한 모험에서는 연주와 노래로 세이렌들과 겨루어 그들을 물리치기도 했다.

오르페우스는 물의 요정인 에우리디케Eurydike를 사랑하게 되었다. 두 사람이 결혼하는 날, 혼인의 신 히메나이오스Hymenaios가 결혼 선물을 잊고 가져오지 않았다. 또한 그가 들고 온 횃불에서 나는 매캐

한 연기로 인하여 하객들이 눈물을 흘렸다. 이것은 미래에 대한 불길한 징조였다.

어느 날, 에우리디케는 숲속 오솔길을 산책하고 있었다. 마침 그곳을 지나던 양치기 아리스타이오스Aristaeus가 에우리디케의 미모에 반해서 그녀를 겁탈하려고 했다. 에우리디케는 놀라서 도망치다가 그만 독사를 밟았고, 놀란 독사는 그녀를 물었다. 그녀는 온 몸에 독이 퍼져 목숨을 잃고 말았다.

오르페우스는 아내를 잃고 슬픔에 빠졌다. 그가 연주하던 아름다운 선율은 구슬프게 변했고, 듣는 이의 심금을 울렸다. 비탄에 빠져있던 오르페우스는 저승세계로 내려가 아내를 구해오기로 마음먹었다. 저승세계는 살아서는 갈 수 없는 곳이었다. 하지만 죽음조차도 아내에 대한 오르페우스의 사랑을 막지 못했다.

오르페우스는 저승으로 흐르는 슬픔의 강 아케론을 찾아갔다. 그는 저승의 뱃사공 카론 앞에서 리라를 연주했다. 구슬픈 선율은 카론의 심금을 울렸다. 그는 조건 없이 오르페우스를 배에 태우고 아케론 강을 건너 저승의 입구로 데려다 주었다. 그곳은 저승세계의 수문장 케르베로스가 지키고 있었다.

케르베로스는 개의 머리가 셋이나 달린 몸집이 거대하고 사나운 괴물이었다. 오르페우스는 조용히 리라를 연주했다. 구슬픈 선율이 흘러나오자 사나운 케르베로스도 감동하여 오르페우스가 저승세계로 들어갈 수 있도록 길을 내어주었다.

오르페우스와 에우리디케
마르탱 드롤랭, 1820년

오르페우스는 마침내 하데스와 그의 아내 페르세포네를 만나 사랑하는 아내를 돌려달라고 호소했다. 하데스는 한 번 저승세계에 들어온 자는 누구든지 돌아갈 수 없다며 거절했다. 그러자 오르페우스는 눈물을 흘리며 리라를 연주하기 시작했다. 순식간에 저승세계는 깊은 슬픔에 잠겼다.

페르세포네와 감정이 메마른 복수의 여신들조차 슬픔에 빠져 눈물을 흘렸다. 여신들은 하데스에게 에우리디케를 돌려보내자고 간청했다.

그러자 하데스의 마음도 움직였다. 그는 에우리디케를 이승으로 데려가도 좋다고 허락하면서 한 가지 조건을 붙였다. 그녀는 이미 한 번 죽은 망자여서 반드시 오르페우스의 뒤를 따라가야 하며, 오르페우스가 지상에 도착하기 전에는 절대 고개를 돌려 아내를 보려고 해서는 안 된다고 했다.

오르페우스는 하데스에게 감사의 인사를 건넨 후 아내를 데리고 길을 떠났다. 그는 아내의 손목을 잡은 채 저승과 이승의 경계를 지나갔다. 마침내 저 멀리서 빛이 보이기 시작했다.

오르페우스는 감격에 겨운 나머지 하데스의 당부를 잊고, 그만 아내의 얼굴을 보기 위해 고개를 돌렸다. 그 순간 에우리디케의 모습이 서서히 저승세계로 사라져갔다. 그는 신들이 내건 조건을 어긴 것이다. 오르페우스는 가슴을 치며 후회했지만, 이미 소용없는 일이었다.

오르페우스는 7일 동안이나 스틱스 강가에 앉아 흐느꼈지만 이번에는 카론이 그가 강을 건너는 것을 허락하지 않았다.

집으로 돌아온 오르페우스는 삶의 의욕을 잃고 하루하루를 절망가운데 보냈다. 그는 한때 디오니소스를 숭배했지만, 이제 아버지인 아폴론 신을 위해 그의 신전에서 봉사하며 지냈다. 이전에 친하게 지내던 마이나데스(디오니소스를 수행하는 여자들)들과도 어울리지 않고 거리를 두었다. 그러자 자신들을 무시한다고 여긴 마이나데스들은 분노에 사로잡혔다.

그들은 괴성을 지르며 피리를 불고 탬버린을 흔들며 광란에 빠져 오르페우스에게 돌과 나뭇가지, 흙덩이, 심지어 괭이와 갈퀴까지 내던졌다. 그리고 이 도구들을 이용하여 오르페우스의 몸을 갈가리 찢어 죽였다.

강물에 던져진 오르페우스의 시신은 바다를 떠돌다가 레스보스 섬에 사는 주민들에게 발견되었다. 그들은 오르페우스의 시신을 거두어 정성껏 장례를 치른 후 무덤을 만들어주었다.

오비디우스의 『변신이야기』에서는 그가 죽은 뒤에 '축복받은 자들의 낙원'으로 불리는 엘리시온 평원에서 에우리디케와 다시 만나 행복하게 살았다고 한다. 오르페우스의 리라는 무사이가 거두어 하늘의 별자리로 박아 두었는데, 그것이 바로 거문고자리Lyra이다.

하데스를 속인
시시포스

시시포스Sisyphus는 고대 그리스의 펠레폰네소스반도 북동쪽 코린토스Corinth의 왕이다. 그는 교활하고 꾀가 많기로 유명했다. 그는 그리스신화에서 신을 상대로 속임수를 썼다가 그 죄로 형벌을 받은 대표적 인물 중 하나이다.

어느 날 시시포스는 제우스가 독수리로 변신하여 요정 아이기나를 유괴하는 장면을 목격하게 되었다. 아이기나는 '강의 신' 아소포스Asopos의 딸이었다.

시시포스는 아소포스를 찾아가 자신이 다스리는 코린토스의 아크로폴리스에 샘물이 솟게 해주면 딸의 행방을 알려주겠다고 제안했다. 코린토스는 산악지대여서 물을 구하기 어려웠다. 딸의 행방을 애타게 찾고 있던 아소포스는 시시포스의 요구대로 아크로폴리스에 샘을 만

시시포스
티치아노 베첼리오, 1548~1549년

들어 물이 솟게 했다.

    아소포스는 시시포스가 알려준 오이노네 섬으로 곧장 달려가 제우
스와 아이기나가 사랑을 나누고 있던 방을 급습했다. 이에 화가 난 제
우스는 아소포스에게 벼락을 던졌다. 벼락을 맞은 아소프스의 몸은 불

에 검게 타서 재가 되었고, 이때부터 아소포스 강의 바닥에서는 새까만 석탄이 나오기 시작했다고 한다.

한편 시시포스의 고자질에 화가 난 제우스는 죽음의 신 타나토스에게 시시포스를 저승으로 데려가라고 명령했다. 하지만 꾀 많은 시시포스는 타나토스를 속이고 오히려 그를 감금했다. 그러자 지상에서는 더 이상 죽는 사람이 없어졌다. 이 사실을 알게 된 전쟁의 신 아레스가 직접 나서서 타나토스를 풀어주었고, 격분한 타나토스는 기어코 시시포스를 저승으로 끌고 갔다.

하지만 영악한 시시포스는 이러한 결말을 미리 예상하고 있었다. 시시포스는 저승으로 끌려가기 전 아내인 메로페에게 자신이 죽더라도 절대 장례를 치르지 말라고 신신 당부했다. 그의 아내는 남편의 말을 따랐다.

저승의 왕 하데스는 지상에서 시시포스의 장례식이 치러지지 않자 시시포스를 불러 그 연유를 물었다. 시시포스는 자신의 각본대로 일이 진행되자 쾌재를 부르며 하데스에게 거짓말을 했다. 그는 평소 아내의 행실이 바르지 못함을 한탄하며, 자신을 다시 지상으로 보내주면 아내의 잘못을 바로잡고 돌아오겠다고 애원했다.

하데스는 그의 말을 믿고 지상으로 돌려보냈다. 그러나 지상으로 돌아간 시시포스는 하데스와의 약속을 어기고 장수를 누렸다.

하지만 인간은 불사의 존재가 아니어서 시시포스의 생명의 불꽃도 결국, 꺼지고 말았다. 저승세계로 가게 된 시시포스 앞에는 두 번이나 신들을 속인 죄에 대한 형벌이 준비되어 있었다.

그는 저승세계의 감옥인 타르타로스에 갇혔다. 그곳에서 크고 무거운 바위를 산꼭대기로 밀어 올려야 했는데, 정상까지 올려놓은 바위는 다시 아래로 굴러 내렸고, 시시포스는 다시 그 바위를 산꼭대기로 밀어 올려야 했다. 이 일은 쉬지 않고 반복되었고, 시시포스는 영원히 똑같은 일을 반복하며 고통에 시달려야 했다.

프랑스의 실존주의 철학자 알베르트 카뮈는 『시시포스의 신화』라는 제목의 수필집을 냈다. 그는 이와 같은 시시포스의 노역을 인간이 처한 실존적 부조리를 상징하는 상황으로 묘사하였다. 시시포스와 형제지간인 살모네우스도 자신을 제우스처럼 숭배하도록 요구한 벌로 타르타로스에 떨어졌다.

신들을 시험한
탄탈로스

고대 소아시아 중서부 프리기아의 왕 탄탈로스Tantalos는 제우스와 요정 플루토의 아들이다. 그는 올림포스의 신들로부터 특별한 총애를 받았다. 덕분에 그는 신들의 연회에 참석할 수 있는 특권도 누렸다.

탄탈로스는 신들의 음식인 암브로시아Ambrosia를 먹고 신들의 음료인 넥타르도 마셨다. 그는 신들과의 친분을 과신한 나머지 암브로시아와 넥타르Nectar를 마치 자신의 것처럼 집으로 가져가서 친구들에게 나눠주었다. 친구들이 놀라워하자 그는 우쭐하여 신들과의 친분을 자랑했다.

탄탈로스는 신들이 마치 자신의 친구인 것처럼 허풍을 떨었고, 신들의 단점을 들춰내어 흉을 보기도 했다. 그는 갈수록 교만해지더니 급기야 신들의 권능까지 의심하기 시작했다.

탄탈로스
조아키노 아세레토, 1630~1640년

　한 번은 제우스 신전을 지키는 황금 개를 도둑맞은 사건이 있었다.
범인은 밀레투스의 왕 판다레오스Pandareos였다. 판다레오스는 신들
의 의심을 피하려고 이 개를 탄탈로스에게 맡겼다.

　제우스가 헤르메스를 보내 개를 돌려달라고 하자 탄탈로스는 모르
는 일이라며 시치미를 뗐다. 그는 심지어 판다레오스가 찾아와 개를 돌
려달라고 했을 때도 개를 맡은 적이 없다며 잡아뗐다.

　어느 날 탄탈로스는 올림포스 신들을 모두 자신의 집으로 초대했
다. 그리고는 자기 아들인 펠롭스Pelops를 죽여 그 시신으로 음식을 요
리했다. 그는 신들이 과연 음식의 재료를 알아볼 수 있는지 궁금했다.

음식이 상 위에 차려지자 제우스를 비롯한 신들은 그 음식의 재료가 펠롭스라는 것을 단 번에 알아차렸다. 하지만 페르세포네를 잃고 슬픔에 빠져있던 데메테르만은 다른 신들이 제지하기도 전에 요리를 먹고 말았다.

신들은 요리에 들어간 고깃덩어리를 모두 모아 운명의 여신인 클로트Clotho에게 주었고, 그녀는 펠롭스를 다시 살려냈다. 하지만 데메테르 여신이 삼킨 어깨 부위만은 원상회복이 어려워져 신들은 상아로 그 부분을 만들어주어야 했다.

탄탈로스의 천인공노할 짓에 크게 분노한 제우스는 벼락을 던져 그 자리에서 탄탈로스를 즉사시켰다. 탄탈로스의 영혼은 저승세계로 떨어졌고, 제우스는 탄탈로스의 영혼을 저승의 연못에 묶어놓았다.

연못의 물은 평소에는 탄탈로스의 목까지 차올랐다가, 그가 마시려 하면 물은 순식간에 빠져 연못의 바닥을 훤히 드러냈다. 이 일은 계속 되풀이되어 탄탈로스는 끝없이 갈증에 시달렸고, 그의 머리 바로 위에는 탐스러운 과일이 나뭇가지에 주렁주렁 열려있었지만, 그가 손만 뻗으면 나뭇가지가 멀리 달아났다. 그는 허기와 갈증에 시달리며 극심한 고통을 받았다. 신들로부터 특권을 받았음에도 감사할 줄 모르고 오히려 신들을 시험하려 했던 탄탈로스는 저승에서도 끝없는 고통에 시달려야 했다.

신들의 형벌은 여기서 그치지 않았다. 탄탈로스의 혈통이 이어지는 한 그의 후손들은 끝없는 저주를 받게 되었다. 이후 탄탈로스 가문에는

5대에 걸쳐 형제가 형제를, 부모와 자식이 서로 죽고 죽이는 골육상쟁이 벌어진다. 끔찍하고 잔인한 이 저주는 미케네의 왕 아가멤논으로 이어졌고, 그는 아내인 클라임네스트라와 그녀의 정부인 아이기스토의 손에 살해된다. 아가멤논의 아들인 오레스테스는 장성하여 누나인 일렉트라와 함께 어머니와 그녀의 정부를 죽여 아버지의 복수를 한다. 탄탈로스와 그의 가문에 내려진 저주는 비로소 풀리게 된다.

04

올림포스 밖의
신들

태양의 신
헬리오스

    헬리오스는 태양의 신이다. 티탄 신족인 히페리온과 테이아의 아들이며, 눈부신 광채가 나는 황금 머리칼을 가진 아름다운 젊은이로 묘사된다. 새벽의 여신 에오스, 달의 여신 셀레네와는 남매지간이다. 헬리오스는 오케아노스의 딸 페르세이스와 결혼했다. 그의 자녀들로는 마녀 키르케, 메데이아의 아버지인 콜키스의 왕 아이에테스, 미노스 왕의 아내인 파시파에, 페르세스 등이 있다. 아내 페르세이스의 자매인 클리메네와 사이에서는 헬리아데스로 불리는 세 명의 딸과 아들 파에톤을 얻었다. 그는 또 포세이돈의 딸 로도스와도 사랑을 나누고 일곱 명의 아들 헬리아다이를 얻었다.

    헬리오스는 네 마리의 날개달린 천마들이 끄는 태양마차를 타고 매일 새벽 동쪽 인도에서 출발하여 서쪽 오케아노스로 내려가며 세상을

헬리오스
안톤 라파엘 멩스, 1765년경

환하게 밝혔다. 태양신으로서 그의 지위는 후대로 가면서 점점 약해지다가 아폴론과 역할이 중복된다. 헬리오스에게 붙여지던 포이보스(밝게 빛나는 자)라는 별칭도 아폴론에게 물려주게 된다.

파에톤

태양신 헬리오스Helios의 아들 파에톤Phaethon은 아버지가 누구인지 모른 채 어린 시절을 보냈다. 파에톤이 사춘기에 접어들자 어머니인 클리메네Klymene는 아버지의 존재를 알려주었다. 파에톤은 자신이 태양신 헬리오스의 아들이라는 것을 친구들에게 말했다가 거짓말쟁이라는 놀림을 당했다. 그는 자신이 태양신 헬리오스의 아들이라는 것을 친구들에게 증명하기로 결심했다.

파에톤은 아버지를 찾아 길을 떠났고, 마침내 헬리오스의 신전에 도착했다. 헬리오스는 아들인 파에톤을 반갑게 맞이했다. 파에톤은 자신이 태양신의 아들이라는 것을 아무도 믿어주지 않는다며 헬리오스에게 하소연했다.

헬리오스는 파에톤에게 "누가 뭐라고 해도 너는 분명히 내 아들이다"라며 위로했다. 파에톤은 헬리오스에게 자신이 정말 아들이라면 한 가지 소원을 들어달라고 부탁했다. 헬리오스는 무엇이든지 들어주겠다고 약속하면서 스틱스 강에 맹세했다. 스틱스 강에 한 번 맹세하면 누구든지 반드시 지켜야만 했고, 신들도 예외가 아니었다. 파에톤은 헬리오스에게 먼저 약속부터 받아낸 뒤 태양마차를 몰아보고 싶다고 부탁했다. 태양마차는 그 자체가 불덩이이며 화염에 휩싸여있어서 헬리오스 외에 접근도 어렵고, 혹여 누군가 몰더라도 자칫 세상에 큰 화재를 불러올 수 있는 위험한 마차였다. 헬리오스는 태양마차를 모는 것은 매우 위험한 일이니 다른 부탁을 하라며 파에톤을 설득했다. 하지만 파에톤은 스틱스 강에 맹세하지 않았느냐며, 태양마차를 몰게 해달라고 계속 헬리오스를 졸랐다.

헬리오스는 자신의 경솔한 행동을 후회했지만 그렇다고 약속을 되돌릴 수는 없었다. 헬리오스는 여러 가지 주의사항을 일러준 뒤 태양마차의 말고삐를 파에톤에게 넘겼다. 파에톤은 태양마차를 타고 하늘 높이 날아오르자 마치 세상이 모두 자신의 것만 같았다. 그러다 궤도를 벗어난 마차가 하늘 위로 너무 높게 올라가자 대지는 온기를 잃고 꽁꽁 얼어버렸고, 반대로 대지와 가까워지자 산과 들에 불이 붙었다. 산불이 번져 마을을 덮치고, 도시까지 화마가 휩쓸자 크게 놀란 파에톤은 말을 통제하는 것조차 잊고 두려움에 떨었다. 통제를 벗어난 말들은 이리저리 날뛰었고, 세상은 온통 불바다로 변했다.

올림포스에서 그 모습을 내려다본 제우스는 격노하여 파에톤에게 벼락을 던졌다. 파에톤은 그 자리에서 즉사했고, 그의 시신은 마차에서 추락하여 에리다노스 강으로 떨어졌다. 파에톤의 누이인 헬리아데스들은 파에톤이 떨어진 강가에서 날마다 슬피 울었다. 그러다가 어느 순간 그녀들의 몸은 그대로 굳어 포플러 나무가 되고 말았다. 나무가 된 후에도 그녀들은 파에톤의 죽음을 슬퍼했고, 나무에서 흐른 눈물은 호박(보석의 일종)이 되었다. 그 뒤로 에리다노스 강에는 호박이 가득하게 되었다.

해바라기

그리스의 '클리티에'는 긴 머리의 아름다운 소녀 요정이다. 바빌로

니아의 왕 오르카모스Orchamus가 에우리노메Eurynome와의 사이에서 낳은 딸이며, 레우코토에Leucothoe와는 자매지간이다.

클리티에는 우연히 태양신 헬리오스Helios'를 보고 사랑의 마음을 품었다. 그때부터 강가에 앉아 눈이 부신 줄도 모르고 태양만을 바라보게 되었다. 그러던 어느 날, 숲에 사냥 나온 헬리오스와 마주친다. 클리티에는 떨리는 마음을 누르고 용기를 내어 사랑을 고백했지만 헬리오스에게 거절당하고 마음에 상처만 남는다. 그 상처 때문에 클리티에는 물과 음식을 모두 끊고 몹시 괴로워했다. 그러면서도 헬리오스의 모습을 보려고 계속 하늘만 바라보았다. 한 자리에서 두고두고 하늘만 보던 클리티에는 결국 쓰러져 몸은 대지에 뿌리를 내렸고, 얼굴은 해바라기 꽃이 되었다. 그 후로 해바라기는 변하지 않는 마음의 표징으로 널리 사랑을 받고 있다.

오비디우스의 『변신이야기』에 따르면, 미의 여신 아프로디테 Aphrodite는 전쟁의 신 아레스Ares와 몰래 사랑을 나누다가 남편인 헤파이스토스Hephaistos에게 현장을 잡혀 큰 망신을 당했다. 헤파이스토스에게 두 신의 불륜을 알려준 것은 태양신 헬리오스였다.

아프로디테는 그 일로 헬리오스에게 앙심을 품게 되었다. 그녀는 아들 에로스를 시켜 사랑의 화살로 헬리오스를 쏘게 했다. 사랑의 화살을 맞은 헬리오스는 클리티에의 자매인 레우코토에Leucothoe에게 마음을 빼앗겼고, 다른 여인에게 전혀 관심을 두지 않았다. 헬리오스가 클리티에를 멀리한 것도 그런 이유였다.

레우코토에는 클리티에와 자매지간이다. 헬리오스는 에우리노메로 변신해서 레우코토에에게 접근한 뒤 그녀와 정을 통했다. 이 사실을 알게 된 클리티에는 질투심에 불타올랐다. 그녀는 레우코토에가 헬리오스에게 순결을 잃었다는 소문을 퍼트렸다. 그 소문은 곧 아버지 오르카모스 왕의 귀에까지 들어갔다. 오르카모스 왕은 격노하여 딸을 불러서 소문의 사실 여부를 추궁했다. 레우코토에는 태양신의 강압 때문에 당한 일이어서 자신은 아무 잘못이 없다고 강변했다. 하지만 분노로 이성을 잃은 오르카모스는 그 말을 믿지 않고 딸을 산 채로 매장했다. 슬픔에 빠진 헬리오스는 그녀가 죽은 곳에 신들이 마시는 넥타르를 뿌렸는데, 그곳에서 유향나무가 자라났다. 클리티에는 레우코토에가 죽은 뒤에도 헬리오스의 마음을 얻지 못하자 크게 상심했다. 그녀는 9일 동안 식음을 전폐한 채 태양만 쳐다보다가 결국 쓰러져, 몸은 대지에 뿌리를 내렸고 얼굴은 꽃이 되었다. 클리티에는 해바라기가 되어 오직 태양만을 바라보는 존재가 되었다. 토마스 무어는 해바라기 꽃에 대해 이렇게 노래하고 있다.

'참사랑을 아는 마음은 결코 잊지 않고 한결같은 마음으로 끝까지 사랑한다.
저 해바라기가 해 뜰 때 보낸 눈길을 해질 때까지 거두지 않는 것처럼'

현자 케이론

그리스 신화에는 많은 영웅이 등장한다. 헤라클레스, 이아손, 아스클레피오스, 아킬레우스 등이 대표적이다. 이들은 모두 케이론Chiron이라는 스승에게서 배웠다. 그는 신화의 주연은 아니었다. 하지만 그가 아니었으면 많은 영웅이 탄생할 수 없었을 것이다.

케이론은 켄타우로스Centaur족의 현자다. 켄타우로스는 상반신은 인간의 몸이지만 하반신은 말이다. 그들은 테살리아의 왕 익시온과 여신 헤라의 모습을 한 구름 사이에 태어난 후예이다. 켄타우로스는 인간의 이성과 동물의 야성이라는 두 가지 본성을 가진 상징적 존재이다. 켄타우로스와 유사한 종족으로 사티로스가 있다. 사티로스와 가장 큰 차이는 사티로스의 다리는 두 개이지만, 켄타우로스는 네 개다.

케이론은 아폴론과 아르테미스로부터 음악과 예언, 의술, 사냥 등

아킬레우스를 교육하는 케이론
오귀스트 클레망 크레티앙, 1861년

을 배워 신들보다 더 총명해졌다고 한다. 켄타우로스족의 현자지만 그
들과는 태생부터 다르다. 켄타우로스가 인간의 후예라면 케이론은 신
의 후예이다. 그는 제우스의 아버지인 크로노스와 오케아노스의 딸 필
리라 사이에서 태어났다. 크로노스는 아내인 레아의 눈을 속이기 위해
필리라를 말로 둔갑시켜 사랑을 나누었다고 한다. 둘 사이에 태어난 케
이론은 부모의 혈통을 이어받아 불사의 몸이 되었다.

케이론과 펠레우스

케이론은 인간들과도 친했는데 특히 펠레우스Peleus와의 친분은 유명하다. 펠레우스는 아이기나 섬의 영주 아이아코스의 쌍둥이 아들로 태어났다. 어느 날 그는 원반던지기 연습을 하다가 실수로 이복동생인 포코스를 죽이고 말았다. 이 사건으로 펠레우스는 자신의 쌍둥이 형제인 텔라몬과 함께 자신의 고국에서 추방당했다.

텔라몬은 아이기나 섬Aigina 근처에 있는 살라미스 섬으로 갔다. 그곳의 왕 키크레우스는 텔라몬을 총애하여 자신의 딸 글라우케와 결혼시켰다. 나중에는 사위에게 왕위를 물려주었다.

한편 펠레우스는 고향에서 멀리 떨어진 테살리아까지 갔다. 그곳에서 프티아의 왕 에우리티온에게 살인죄를 씻고 그의 딸 안티고네와 결혼했다. 에우리티온은 사위인 펠레우스에게 영토의 3분의 1을 주어 다스리게 했다.

이 무렵 칼리돈Calydon 땅에서 큰 소동이 일어났다. 칼리돈의 왕 오이네우스Oeneus는 신들에게 수확에 대한 제사를 지냈는데, 실수로 아르테미스에 대한 제사를 빠트렸다. 화가 난 아르테미스는 황소만 한 거대한 몸집의 멧돼지를 칼리돈에 보내 난동을 부리게 했다.

멧돼지를 퇴치하기 위해 그리스 전역에서 많은 영웅이 모여들었다. 토벌대에는 이아손과 카스토르, 풀룩스, 테세우스, 페이리토오스 등 명성 높은 영웅들도 참여했다.

에우리티온도 사위인 펠레우스를 동반하고 멧돼지 토벌대에 합류했다. 그런데 한창 멧돼지 사냥을 하던 중 펠레우스가 잘못 던진 창에 맞아 에우리티온이 죽고 말았다. 장인을 숨지게 한 펠리우스는 차마 프티아로 돌아가지 못하고 이올코스 왕 아카스토스Akastos의 궁으로 갔다. 아카스토스는 펠레우스를 환대하고 그의 죄를 씻어주었다.

이 무렵 이올코스에서는 이아손의 숙부인 펠리아스의 추도 경기가 열리고 있었다. 펠레우스는 레슬링 경기에 참전하여 뛰어난 기량을 선보였으나 아깝게 패하고 말았다. 그의 시합을 지켜본 아카스토스의 아내인 아스티다메이아는 펠레우스에게 연정을 품었다. 그녀는 은밀하게 펠레우스에게 접근했다. 하지만 펠레우스는 그녀의 유혹을 단호하게 물리쳤다.

이에 수치심을 느낀 아스티다메이아는 남편에게 "펠레우스에게 겁탈당할 뻔했다"며 모함했다. 아카스토스는 격노했다. 하지만 당시 사회에서 자신의 손님을 죽이는 것은 어떤 상황에서도 금기였다. 그는 계책을 꾸며 펠레우스에게 사냥을 가자고 권했다. 그들이 사냥을 간 곳은 난폭한 켄타우로스들이 출몰하여 사람의 목숨을 해치는 위험지역이었다.

그들은 숲을 누비며 사냥에 열중했고, 수확물도 충분히 얻었다. 간단하게 식사를 마친 후 휴식을 취하던 펠레우스는 그만 잠이 들고 말았다. 아카스토스는 펠레우스 몰래 그의 칼을 숨기고, 그를 버려둔 채 산에서 내려왔다. 잠에서 깬 펠레우스는 놀라서 자신의 칼을 찾고 있을 때 한 무리의 켄타우로스가 그를 습격했다. 꼼짝없이 목숨을 잃게 될 위기에서 나타나 그를 구해준 것이 케이론이었다.

펠레우스는 생명을 구해준 인연으로 케이론과 친분을 다졌다. 케이론은 펠레우스의 생명을 구해주었을 뿐만 아니라 바다의 여신 테티스

Thetis와 결혼하도록 도와주기도 했다.

테티스는 '바다의 노인'이라 불리는 바다의 신 네레우스Nereus의 딸이다. 그녀의 아름다움은 여신들 중에서도 탁월했다. 제우스와 포세이돈은 서로 테티스를 차지하기 위해 다투었다. 그녀의 아름다움에 마음을 빼앗긴 것은 비단 이들뿐만이 아니었다. 비록 제우스와 포세이돈의 다툼에 끼어들지 않았지만, 올림포스의 남신들은 모두 그녀에 대한 욕망을 품고 있었다. 하지만 그들의 욕망은 하루아침에 모두 물거품이 되어 버렸다.

프로메테우스가 "테티스에게서 태어난 아기는 아버지를 능가하는 자가 될 것"이라고 예언하자 이를 두려워한 신들은 테티스를 포기할 수밖에 없었다.

제우스는 테티스를 펠레우스와 짝지어주기로 했다. 하지만 테티스는 인간의 아내가 되고 싶지 않아서 물로 모습을 바꾸고 바닷속으로 숨어버렸다.

케이론은 펠레우스에게 "테티스가 육지에서 올라오면 힘껏 붙잡은 다음 무슨 일이 있어도 놓아서는 안 된다"고 비책을 알려주었다.

펠레우스는 테티스가 해변에서 쉬고 있을 때 그녀를 꽉 붙잡았다. 테티스는 불꽃이나 괴물, 맹수, 거대한 뱀 등으로 모습을 바꿔가며 저항했지만 펠레우스는 사력을 다하여 버티었다. 기진맥진한 테티스는 결국 펠레우스의 아내가 될 것을 승낙했다.

훗날 펠레우스와 테티스 사이에서 불멸의 영웅 아킬레우스가 태어났고, 케이론은 아킬레우스를 맡아 양육하며 가르쳤다.

케이론의 죽음

케이론 외에도 켄타우로스와 혈통이 다른 존재로 폴로스Pholus가 있다. 그는 디오니소스의 스승인 실레노스와 물푸레나무의 요정 메리아스 사이에서 태어났다. 포도주의 신 디오니소스와는 의형제이기도 했다.

폴로스는 올림포스의 성역인 폴로에Pholoe산의 동굴에 살았다. 어느 날 그곳을 지나던 헤라클레스가 찾아왔다. 그는 헤라클레스에게 정성껏 음식을 대접했다. 기분이 좋아진 헤라클레스는 폴로스에게 항아리에 담긴 포도주도 먹자고 제안했다. 폴로스는 그것은 켄타우로스들의 공동소유라고 망설였으나 결국 항아리를 열었다. 그들이 술잔을 주고받으며 한껏 흥이 오를 무렵에 술 냄새를 맡고 흥분한 켄타우로스들이 들이닥쳤다. 그들은 헤라클레스와 폴로스를 공격했다. 화가 난 헤라클레스는 화살에 히드라의 독을 발라 그들을 공격했다.

독화살을 맞은 켄타우로스들은 외마디 비명을 지르며 쓰러져 즉사했다. 그 모습에 겁을 집어먹은 켄타우로스들은 뿔뿔이 흩어져 도망쳤다. 헤라클레스는 그들을 추격했다. 켄타우로스들은 현자 케이론의 거처로 도망쳤으나 쫓아온 헤라클레스의 화살에 모두 목숨을 잃었다. 그 와중에 헤라클레스의 스승인 케이론도 실수로 제자의 화살에 무릎을 맞았다. 그러나 히드라의 맹독도 불사의 몸인 케이론을 죽음에 이르게 하지 못했다. 하지만 오장육부를 찢는 끔찍한 고통만은 피할 수 없었다.

케이론은 견딜 수 없는 고통에서 해방되기 위해 제우스에게 제발 죽을 수 있게 해달라고 빌었다. 제우스는 그의 청을 받아들여 편안한 죽음을 맞이하게 해주었다. 제우스는 많은 영웅을 키운 케이론의 공로를 높이 사 그를 하늘의 별자리로 만들었다. 그것이 궁수자리이다.

한편, 폴로스는 덩치 큰 켄타우로스들이 작은 화살에 맞고 쓰러지자 놀라워했다. 그는 호기심에 시체에서 화살을 뽑아 살펴보다가 실수로 화살촉에 손이 찔려 그 자리에서 죽고 말았다. 켄타우로스를 모두 해치운 헤라클레스는 폴로스가 숨겨있는 것을 발견하고, 양지바른 곳에 묻어준 뒤 길을 떠났다.

목신 판

판pan은 들판과 숲의 신, 즉 '모든 자연의 요정'이다. 또한, 산의 지배자로 불리기도 하며, 헤르메스의 뒤를 이은 신들의 전령으로 불렸다. 상체는 인간이고 하체는 염소의 모습이며, 머리에는 조그만 뿔이 나 있다. 어깨에는 표범 가죽으로 만든 망토를 두르고 있다. 전승에 따르면 아르카디아 지방 출신으로 아버지는 헤르메스, 어머니는 요정 드리옵스Dryops로 알려져 있다. 일설에 따르면 어머니가 트로이 전쟁의 영웅인 오디세우스의 아내 페넬로페라고도 한다. 그 외 아버지가 제우스, 크로노스, 디오니소스라는 주장과 어머니는 칼리스토, 히브리스라는 주장도 있어 그의 진짜 부모가 누구인지는 알 수 없다.

판이 태어났을 때, 흉측한 아들의 모습을 본 그의 어머니는 두려움에 사로잡혀 아기를 숲에 버렸다. 그 사실을 알게 된 헤르메스는 판을 토끼 가죽에 싸서 올림포스로 데려갔다.

반인반수의 괴상한 모습 때문에 어머니에게 버림받은 아기는 그 모습 때문에 오히려 올림포스 신들의 귀여움을 독차지했다. 특히 디오니소스의 애정은 각별했다. 신들은 즐거움을 선사한 아이에게 판이라는 이름을 지어주었다.

판은 숲이나 들판에서 가축을 기르며 살았다. 그는 성적 욕구가 강해서 항상 요정이나 미소년을 보면 치근덕거리며 쫓아 다녔다.

어느 날 판은 숲속을 거닐다가 시링크스Syrinx라는 아름다운 요정을 만났다. 그녀는 사냥의 여신 아프로디테를 따르는 요정 중 하나였다. 시링크스의 아름다움에 마음을 빼앗긴 판은 치근덕거리며 그녀를 유혹했다. 시링크스는 순결을 지키기 위해 라돈 강으로 달아났다. 강물에 막혀 더 이상 도망치지 못하게 된 시링크스는 친구인 강의 요정들에게 도움을 요청했다. 강의 요정들은 시링크스의 요청대로 그녀를 갈대로 만들어주었다.

그 모습을 본 판은 아쉬움에 자리를 떠나지 못하고 멍하니 갈대만 바라보고 있었다. 때마침 바람이 불어와 갈대가 서로 부딪치면서 감미로운 소리를 냈다. 판은 그 소리에 매료되어 갈대를 잘라 피리를 만들었다. 그 피리가 바로 유명한 판의 피리, 즉 팬파이프이다. 판은 피리에 시링크스라는 이름을 붙여서 늘 몸에 지니고 다녔다.

전승에 따르면 판은 주제넘게 사랑의 신 에로스에게 씨름 시합을 하자며 도전한 적이 있었다. 판이 바닥에 내동댕이쳐지면서 시합은 맥

판과 시링크스
장 프랑수아 드 트로이, 1722~1724년

없이 끝났다. 에로스는 자신에게 무모하게 도전했던 판의 가슴에 사랑의 불을 지펴 시링크스를 사랑하게 했다고 한다.

판은 또 아폴론과 음악적 재능을 겨루기도 했다. 결과는 판의 패배였다. 이때 구경하던 미다스가 판정에 불만을 표시하며 이의를 제기했다. 화를 참지 못한 아폴론이 미다스의 귀를 당나귀 귀로 만들어 버렸다. 이후 미다스는 자기 귀가 당나귀 귀인 것을 숨기며 살아야했다.

판은 괴물 티폰에게 신들이 습격당했을 때 공황 상태가 되어 상반신은 염소, 하반신은 물고기인 우스꽝스러운 모습으로 도망쳤다. 제우스는 판의 그 모습을 보고 하늘의 별자리로 만들었다. 그것이 염소자리이다.

판은 성격이 변덕스럽고 괴팍했으며 자주 화를 냈다. 그는 낮잠을 즐겨 잤는데 누군가 낮잠을 방해하면 히스테리를 일으키며 사람이나 동물에게 공포를 불어 넣어 공황 상태에 빠뜨렸다.

패닉panic이라는 단어는 바로 그의 이름에서 유래했다. 또한 익살스러운 면이 강해서 피터 팬Peter Pan의 팬도 판에게서 유래했다.

아폴론과 아르테미스의 어머니
레토

레토Leto는 크로노스의 형제인 코이오스Coeus와 누이인 포이베 Phoebe 사이에서 태어났다. 그녀는 제우스의 사랑을 받아 유명한 두 신의 어머니가 된다. 태양과 예언의 신 아폴론과 달과 사냥의 여신 아르테미스 남매가 레토의 자식들이다. 레토는 쌍둥이 남매를 낳기까지 헤라 여신의 미움을 받아 많은 고초를 겪어야 했다. 그러나 레토의 자식들은 그 어떤 신들보다 위대한 신이 되었다.

테베Thebes는 그리스 보이오티아 지방에 있던 고대 도시 국가이다. 기원전 371년에 스파르타를 처부수고 그리스의 패권을 장악했다. 테베의 전설적인 왕 암피온Amphion은 탄탈로스의 사위이다. 그의 아내 니오베Niobe는 고귀한 정신과 위엄 있는 아름다움을 지니고 있었다.

암피온과 니오베는 슬하에 아들 일곱 명과 딸 일곱 명으로 모두 열네 명의 자녀가 있었다.

아들들은 모두 늠름하고 씩씩했으며, 딸들은 모두 여신처럼 아름다웠다. 그녀는 권력과 재산, 훌륭한 자녀를 두어 세상에 부러울 것 없는 모든 것을 다 가진 여자였다. 그녀는 무척 거만했으며 자부심 또한 강했다.

테베에서는 매년 레토 여신의 기념일이 되면 사람들이 광장에 모여 축제를 열었다. 레토 여신은 태양의 신 아폴론과 달의 여신 아르테미스의 어머니이다. 그런데 니오베는 레토 여신을 기념하는 축제를 못마땅하게 생각했다. 그녀는 레토 여신에게 제물을 바치는 여인들에게 외쳤다.

"너희 앞에 신의 총애를 받는 자가 있는데, 어째서 꾸며낸 이야기에 나오는 신을 경배하려고 하느냐. 레토를 위해 제물을 바치면서 왜 내게는 향을 바치지 않느냐? 나의 아버지 탄탈로스는 신들과 함께 식사한 유일한 인간이었고, 플레이아데스 자매의 하나인 내 어머니는 밝은 별이 되어 하늘에서 빛나고 있다. 나의 조상 중 한 분은 티탄 신족인 아틀라스이며, 할아버지는 신들의 왕 제우스시다."

니오베는 레토 여신은 자녀를 두 명밖에 갖지 못했지만, 자신은 열네 명의 자녀를 두었으니 자신이 훨씬 더 축복받은 여인이라고 주장했다. 그녀는 사람들에게 레토 여신의 축제를 당장 중단하고, 모두 집으로 돌아가라고 명령했다.

델로스 섬의 킨토스 산 정상에서 그 모습을 지켜보던 레토 여신은 분노했다. 그녀는 두 자녀 아폴론과 아르테미스를 불러 하소연했다.

"나는 너희를 낳은 것을 자랑스럽게 여기고 있다. 헤라 여신을 제외하면 어떤 여신도 나보다 자랑스럽지 않을 것이다. 그런 내가 하찮은 인간에게 욕을 먹고 있구나. 더구나 저 니오베가 너희들까지 깐보는 것 아니냐."

아폴론은 어머니의 호소에 그녀를 위로했다.

"어머니 너무 속상해하지 마십시오. 저희가 내려가서 저 오만한 니오베가 자신의 잘못을 뼈저리게 느끼도록 응징하겠습니다."

아폴론과 아르테미스는 활을 챙겨서 즉시 테베로 내려갔다. 니오베의 아들들은 들판에서 말을 몰며 놀고 있었다. 먼저 아폴론은 니오베의 일곱 아들을 향해 화살을 날렸다. 화살은 순식간에 날아가 니오베의 일곱 아들들의 가슴에 명중했다. 그들은 차례차례 바닥에 쓰러져 숨을 거두었다. 아들들의 죽음에 충격을 받은 아버지 암피온은 비통해하며 스스로 목숨을 끊었다. 졸지에 일곱 명의 아들과 남편을 잃은 니오베는 그래도 뉘우치지 않고, 오히려 자신에게 일곱 딸이 남아있다며 큰소리쳤다. 그 말에 대답이라도 하듯이 이번엔 아르테미스가 쏜 화살이 날아가 딸들의 가슴을 명중시켰다. 딸들이 한 명씩 쓰러져가자 니오베는 그제야 자신의 어리석은 행동을 후회했다.

그녀는 레토 여신에게 마지막 남은 막내딸만은 살려달라고 애원했다. 그러나 레토 여신은 그녀의 부탁을 들어주지 않았다. 아르테미스가 쏜 화살은 인정사정없이 니오베의 막내딸을 명중시켰다.

니오베는 평소 그토록 자랑하던 자식들과 남편이 졸지에 모두 숨을

니오베의 자식들을 공격하는 아폴론과 아르테미스

자크 루이 다비드, 1772년

거두자 그 충격으로 넋이 나갔다. 그녀의 몸은 점점 굳기 시작하더니 이내 딱딱한 바위로 변하고 말았다. 신과 겨루며 자신이 신보다 더 훌륭하다고 뽐내던 니오베는 결국 남편과 자식은 물론 자신조차 돌덩이가 되어 비참한 최후를 맞았다. 그 후 사람들은 신성모독을 금기로 여기게 되었다.

예술과 학문의 여신들
무사이

무사이Muses, 단수형 무사Mousa, 영어로 뮤즈Muses는 학문과 예술을 담당하는 여신들이다. 제우스와 기억의 여신 므네모시네Mnemosyne 사이에서 태어난 아홉 자매를 말한다. 그들은 아폴론의 델포이 신탁이 있는 파르나소스Parnassus 산에 살았다. 올림포스에서 연회가 열리는 날이면 무사이는 아폴론이 연주하는 음악에 맞추어 한 목소리로 노래하며 춤을 추었다. 그들의 역할은 연회에 참석한 신들을 즐겁게 해주는 일이었다. 아폴론은 악기를 연주하면서 무사이 여신의 합창을 지휘했다.

고대 그리스인들은 시인들이 스스로 지은 시를 노래하지 않고, 무사이에게 영감을 받아 시를 짓는다고 생각했다. 그래서 시인들은 노래를 시작할 때면 반드시 기도를 올렸고, 처음과 마지막에는 항상 여신들을 노래했다. 헤시오도스의『신들의 계보』역시 무사이 여신들로부터 시작하고 있다.

> "노래를 헬리콘 산의 무사 여신들로부터 시작하기로 하자.
> 그분들은 크고 신성한 헬리콘 산을 차지하시고는
> 검푸른 샘과 크로노스의 강력하신 아드님의
> 제단 주위에서 사뿐사뿐 춤추신다."

고대 그리스에서 시는 문학이라기보다 일종의 음악으로 여겨졌다. 시는 악기 연주에 맞춰 즉흥적으로 노래하며 기억되었고, 그 과정에서 다음 세대에 구전되는 형태로 정착되었다. 이렇게 구전된 시에는 당시 인간들이 중요시했던 지식들이 모두 집약되어 있었다. 고대에서 시작되어 오늘에 이르는 다양한 학문과 예술은 모두 이 시에서 갈라져 나와 독립된 분야라고 할 수 있다.

헤시오도스에 따르면 무사이는 아홉 기둥의 여신들이었다. 원래는 각 여신에게 특정 영역이 할당되지 않았다. 하지만 문학과 예술, 학문이 여러 갈래로 분화되면서, 각자 전문 분야를 나누어 맡게 되었다. 그래서 무사이들은 학문과 예술의 여신으로 숭상되었다.

무사이의 맏언니인 칼리오페Calliope는 시와 학예의 근간인 서사시의 여신으로 여겨졌다. 클리오Clio는 역사, 에우테르페Euterpe는 피리와 피리가 반주하는 서정시, 멜포메네Melpomene는 비극, 테르포시코레Terpsichore는 무용, 에라토Erato는 연시와 독창, 폴리힘니아

무사이(멜포메네, 에라토, 폴리힘니아)
외스타슈 르 쉬외르, 1650년대

Polymnia는 찬가와 무언극, 우라니아Urania는 문학, 탈리아Thalia는
희극을 관장하는 여신으로 여겨졌다.

　무사이들이 관장하는 예술을 고대 그리스어로 무시케Mousike라고
한다. 이것이 뮤직music의 어원이다. 미술관 또는 박물관을 뜻하는 뮤
지엄museum은 그리스어 무세이온Mouseion에서 유래했다. 무세이온
은 무사이의 신전이며, 마케도니아의 알렉산드로스 대왕이 이집트에
건설한 도시 알렉산드리아에 설립한 학술원을 말한다. 수학자 에우클

레이데스, 아르키메데스, 헤론, 지동설을 최초로 주장한 아리스타르코스, 에라토스테네스 등이 이곳 출신이다.

무사이들이 살았던 파르나소스 산은 프랑스어로 몽파르나스 Montparnasse(파르나스 언덕)다, 19세기 예술가들의 아지트가 몽마르트르였다면 그 후 예술가들이 모여들었던 곳이 몽파르나스이다. 특히 1920년대에 세계 각국의 예술가들이 몰려들어 문화 예술의 황금시대를 구가 했다.

마녀로 불린 여신
키르케

키르케Circe는 태양의 신 헬리오스와 대양의 여신 페르세이스의 딸이다. 콜키스의 왕 아이에테스의 동생이기도 하다. '새벽의 섬'으로 불리는 아이아이아Aeaea라는 섬에 살고 있다. 이 섬은 후에 그리스 로마 작가들에 의해 이탈리아 서해안의 키르케이의 반도와 동일시되었다. 요정으로 알려져 있으나 여신에 가깝다. 그녀는 질투심이 강하고 이기적이며 마법에 능해서 '마녀 키르케'로 불리기도 한다.

숲 속의 둥근 빈터에 자리 잡은 그녀의 거대한 저택은 웅장한 신전을 방불케 했다. 저택의 주위에는 사자와 늑대, 곰, 나귀와 돼지 등 온갖 짐승들이 어슬렁거리며 돌아다녔다. 이 짐승들은 야수성이 전혀 없었다. 낯선 이가 나타나면 이들은 마치 강아지처럼 재롱을 부리며 친근감을 나타냈다. 실제 이들은 짐승이 아니었다. 그들은 키르케의 마법에 의해 짐승으로 변한 사람들이었다.

키르케는 자신의 섬에 침입한 자들을 모두 동물로 만들어 버렸다. 그녀는 다양한 주문과 주술, 약재를 이용하여 마법을 부렸다. 특히 사람을 짐승으로 만드는 마법에 뛰어났다. 그녀는 사람이 짐승으로 변할 때는 그와 가장 닮은 짐승으로 변신시켰다. 사람의 생김새가 다양하다보니 짐승으로 변한 모습 역시 사자나 늑대, 곰, 나귀와 돼지 등 다양했다.

라티움의 왕 피쿠스Picus는 뛰어난 외모 덕분에 숲의 요정들로부터 많은 사랑을 받았다. 하지만 그에게는 사랑하는 아내 카넨스가 있었다. 그녀는 야누스 신과 요정 베닐리아 사이에서 태어난 매우 아름다운 요정이었다. 그녀의 노랫소리는 얼굴보다 더욱 아름다웠다.

어느 날 피쿠스는 숲 속으로 사냥을 나갔다가 약초를 캐러 나왔던 키르케와 마주쳤다. 키르케는 피쿠스에게 첫눈에 반했다. 키르케가 사랑을 고백하자 피쿠스는 차가운 표정으로 단호하게 거절했다. 키르케는 여러 차례 구애를 했으나, 피쿠스는 그때마다 자신은 오로지 아내 카넨스 만을 사랑한다며 거절했다. 수치심을 느낀 키르케는 분노하여 멧돼지 허깨비를 만들어 피쿠스를 덤불로 유인했다. 그리고 피쿠스를 딱따구리로 만들어 버렸다.

트로이 전쟁을 마치고 고향으로 돌아가던 오디세우스Odysseus와 부하들은 우연히 아이아이아 섬에 도착했다. 오디세우스는 해변 근처의 바위 위에 올라서서 섬을 둘러보았다. 빈터에서 피어올라오는 연기를 본 그는 위험을 감지하고 섬을 정탐하기로 했다. 오디세우스는 부관인 에우릴로코스Eury lochus에게 그 임무를 맡겼다.

에우릴로코스는 대원들을 이끌고 빈터에 도착했다. 그곳에서 꼬리를 흔들며 반기는 길들여진 사자와 늑대를 발견했다. 그들은 웅장한 대리석 저택에서 흘러나오는 달콤한 여인의 노랫소리를 들었다. 호기심에 일행은 저택 안을 들여다보았다. 시종들이 바구니에 담긴 꽃과 허브를 정리하는 모습이 보였다. 키르케는 베틀에서 실을 뽑아내며 노래를 하고 있었다.

키르케는 대원들을 저택 안으로 초대했다. 대원들은 별다른 의심 없이 그녀의 초대를 받아들였고, 에우릴로코스만은 몰래 숨어서 동태를 살폈다.

대원들 앞에 크림이 가득한 치즈와 구운 보리, 과일, 술 등 푸짐한 음식상이 차려졌다. 오랜 항해에 지치고 허기졌던 대원들은 허겁지겁 술과 음식으로 배를 채웠다. 그 모습을 흡족하게 지켜보던 키르케는 지팡이를 들어 그들의 몸을 한 번씩 가볍게 쳤다. 그러자 대원들의 몸에 변화가 일어났다. 그들은 인간의 모습에서 점차 돼지의 모습으로 변해갔다. 목소리도 돼지처럼 꿀꿀거렸다. 키르케는 돼지로 변한 대원들을 지팡이로 몰아 우리에 가두었다. 숨어서 모든 것을 지켜본 에우릴로코스는 황급히 배로 달려갔다. 그리고 오디세우스에게 모든 상황을 보고했다. 오디세우스는 지체 없이 키르케의 저택으로 향했다. 그가 적막한 숲을 지나가고 있을 때, 전령의 신 헤르메스가 나타나 그의 앞을 막아섰다.

"네가 키르케의 마법에 걸리지 않고 대원들을 구해낼 방법을 알려 주겠다."

헤르메스는 오디세우스에게 하얀 잎에 뿌리가 검은 해독용 허브를 주었다.

"이 약초는 키르케의 마법을 무력화시켜 줄 것이다. 키르케가 네게 마법의 술이 담긴 잔을 건네면 이 약초를 잔 안에 넣어라. 그녀가 마법 의 지팡이를 들고 가까이 다가오면 칼을 꺼내 들고 날카로운 날을 보여 줘라. 그러면 그녀는 두려워서 너의 요구를 들어줄 것이다."

오디세우스는 헤르메스가 시키는 대로 했다. 그녀가 건네준 술잔에 약초를 넣고 마시자, 정신이 맑아졌다. 그녀가 지팡이를 들고 다가오자 재빨리 칼을 빼어들었다. 날카로운 칼날로 그녀의 목을 위협하자, 키르 케는 겁에 질려 원하는 것을 모두 들어주겠다고 했다. 오디세우스는 먼 저 그녀에게 더는 마법을 사용하지 않겠다는 다짐을 받아냈다. 그리고 부하들을 인간으로 되돌려 달라고 요구했다.

키르케는 약속을 지켰다. 대원들은 인간의 모습으로 되돌려주었고, 더는 마법을 사용하지 않았다. 키르케는 오디세우스와 대원들을 위해 향연을 베풀었다. 그날 밤 오디세우스는 키르케와 함께 달콤한 잠자리 에 들었다.

오디세우스는 키르케의 자택에서 1년을 머무른 후 다시 귀향길에 나섰다. 키르케는 확고한 그의 결심을 막지 못하고, 고향 이타카로 돌 아갈 수 있는 방법을 일러주었다. 그녀는 오디세우스에게 먼저 하계로

오디세우스를 유혹하는 키르케
안젤리카 카우프만, 1786년

내려가 예언자 테이레시아스에게 조언을 구한 다음 여행에 나설 것을
권했다. 또한 바다에서 그가 마주쳐야할 위험에서 피할 수 있는 방법도
구체적으로 설명했다.

오디세우스가 떠난 후 키르케는 그의 아들 텔레고노스를 낳았다. 전
승에 따르면 그녀가 낳은 오디세우스의 아들은 모두 세 명이라고 한다.

영웅의
시대

헤라클레스의
12과업

그리스 신화에 등장하는 최고의 영웅은 헤라클레스Heracles이다. 그는 제우스와 인간인 알크메네Alcmene의 아들이다. 제우스는 페르세우스와 안드로메다의 손녀인 알크메네의 아름다움에 취해서 그녀에게 흑심을 품었다. 알크메네는 암피트리온Amphitryon이라는 약혼자가 있었는데 제우스는 그녀의 약혼자로 변신한 후 그녀와 하룻밤을 지냈다. 그런데 다음 날 전쟁에 나갔던 약혼자 암피트리온이 귀국하여 그녀와 동침하면서, 알크메네는 제우스의 아기와 암피트리온의 아기를 함께 임신하게 되었다.

이렇게 해서 신의 아들인 헤라클레스와 인간의 아들인 이피클레스Iphicles는 쌍둥이로 태어났다. 헤라클레스가 태어나기 직전 제우스는 "곧 아르고스의 왕이 태어날 것이다"라고 말했다. 헤라는 그 말을 듣고

심한 질투에 사로잡혔다. 헤라는 헤라클레스의 출생을 고의로 늦추고 사촌인 에우리스테우스를 먼저 태어나게 했다. 그녀는 또 헤라클레스가 태어난 후 8개월 무렵 독사를 보내어 헤라클레스를 죽이려고 했다. 하지만 헤라클레스는 독사에게 물리기는커녕 오히려 독사를 가지고 놀다가 목을 졸라 죽였다.

은하수의 기원도 헤라클레스와 관련이 있다. 헤라클레스는 제우스가 바람을 피워 낳은 아들이다. 제우스는 헤라의 분노를 가라앉히기 위하여 아들의 이름을 헤라클레스로 지었는데 그 뜻은 '헤라의 영광'을 의미한다. 제우스는 헤라클레스가 신과 같이 당당한 풍채를 가지도록 해 주고 싶었다. 그래서 헤라에게 속임수를 써서 헤라클레스를 기르도록 했다. 나중에 속은 것을 알게 된 헤라는 헤라클레스에게 물렸던 젖꼭지를 빼서 남은 젖을 하늘에 뿌렸는데, 그 젖이 은하수가 되었다고 한다.

청년으로 성장한 헤라클레스는 양부인 암피트리온과 테스피오스 Thespius 왕의 가축을 잡아먹는 키타이론 산의 거대한 사자를 퇴치하기로 했다. 헤라클레스는 이 사자를 사냥하기 위해 50일간 테스피오스 왕의 궁정에 머물면서 날마다 사냥에 나섰다. 테스피오스 왕에게는 50명의 딸들이 있었다. 왕은 매일 밤 자신의 딸을 한 명씩 헤라클레스와 동침하게 했다. 헤라클레스는 그 사실을 모르고 매일 밤 같은 여자를 품었다고 생각했다. 헤라클레스의 혈통을 이어받은 손자를 갖고 싶다는 왕의 바람대로 딸들은 모두 임신했다. 헤라클레스는 얼떨결에 50명의 아들을 두게 되었다. 이 50명의 자손들은 후일 헤라클레스의 조카 이올라오스와 함께 사르다니아를 정복한다.

은하수의 기원
코포 틴토레토, 1575년

키타이론 산의 사자를 물리친 후 헤라클레스는 자신의 고향 테베를 위해 공을 세운다. 테베는 이웃나라인 오르코메노스Orchomenos와 전쟁을 벌여 패했고, 그때부터 매년 100마리의 소를 조공으로 바쳐야 했다. 헤라클레스는 오르코메노스에 전쟁을 선포하고, 쳐들어온 적군을 괴멸시켜 영웅의 면모를 드러냈다. 오르코메노스 왕은 헤라클레스의 화살에 맞아 목숨을 잃었다. 테베의 왕 크레온은 헤라클레스의 전공을 치하하며 자신의 딸 메가라를 아내로 주었다. 두 사람 사이에 3명의 아들이 태어났다.

헤라클레스에 대한 헤라의 미움은 집요하고 잔인했다. 그녀는 헤라클레스가 행복하게 사는 모습을 보자 심기가 불편했다. 헤라는 헤라클레스가 정신착란을 일으키도록 저주를 내렸다. 헤라클레스는 광기에 사로잡혀 자신의 손으로 자식들을 모두 죽였다. 제정신으로 돌아온 헤라클레스는 자신이 벌인 참극에 넋이 나갔다. 망연자실한 헤라클레스는 델포이 신전으로 가서 속죄할 수 있는 방법을 신탁에 물었다.

"제 자식을 죽인 죄를 무엇으로 갚을 수 있습니까?"

아폴론 신전의 여사제 피티아가 신탁을 받아 전했다.

"티린스로 가서 에우리스테우스 왕에게 봉사하라. 그가 명하는 열두 가지 과업을 모두 달성해야 한다. 그 과업을 모두 완수하면 불사의 몸이 되어 올림포스 신들의 일원이 될 것이다."

에우리스테우스는 헤라의 계략으로 헤라클레스보다 먼저 태어난 사촌 형제였다. 그는 티린스의 왕이 된 후 이웃나라 미케네와 아르고스 같은 주요 도시까지 차지하고 있었다. 헤라클레스는 신탁에 따라 에우리테우스의 노예가 되어, 12년 동안 그를 섬기며 속죄해야했다. 에우리스테우스는 겁쟁이에 한심하고 못난 사내였다. 그는 헤라클레스를 마주하기 무서워서 성안으로 들어오지 못하게 했다. 그래서 헤라클레스는 전령을 통해 명령을 받아야했다. 에우리스테우스가 내린 열두 가지 임무는 인간으로는 도저히 해낼 수 없는 것들이었다. 그는 헤라클레스가 임무를 수행하다가 죽기를 바랐던 것이다.

헤라클레스의 열두 가지 임무

첫 번째 임무는 네메아의 괴물 사자를 죽이고 가죽을 벗겨오라는 명령이었다. 그 사자는 거대한 괴물 티폰과 에키드나 사이에서 태어난 자식으로 히드라, 오르트로스, 키마이라, 케르베로스 등 여러 괴물들과 형제지간이다. 많은 사냥꾼들이 사자를 잡기 위해 나섰으나 창검이나 화살로 상처하나 낼 수 없었다. 오히려 그들이 사자의 먹이가 되어야 했다. 헤라클레스는 화살을 쏘았으나 소용이 없자 곤봉으로 수없이 사자의 몸을 내려쳤다. 하지만 괴물 사자는 전혀 타격을 받지 않았다. 헤라클레스는 동굴 속으로 사자를 유인한 뒤 이번엔 팔로 사자의 목을 힘껏 조여 숨통을 끊었다. 그리고 사자의 날카로운 발톱을 이용해서 단단한 가죽을 벗겨냈다. 그 가죽으로 튜닉을 만들어 입고, 사자 머리를 투구처럼 머리에 쓰고 다녔다.

두 번째 임무는 레르네 늪에 사는 히드라Hydra를 처치하라는 명령이었다. 히드라는 머리가 아홉 개나 달려있고, 맹독을 가진 괴물 뱀이었다. 이 괴물의 가운데 머리는 불사의 존재이며, 머리가 잘리면 그곳에서 머리가 두 개씩 다시 생겨났다. 헤라클레스는 이 번 원정길에 쌍둥이 동생인 이피클레스의 아들이자 조카인 이올라오스Iolaus를 데려갔다. 헤라클레스가 히드라의 머리를 하나씩 자르면 이올라오스는 그곳을 횃불로 지졌다. 잘려진 곳에서 머리가 다시 자라지 못하게 하기 위해서였다. 마침내 히드라의 목은 모두 잘렸고, 괴물 뱀은 최후를 맞이했다. 헤라클레스는 자신의 화살을 모두 히드라의 핏속에 담가 독화살을 만들었다. 그리고 가죽 주머니에 히드라의 독을 챙겨두었다.

세 번째 임무는 아르카디아 지방에 있는 에리만토스Erymanthos 산에 사는 사나운 멧돼지를 산 채로 잡아 오는 일이었다. 멧돼지를 추격하던 헤라클레스는 폴로에Pholoe 산을 지나다가 켄타우로스 일족인 폴로스의 거처를 방문했다. 둘은 함께 술을 마시던 중 갑자기 켄타우로스 족의 공격을 받게 된다. 헤라클레스는 화가 나서 히드라의 독을 먹인 화살로 켄타우로스들을 죽였다. 이때 켄타우로스들 중 네소스는 겨우 도망쳐 목숨을 구했다. 이 켄타우로스는 훗날 헤라클레스의 죽음에 결정적인 영향을 미친다.

헤라클레스는 다시 멧돼지를 추격하여 눈 속으로 몰아갔다. 그리고 기진맥진한 멧돼지에게 그물을 씌워 생포했다. 헤라클레스가 괴물 멧돼지를 끌고 에우리스테우스의 궁전에 도착하자, 그 짐승을 본 에우리스테우스는 공포에 사로잡혀 은신처로 피신했다.

헤라클레스에게 내려진 **네 번째 임무**는 케리네이아keryneia 산에 사는 성스러운 사슴을 잡아 오는 일이었다. 이 사슴은 아르테미스 여신이 아끼는 성스러운 다섯 마리의 사슴 중 하나였다. 여신은 네 마리의 사슴에게 자신의 전차를 끌게 했고, 한 마리는 자유롭게 놓아 길렀다. 황금빛 뿔을 가진 이 사슴은 청동으로 된 다리로 매우 빠르게 달렸다. 이 사슴은 요정 타위게테Taygete가 아르테미스 여신에게 바친 것이었다. 헤라클레스는 이 사슴을 잡기 위해 1년을 꼬박 쫓아다녀야 했다.

아르카디아의 라돈 강에 이르러 지친 사슴을 겨우 포획할 수 있었다.

다섯 번째 임무는 아르카디아 지방의 스팀팔로스Stymphalos 호수의 새들을 처치하는 일이었다.

이 새들은 호수 주변의 울창한 숲에 살면서 사람들이 농사지은 곡물을 먹고, 지나가는 여행객들을 공격했다. 이 사나운 새들로 인한 인근 지역의 피해가 매우 컸다. 헤라클레스는 아테나 여신이 준 캐스터네츠를 쳐서 새들이 놀라 날아오르게 한 다음 활을 쏘아 처치했다.

여섯 번째 임무는 아우게이아스Augeas 왕의 축사畜舍를 청소하는 일이었다. 엘리스의 아우게이아스 왕은 태양신 헬리오스의 아들이다. 그는 삼천 마리나 되는 많은 가축을 소유했지만 청소를 하지 않아 분뇨가 엄청나게 넓은 축사를 가득 메우고 있었다. 헤라클레스는 혼자서 어마어마하게 넓은 축사를 단 하루 만에 청소해야 했다. 그것은 도저히 불가능한 일이었다. 헤라클레스는 축사의 한쪽 땅을 파서 인근에 흐르는 알페이오스 강과 페네이오스 강물을 축사 안으로 끌어들였다. 강물은 분뇨를 씻어 내리며 다른 입구로 쏟아져 나왔다. 헤라클레스는 오물들을 말끔히 씻어내고 청소가 끝나자 물줄기를 원래대로 다시 돌려놓았다. 이렇게 해서 그는 몸을 더럽히지 않고 임무를 완수했다.

일곱 번째 임무는 크레타의 황소를 잡아 오는 일이었다. 이 황소는 바다의 신 포세이돈이 미노스 왕에게 주었던 전설적인 황소였다. 미노스 왕은 이 황소를 포세이돈에게 제물로 바치겠다고 약속했다. 하지만 그는 잘생긴 이 황소를 제물로 바치기가 아까워서 차일피일 미루고 있었다. 게다가 왕비 파시파에는 그 황소에게 정욕을 품고 관계를 맺었다. 포세이돈은 미노스를 벌하기 위해 황소를 미치게 만들어서 날뛰게 했다. 그 바람에 이 황소는 크레타 섬의 골칫거리가 되었다. 헤라클레스는 황소를 제압한 다음 그 황소를 타고 바다를 건너 그리스로 돌아왔다. 헤라클레스가 황소를 끌고 오자 에우리스테우스는 그 황소를 헤라 여신에게 바쳤다. 하지만 여신은 이 황소를 마음에 들어 하지 않았다. 그녀는 다시 황소를 풀어주었다. 그러자 황소는 펠레폰네소스 반도에 많은 피해를 입히고 아티카 지역으로 건너갔다. 그곳에서 횡포를 부리던 황소는 아티카의 영웅 페르세우스Perseus에게 잡혔다. 이렇게 해서 황소에 대한 피해는 사라졌다.

여덟 번째 임무는 사람을 잡아먹는 디오메데스의 말들을 처치하는 일이었다. 트라케 지역에 사는 디오메데스 왕은 자신이 기르는 암말들에게 사람의 고기만 먹여서 기르고 있었다. 이 말들은 트라케 해안을 지나가는 나그네들을 공격하는 난폭하고 잔인한 짐승들이었다. 헤라클레스는 자신을 쫓아온 지원병들과 함께 이 말들을 처치하고, 디오메데스 왕을 잡아 그가 기르던 말들의 먹이가 되게 했다.

아홉 번째 임무는 아마조네스의 여왕 히폴리테Hippolyte의 허리띠를 가져오는 일이었다. 아마조네스Amazones란 아시아 깊숙한 곳에 사

디오메데스의 암말

장 밥티스트 마리 피에르, 1742년

는 여전사女戰士 부족이다. 이들은 전쟁의 신 아레스의 후손으로, 아이가 태어나면 남자아이는 버리고 여자아이만을 용맹한 전사로 키웠다. 달과 사냥의 여신 아르테미스를 숭배하는 이 부족은 미의 여신 아프로디테를 혐오했다. 이들의 여왕인 히폴리테는 아레스의 황금 허리띠를 가지고 있었다. 헤라클레스는 히폴리테를 찾아가서 황금 허리띠를 달라고 부탁했다. 헤라클레스에게 호감을 가진 여왕은 순순히 허리띠를 내어주었다. 하지만 헤라는 헤라클레스가 쉽게 임무를 완수하도록 내버려두지 않았다. 여전사로 변신한 그녀는 헤라클레스가 여왕을 납치하려 한다는 유언비어를 퍼뜨렸다. 헤라클레스는 여전사들이 몰려와 자신을 공격하자, 여왕이 배신한 것으로 오해하여 그녀를 죽였다.

열 번째 임무는 거인 게리오네우스Geryoneus의 소 떼를 데려오는 일이었다. 헤라클레스는 임무를 완수하기 위해 세상의 서쪽 끝에 있는 에리테이아Erytheia 섬으로 가야했다. 게리오네우스는 포세이돈과 메두사의 아들인 크리사오르와 오케아노스의 딸 칼리로에 사이에서 태어났다. 머리가 셋에 몸도 셋인 그는 에리테이아 섬에 살면서 많은 가축을 기르고 있었다. 용 한 마리와 머리가 두 개 달린 개 한 마리가 그의 가축들을 지켰다.

헤라클레스는 세상의 서쪽 끝에 있는 에리테이아 섬에 갈 수 있는 방법을 고민했다. 그곳은 가기에 너무 먼 곳이었다. 헤라클레스는 태양신 헬리오스에게 활을 겨누어 위협하며, 태양이 매일 동쪽으로 가기 위해 올라타는 태양 쟁반에 태워달라고 했다. 헬리오스는 그의 요구를 들어주었고, 마침내 게리오네우스의 황소들이 있는 곳에 도착했다.

헤라클레스는 용과 개를 죽이고 태양 쟁반에 황소들을 태워 육지로 올라왔다. 그는 자신의 과업을 기념하며 지브롤터 해협 양쪽에 두 개의 '헤라클레스' 기둥을 세웠다. 그리고 이베리아 남단으로부터 황소 떼를 몰고 그리스로 돌아가는 대장정에 올랐다. 도중에 헤라클레스는 리구리아 인들의 공격을 받았다. 마침 화살이 동이나 위기에 처했는데, 제우스가 비를 내려 죽음에서 그를 구해주었다.

헤라클레스는 이탈리아로 남하하면서 카쿠스라는 괴물 강도로부터 위협을 받았다. 하지만 그 강도는 오히려 헤라클레스에게 목숨을 잃었다. 시칠리아 섬에서는 에릭스 왕과 격투를 벌여 그를 죽였다. 긴 여정을 마치고 그리스로 돌아온 헤라클레스는 황소들을 에우리스테우스에게 인계했다. 황소들은 모두 헤라여신에게 제물로 바쳐졌다.

열한 번째 임무는 히스페리데스Hesperides 정원의 황금사과를 가져오는 일이었다. 히스페리데스는 '석양의 요정들'이다. 헤라는 가이아로부터 결혼 선물로 받은 황금사과를 아틀라스 산맥 근처에 있는 자신의 정원에 심었다. 그리고 히스페리데스와 용에게 시켜 사과나무를 지키게 했다. 그런데 이 정원에는 오직 거인 아틀라스만이 들어갈 수 있었다. 그는 프로메테우스의 형제이다. 티탄 신족과 올림포스 신들의 전쟁에서 티탄 신족 편에 섰다가 어깨로 하늘을 떠받치는 형벌을 받고 있었다. 헤라클레스는 그에게 황금사과를 따달라고 부탁했다. 아틀라스는 자기 대신 하늘을 떠받치고 있으면 사과를 따다 주겠다고 했다. 이렇게 해서 헤라클레스는 아틀라스 대신 하늘을 떠받치고 있었다. 그런데 사과를 따서 가져온 아틀라스는 마음이 변해 자기가 직접 사과를 에우리스테우스에게 가져다주겠다고 제안했다. 헤라클레스는 좋다고 하면서 그 대신 어깨에 쿠션을 놓을 동안 잠시만 하늘을 들고 있으라고 했다. 아틀라스가 하늘을 받아 든 순간 사과를 챙긴 헤라클레스는 그대로 줄행랑을 놓았다.

헤라클레스는 에우리스테우스에게 황금사과를 가져다주었다. 그는 사과를 들고 어찌할 줄 모르다가 헤라클레스에게 돌려주었다. 헤라클레스는 황금의 사과를 아테나 여신에게 바쳤고, 여신은 그것을 다시 헤스페리데스 정원에 가져다 놓았다.

마지막 **열두 번째 임무**는 지옥의 개 케르베로스Kerberos를 데려 오는 일이었다. 케르베로스는 저승의 왕 하데스의 왕국 입구를 지키는 공포의 수문장이다. 머리가 셋 달린 거대한 개의 모습을 하고 있다. 이 괴물은 저승을 탈출하려는 영혼들을 날카로운 이빨로 사정없이 물어뜯어 잡아먹었다. 에우리스테우스는 이번에야 말로 헤라클레스를 끝장내고 싶었다.

> "헤라클레스가 아무리 강해도 저승에서 살아 돌아오지는 못할 것이다."

헤라클레스는 저승으로 내려가기 위해 엘레시우스의 비교秘教에 입문했다. 이 종교는 데메테르와 그의 딸 페르세포네에게 바치는 제의를 한밤중에, 관계자만 참여하여 비밀리에 거행되기 때문에 비교라고 불렀다. 로마 시대의 황제였던 아우구스투스Augustus와 클라디우스Claudius도 이 비교의 신자였다. 기독교가 로마의 국교로 지정된 후에는 사교로 낙인이 찍혀 역사 속으로 사라졌다.

헤라클레스는 엘레시우스 제의에 참여한 후 지옥의 문을 통해 지하세계로 내려갔다. 죽은 자들의 넋을 인도하는 헤르메스가 제우스의 명령에 따라 헤라클레스를 안내했다. 저승에서 그는 칼리돈kalydon의 영웅 멜레아그로스Meleagros를 만났다. 그는 자신의 여동생 데이아네이라Deianeira를 돌봐달라고 부탁했다. 헤라클레스는 지상으로 돌아가면 그녀와 결혼하겠다고 약속했다. 헤라클레스는 마침내 저승의 왕 하데스 앞에 섰다. 그는 하데스에게 케르베로스를 데려가겠다고 부탁했다.

"제압할 수 있으면 데려가도 좋다. 단 무기를 사용하지 말아야 한다."

헤라클레스는 거대한 괴물 개와 사투를 벌인 끝에 겨우 제압하는데 성공했다. 지상으로 올라가는 길에 그곳에 갇혀있는 테세우스를 발견하고 그를 구해주었다.

헤라클레스는 케르베로스를 데리고 에우리스테우스에게 갔다. 그는 무시무시한 괴물 개의 모습을 보고 공포에 사로잡혀 다시 데려가라고 사정했다. 헤라클레스는 케르베로스를 저승으로 돌려보냈다. 열두 가지 임무를 모두 완수한 헤라클레스는 드디어 자신의 죄를 씻어냈다.

헤라클레스의 죽음

헤라클레스는 멜레아그로스와 약속한 대로 그의 여동생 데이아네이라와 결혼했다. 그런데 우연한 사고로 아내의 친척을 죽이고 말았다. 헤라클레스는 어쩔 수 없이 살고 있던 칼리돈을 떠나 트라키스 Trachis로 이주하기로 했다. 트라키스로 가는 길에는 칼리돈 동쪽으로 흐르는 에베노스 강을 건너야만 했다. 강기슭에는 켄타우로스 종족인 네소스가 살고 있었다. 그는 강을 건너려는 여행자들을 건너편 산기슭까지 데려다주는 일을 했다. 네소스는 과거 폴로에 산에서 일족과 함께 헤라클레스를 공격했다가 모두 죽고, 유일하게 도망쳐서 살아남았던 자였다.

그 사실을 모른 채 헤라클레스는 네소스의 도움으로 아들과 함께

헤라클레스의 죽음
프란시스코 데 수르바란, 1634년

먼저 강을 건넜다. 데이아네이라는 강 건너편에서 네소스의 도움을 기
다리고 있었다. 네소스에게 일족의 복수를 할 절호의 기회였다. 네소
스는 강을 건너자마자 데이아네이라를 겁탈하려고 했다. 그 모습을 본
헤라클레스는 강 건너편의 네소스를 향해 히드라의 독이 묻은 화살을
쏘았다. 헤라클레스의 활 솜씨는 백발백중이었다. 화살은 정확하게 네
소스의 몸을 꿰뚫었다.

　네소스는 숨을 거두기 전 데이아네이라에게 자신의 피를 병에 담아
두었다가 훗날 사랑의 미약으로 쓰라고 말했다. 순진한 그녀는 그 말을
믿고 남편의 사랑이 식을 경우에 대비하여 네소스의 피를 조금 거두어

두었다.

　몇 년 후, 테살리아에 정착한 헤라클레스는 오이칼리아의 에우리토스 왕과 전쟁을 벌였다. 치열한 전투 끝에 승리한 헤라클레스는 에우리토스와 그의 아들을 모두 죽인 뒤 왕의 딸 이올레Iole를 포로로 잡아왔다. 아름다운 이올레의 등장에 위협을 느낀 데이아네이라는 질투심에 불탔다.

　헤라클레스는 전쟁에서 승리를 안겨준 제우스에게 감사의 제사를 올리려고 했다. 오이타Oeta 산에서 제단을 쌓은 헤라클레스는 데이아네이라에게 전령을 보내 제사 때 입을 예복을 보내달라고 했다. 데이아네이라는 문득 네소스의 말이 생각났다. 남편의 옷에 사랑의 미약이라고 믿었던 네소스의 피를 발랐다.

　헤라클레스가 예복으로 갈아입자 독은 즉시 효과를 발휘했다. 네소스의 피는 사랑의 미약이 아니라 히드라의 독으로 가득 차 있었다. 불사의 몸을 지닌 헤라클레스도 온몸이 찢기는 극심한 고통을 견디어낼 재간이 없었다.

　고통을 견디지 못한 헤라클레스는 불타는 장작더미 속에 스스로 몸을 던져 죽음을 맞았다. 남편을 죽음에 이르게 한 죄책감에 데이아네이라는 스스로 목숨을 끊었다.

　제우스는 헤라클레스의 영혼을 거두어 올림포스로 데리고 갔다. 그곳에서 헤라클레스는 불멸의 어머니 헤라의 품에서 다시 태어나는 의식을 치른 후 드디어 헤라와 화해했다. 헤라는 자신의 딸이자 청춘의 여신인 헤베Hebe와 헤라클레스를 결혼시켰다.

페르세우스와
메두사

아르고스의 왕 아크리시오스Akrisios는 끔찍한 신탁을 받았다. 자신의 딸 다나에Danae가 낳은 사내아이에게 죽임을 당할 것이라고 했다. 그는 예언이 실현될 것을 두려워하여 딸을 청동 탑에 가두고 외부와 차단시켰다. 그것으로 인간의 접근은 막았지만 신의 접근까지 막아내지는 못했다. 더구나 상대는 신들의 왕 제우스였다. 평소 다나에를 마음에 두고 있던 제우스는 황금의 비가 되어 다나에의 무릎사이로 흘러들었고, 이렇게 해서 잉태된 것이 페르세우스다.

다나에는 아버지의 눈을 피해 출산을 한 뒤 몰래 아이를 키웠다. 그러나 오래지 않아 발각되고 말았다. 아크리시오스는 딸과 손자를 궤짝에 넣어 바다에 떠내려 보냈다.

궤짝은 바다를 표류하다가 에게해의 그리스에 있는 섬 세리포스

Serifos에 이르러, 어부 딕티스Dictys에게 구조되었다. 그러나 세리포스 섬의 왕인 폴리덱테스Polydectes가 다나에의 아름다움에 반해 그녀를 유혹하려 들었다. 하지만 다나에는 그의 구애를 거절했다. 건장한 청년으로 성장한 페르세우스는 왕에게 방해가 되는 존재였다.

어느 날, 폴리덱테스는 섬의 귀족들과 페르세우스를 초대하여 연회를 열었다. 귀족들이 말을 한필씩 선물로 가져와 바쳤으나 페르세우스는 빈손이었다. 폴리덱테스는 그동안 보살펴준 은혜를 보답해야 하지 않느냐고 부추겼다. 페르세우스는 마음 같아서는 고르곤Gorgon의 목이라도 바치고 싶다며 인사치례를 했다. 그러자 폴리덱테스는 속으로 쾌재를 불렀다. 그는 페르세우스를 사지로 몰아넣기 위해 고르곤의 목을 가져오라고 명령했다.

고르곤은 원래 아름다운 세 명의 자매였다. 맏언니는 스텐노Stheno, 둘째는 에우리알레Euryale, 막내가 메두사Medusa였다. 셋 가운데 두 명은 불사의 몸이었고, 막내인 메두사만이 인간이었다. 이 세 자매는 자신들의 외모에 대한 자부심이 지나쳤고, 위대한 신들과 비교해도 더 낫다고 자랑하기에 이르렀다. 그녀들은 서서히 신들의 눈 밖에 나기 시작했다. 그런데 더 큰 문제가 발생했다. 메두사가 포세이돈과 함께 하필이면 아테나의 신전에서 사랑을 나눈 것이다. 이 일로 아테나는 크게 분노했다. 그녀는 고르곤 자매의 외모를 모두 추악한 괴물의 모습으로 바꾸었다. 머리카락은 흉물스럽게 뱀으로 바뀌었으며, 몸은 용의 비늘로 뒤덮였고, 입에는 멧돼지의 어금니가 자라났다. 청동의 손에는 칼날처럼 날카로운 손톱이 길게 자라났고, 등에는 날개가 달려 하늘을 날았다. 게다가 고르곤 자매의 눈과 마주치면 누구나 돌로 변했다.

페르세우스는 인사치레로 던진 말이 족쇄가 되어 돌아오자 자신의 경솔함을 자책했다. 하지만 후회해도 소용이 없었다. 일은 저질러졌고, 이제 수습할 일만 남았다. 페르세우스가 머리를 싸매고 고민할 때 그의 앞에 두 명의 신이 나타났다. 아테나 여신과 헤르메스 신이었다.

헤르메스는 하늘을 나는 샌들과 무엇이든지 자를 수 있는 예리한 날이 달린 낫을 빌려주었다. 또한, 머리에 쓰면 투명인간이 되는 하데스의 투구를 빌려와 건네주었다.

아테나 여신은 페르세우스를 그라이아이Graiai 세 자매에게 데려다주었다. 그라이아이는 고르곤 세 자매와 부모가 같았다. 그녀들만이 유일하게 고르곤 자매가 사는 곳을 알고 있었다.

그라이아이는 태어날 때부터 추한 노파의 모습인 불길한 요정으로, 하나의 이빨과 하나의 눈을 서로 번갈아 가며 공유하고 있었다. 페르세우스는 그녀들의 눈을 빼앗은 뒤 고르곤 자매가 사는 곳으로 가는 길을 알려달라고 협박했다. 또한, 메두사의 머리를 담아올 키비시스라는 자루를 가진 요정들의 거처도 알아냈다. 페르세우스는 요정들을 찾아가 메두사를 잘라낸 목을 넣을 자루(키비시스)를 빌렸다. 아테나는 거울처럼 맑게 광을 낸 방패를 빌려주었다.

페르세우스는 고르곤 자매들이 사는 곳으로 가서 밤이 되기를 기다렸다. 이윽고 고르곤 자매들이 잠들자 방패에 비친 메두사의 모습을 보

메두사의 머리를 보여주는 페르세우스와 아테나
장 마크 나티에, 1718년

며 조심스럽게 다가갔다. 페르세우스는 헤르메스가 빌려준 낫으로 재빨리 메두사의 머리를 잘라 주머니에 넣었다.

메두사가 흘린 피에서 하늘을 나는 페가수스Pegasus라는 날개달린 말과, 황금 검을 손에 든 용사 크리사오르Chrysaor가 튀어나왔다. 이들은 포세이돈과 메두사의 자식이었다.

메두사의 두 자매는 잠에서 깨어나 처참하게 머리가 잘린 동생을 발견했다. 그들은 울부짖으며 하늘을 날아 범인을 찾아 헤맸다. 그러나 마법의 투구를 쓰고 모습을 숨긴 페르세우스를 잡을 수 없었다.

카시오페이아와 안드로메다

카시오페이아Cassiopeia는 에티오피아의 왕비였다. 그녀는 자신의 아름다움에 대한 자부심이 무척 강했다. 항상 남들 앞에서 자신의 아름다움을 자랑했고, 심지어 바다에 사는 네레이데스Nereides(바다의 요정들) 보다 자신이 더 아름답다고 큰소리쳤다.

이 이야기는 소문을 타고 네레이데스들의 귀에 들어갔다. 그녀들은 카시오페이아의 오만함을 바다의 신 포세이돈의 부인인 암피트리테Amphitrite에게 고발했다. 암피트리테는 남편인 포세이돈에게 카시오페이아를 혼내 줄 것을 요청했다. 포세이돈은 바다 괴물을 에티오피아 해안으로 보냈다. 괴물은 해안의 마을을 쑥대밭으로 만들고 사람들을 잡아먹었다. 어부들은 두려워서 고기잡이에 나서지 못했다.

에티오피아Cepheus의 왕 케페우스는 바다 괴물의 문제로 신탁을 구했다. 그 결과 카시오페이아의 오만함 때문에 괴물이 나타났으며, 외동딸 안드로메다Andromeda를 괴물에게 바쳐야 신의 분노가 가라앉을 것이라는 대답을 들었다.

케페우스는 아내의 잘못으로 딸을 괴물에게 바쳐야 한다는 사실에 분노가 폭발했다. 그는 의자에 앉아있던 카시오페이아를 그대로 바다에 던져버렸다. 카시오페이아는 그 모습 그대로 하늘에 올라가 별자리가 되었다.

케페우스는 백성들의 피해가 갈수록 심해지자 어쩔 수 없이 안드로메다를 제물로 바치기로 했다. 그는 눈물을 흘리며 딸을 바위에 묶었다. 잠시 후 벌어질 끔찍한 광경을 상상하며 사람들이 두려움에 떨고

안드로메다를 풀어주는 페르세우스
페테르 파울 루벤스, 1620~1622년

있을 때 마침 페르세우스가 이곳을 지나가고 있었다.

자초지종을 알게 된 페르세우스는 케페우스에게 괴물을 처치할 테니 안드로메다와 결혼하게 해달라고 제안했다. 괴물로부터 딸의 목숨을 구할 수 있다는 생각에 케페우스는 기쁜 마음으로 승낙했다. 잠시 후 바다가 소용돌이치더니 그 가운데서 끔찍한 형상의 거대한 괴물이 솟구쳐 올라왔다.

페르세우스는 재빨리 괴물 곁으로 다가가서 칼을 뽑아 괴물의 목을 찔렀다. 괴물이 크게 울부짖으며 페르세우스를 삼키려고 달려들자, 페르세우스는 재빨리 자루에서 메두사의 머리를 꺼내 괴물을 향해 내밀었다. 그 순간 바다 괴물은 머리부터 딱딱하게 굳어지더니 마지막엔 몸

전체가 바위로 변했다. 페르세우스는 안드로메다를 구출해서 왕궁으로 데리고 돌아왔다.

그러자 안드로메다의 약혼자였던 피네우스가 둘의 결혼에 반발하며, 무리를 이끌고 페르세우스를 죽이기 위해 덤벼들었다. 페르세우스는 자신을 믿는 사람들은 모두 눈을 감으라고 크게 외친 후 자루에서 메두사의 머리를 꺼내들었다. 그러자 페르세우스를 공격하던 적들은 모두 그 자리에서 돌로 변했다.

페르세우스는 안드로메다를 데리고 세리포스 섬을 향해 발걸음을 재촉했다. 카시오페이아의 오만함은 딸을 바다 괴물의 제물로 바치게 했지만, 결과적으로 페르세우스와 같은 영웅을 사위로 얻게 했다.

안드로메다와 함께 집으로 돌아온 페르세우스는 자신의 어머니를 괴롭히는 폴리덱테스 왕과 그의 일당을 메두사의 머리로 모두 돌로 만들어 버렸다. 복수에 성공한 페르세우스는 메두사를 퇴치하기 위해 빌렸던 도구들을 모두 헤르메스에게 돌려주었다. 메두사의 머리는 아테나 여신에게 바쳤는데, 아테나는 메두사의 머리를 자신의 방패 중앙에 장식했다.

페르세우스는 어머니와 아내를 데리고 세리포스를 떠나 고향인 아르고스로 돌아왔다. 그의 외할아버지 아크로시오스는 과거에 받았던 신탁을 떠올리며 몸을 피했다.

어느 날 페르세우스는 테살리아 라리사 지방으로 가서 그 나라 왕의 죽음을 기리기 위한 5종 경기에 참가했다. 원반던지기 시합에 출전한 페르세우스는 젖 먹던 힘까지 다해 원반을 던졌다. 날아가던 원반은 갑자기 관중석을 향해 방향을 바꾸더니, 이 경기를 관람하던 아크리시오스의 머리를 강타했다. 결국 외손자가 할아버지를 죽일 것이라는 신탁은 그대로 실현되었다. 페르세우스는 자신의 실수로 외할아버지를 숨지게 한 죄책감에 아르고스의 왕위를 물려받지 않았다. 이후 티린스로 가서 그곳의 왕이 된 페르세우스는 헤라클레스 등 많은 영웅들의 선조가 되었다.

다이달로스와
이카로스

    다이달로스Daedalus는 손재주가 뛰어났다. 그는 마음만 먹으면 무엇이든 만들 수 있다고 소문난 그리스 최고의 기술자였다. 그의 솜씨는 대장간의 신 헤파이스토스와 비견될 정도였다. 다이달로스는 조카인 페르딕스Perdix를 제자로 삼아 그에게 건축과 조각의 기술을 가르쳤다. 그런데 페르딕스는 재능이 뛰어나 스승인 다이달로스의 수준을 넘어서기 시작했다. 자존심이 강한 다이달로스는 조카이자 제자인 페르딕스에게 주체할 수 없는 질투심을 느꼈다.

    급기야 질투에 눈이 먼 다이달로스는 페르딕스를 아크로폴리스 언덕으로 유인하여 언덕 꼭대기에서 아래로 떠밀어 살해했다. 자신의 범행이 밝혀질 것을 두려워한 다이달로스는 아들인 이카로스를 데리고 크레타Creta 섬으로 도망쳤다.

크레타 섬으로 간 다이달로스는 미노스 왕으로부터 극진한 환대를 받았다. 당시 크레타에는 소를 숭배하는 문화가 있었다. 형제 중 둘째로 태어난 미노스 왕은 바다의 신 포세이돈이 흰 황소를 보내준 덕분에 왕위에 오를 수 있었다. 그는 계율에 따라 흰 황소를 포세이돈에게 마땅히 제물로 바쳐야했지만, 그 소가 탐이 나서 차일피일 미루었다. 이에 화가 난 포세이돈은 미노스왕의 왕비인 파시파에Pasiphae와 흰 황소가 사랑에 빠지도록 만들었다. 다이달로스는 왕비의 요청에 따라 가짜 암소를 만들어주었고, 왕비는 그 안에 들어가 황소와 교접했다. 이 비정상적인 교접으로 그녀는 황소 머리에 인간의 몸을 한 반인반수의 미노타우로스를 낳았다. 미노타우로스는 어렸을 때는 파시파에가 양육하였으나 성장할수록 점점 난폭해져 감당할 수 없는 수준이 되었다. 미노스는 왕가의 수치인 이 괴물을 처치하기 위해 아무도 빠져나올 수 없는 미궁 라비린토스Labyrinthos를 만들게 했고, 그 중앙에 미노타우로스를 가두어 버렸다.

그런데 아테나의 왕자 테세우스가 미노타우로스를 죽이고, 미노스의 딸 아리아드네의 도움으로 미궁을 빠져나오는 사건이 발생했다. 그 사실을 알게 된 미노스는 크게 노하여 딸을 찾았으나, 아리아드네는 이미 테세우스를 따라 크레타 섬을 떠나고 없었다. 그러자 미노스의 분노는 다이달로스에게 향했다. 미노스는 다이달로스와 그의 아들 이카로스를 미궁에 가둬 버렸다. 자신이 만든 미궁에 갇혀버린 다이달로스는 하늘을 날아 탈출할 계획을 세우고 그때부터 새의 깃털을 모으기 시작했다.

이카로스의 추락
제이콥 피터 고위, 1635~1637년

새의 깃털이 충분히 모아지자 다이달로스는 밀랍으로 새의 깃털을
이어 붙여 큰 날개를 만들었다. 두 쌍의 날개가 완성되자 다이달로스는
이카로스에게 주의를 주었다.

"너무 높게 날면 태양의 열기에 밀랍이 녹을 것이고, 너무 낮게 날
면 바다의 습기 때문에 날개가 무거워져 추락할 수 있으니 조심해라."

222

다이달로스와 이카로스는 함께 하늘로 날아 올라갔다. 처음에 어색하던 날갯짓도 시간이 지나자 안정감 있게 비행하기 시작했다. 두 사람이 이오니아해 위를 비행할 무렵, 이카로스의 마음에 더 높이 날고 싶다는 욕망이 솟구쳤다. 그는 조심스럽게 날갯짓을 하며 높이 날아올랐다. 그런데 높이 날면 날수록 점점 더 높이 날아오르고 싶은 충동이 솟구쳤다.

이카로스는 증폭되는 희열감에 전율을 느끼며, 아버지의 주의도 잊은 채 점점 더 높이 날아올랐다. 그러자 이카로스의 머리 위로 뜨거운 열기가 쏟아져 내리더니 순식간에 밀랍을 녹여버렸다. 날개의 깃털이 바람에 날려 흩어져 이카로스는 균형을 잃고 바다 위로 추락하고 말았다. 다이달로스는 이카로스를 부르며 바다 위를 맴돌았지만 아들의 모습은 그 어디에서도 찾을 수 없었다. 그 후 사람들은 이카로스가 떨어져 죽은 바다를 '이카리아Icaria 해'라고 부르게 되었다.

테세우스의 모험

테세우스는 아테네Athens 왕가의 혈통을 이어받았다. 그의 아버지는 아테네의 왕 아이게우스Aigeus였고, 어머니는 트로이젠Troezen의 공주 아이트라Aithra였다.

아테네의 왕 아이게우스는 자식이 없었다. 반면 동생인 팔라스는 쉰 명의 자식을 두었다. 동생과 조카들은 자식이 없는 아이게우스에게 위협이 되고 있었다. 그들은 은근히 왕을 적대시하며 멸시했다.

아이게우스는 델포이로 가서 자신에게도 자손을 둘 희망이 있는지 묻고자 했다. 신탁의 예언은 모호했다. 아테네로 돌아갈 때까지 포도주 부대의 마개를 열지 말라고 했기 때문이다.

아이게우스는 아테네로 돌아가던 중에 작은 도시 트로이젠에 들렀다. 그곳의 왕 핏테우스는 현명한 통치자였으며 유명한 예언자였다.

또한 아이게우스와 옛 친구이기도 했다.

핏테우스는 옛 친구를 환영하며 반갑게 맞아주었다. 두 사람은 오랜만에 회포를 풀며 담소를 나누었다. 아이게우스는 자신이 델포이에 간 목적과 신탁을 통해 받은 예언에 대해서 조언을 구했다. 그런데 아이게우스가 방문하기 전 핏테우스는 이상한 계시를 받았었다. 딸의 결혼이 칭찬받을 결혼은 아니지만 장차 훌륭한 영웅을 낳게 된다는 것이었다. 핏테우스는 아이게우스가 받은 신탁과 자신이 받은 계시의 의미를 깨달았다.

핏테우스는 이미 아내가 있는 아이게우스와 자신의 딸 아이트라를 몰래 결혼시켰다. 이 결혼은 칭찬받을 일이 아니었지만 그는 신의 뜻을 받들었다. 그러나 아이게우스는 트로이젠에 오래 머무를 수 없었다. 그의 동생과 조카들이 호시탐탐 자신의 왕위를 노렸기 때문이다. 며칠 후, 해안가에서 새로 맞은 아내와 이별하면서 아이게우스는 자신의 샌들과 칼을 커다란 바위 밑에 숨겨두었다.

"신들께서 만약 우리를 축복하여 아들을 주신다면 그 아이를 몰래 키우고, 내가 아이의 아버지라는 것도 비밀로 해 주시오. 아들이 장성하면 이 바위 밑에 숨겨놓은 칼과 샌들을 꺼내게 하고 아테네에 있는 나를 찾아오게 하시오."

아이게우스가 떠난 후 아이트라는 임신 사실을 알았고, 달이 차서 아들을 낳았다. 아이트라는 아이의 이름을 테세우스Theseus라고 지었다. 그 이름은 '땅 위에 놓은 자'라는 뜻이었다.

테세우스는 어려서부터 외할아버지로부터 훌륭한 교육을 받으며 자랐다. 아이의 출생에 관해서는 비밀에 부쳤다. 하지만 테세우스가 포세이돈의 아들이라는 소문이 도시에 돌기 시작했다. 이 소문은 외할아버지 핏테우스가 테세우스의 출생에 대한 구설수를 방지하기 위해서 퍼트린 것이었다. 트로이젠 사람들은 바다의 신 포세이돈을 도시의 수호신으로 섬기고 있었다. 그들은 해마다 포세이돈에게 제물을 바쳤고, 포세이돈의 삼지창을 트로이젠의 문장으로 삼았다. 왕의 딸이 자신들이 섬기는 신과의 사이에서 아들을 낳았다고 해서 감히 시비를 걸 사람은 없었기 때문이다. 이렇게 해서 테세우스의 출생에 대한 비밀은 지켜졌고, 구설수에 오를 일도 없었다.

세월이 흘러 테세우스는 씩씩한 청년으로 성장했다. 그의 어머니 아이트라는 테세우스를 해안가 바위 밑으로 데려가서 출생의 비밀을 알려주었다. 테세우스는 바위를 밀어내고 칼과 샌들을 꺼낸 후 아테네로 떠날 준비를 했다. 외할아버지와 어머니가 안전하고 빠른 뱃길로 갈 것을 권유했지만 테세우스는 육로를 선택했다. 당시 트로이젠을 출발하여 코린토스를 지나 아테네로 가는 육로는 매우 위험했다. 곳곳에 도적과 강도가 출몰하여 지나가는 여행자들을 약탈하고 목숨을 위협했다. 그들은 잔인하기로 소문났다. 아이트라는 육로를 고집하는 아들을 만류했으나 소용없었다.

테세우스는 내심 자신이 존경하는 헤라클레스와 같은 무용담을 만들고 싶어 했다. 테세우스가 일곱 살 때였다. 헤라클레스가 외할아버지 핏테우스의 손님으로 왔다. 이때 헤라클레스는 사자 가죽옷을 벗어 바닥에 놓았는데 아이들은 진짜 사자인 줄 알고 놀라서 모두 도망쳤다.

226

하지만 테세우스만은 도끼를 들고 사자 가죽을 향해 달려갔다고 한다. 이후 영웅 헤라클레스는 테세우스의 롤 모델이 되었다. 그는 헤라클레스처럼 아테네로 가는 길에 만나는 악당들을 모두 처치하기로 마음 먹었다.

테세우스는 의술의 신 아스클레피오스의 성지인 에피다우로스를 지나다가 그곳에서 페리페데스와 마주쳤다. 헤파이스토스의 아들인 그는 지나가던 행인을 약탈하고 몽둥이로 때려죽여 '몽둥이를 휘두르는 자'라는 별명을 가진 살인마였다. 테세우스는 페리페데스Periphetes를 죽이고 그의 몽둥이를 전리품으로 챙겼다. 그 후 몽둥이는 테세우스의 상징이 되었다.

테세우스가 두 번째 만난 악당은 시니스Sinis라는 자였다. 그는 지나가는 사람을 두 그루의 소나무 가지에 묶어 놓고, 소나무들을 구부렸다가 놓아 사람의 사지가 찢어져 죽게 하거나 땅에 처박혀 죽게 만들었다. 테세우스는 시니스를 붙잡아 그가 다른 피해자들에게 한 짓을 그대로 돌려줬다. 시니스는 구부린 소나무의 반동으로 하늘 높이 올라갔다가 땅으로 떨어져 즉사했다.

테세우스가 세 번째 만난 것은 괴물 티폰의 자식인 크롬미온의 암돼지였다. 이 돼지는 인근에서 사람을 잡아먹는 식인 돼지로 사람들에게 공포의 대상이었다. 테세우스는 그 괴물을 찾아내 죽였다.

테세우스의 다음 표적은 스키론Skiron이라는 악당이었다. 그는 벼랑 끝의 좁은 길에서 나그네를 기다렸다가, 바다가 보이는 바위에 앉아 자신의 발을 씻기게 했다. 발을 씻는 일이 끝나면 나그네를 발로 차서 바다로 떨어지게 하여, 해안에 사는 큰 거북의 밥이 되게 했다. 테세우스는 일부러 스키론에게 붙잡혀 발을 씻어 주는 척하다가 그를 바다에 던져 거북의 밥이 되게 했다. 테세우스는 악당들에게 피해자들이 당한 고통을 그대로 돌려주는 방법으로 응징했다.

테세우스가 아테네와 가까운 지역에 이르렀을 때 엘레우시스의 왕 키르케온을 만났다. 그는 지나가는 나그네와 레슬링 시합을 해서 진 사람을 참혹하게 죽였다. 테세우스는 키르케온과 레슬링 시합을 해서 승리한 후 키르케온이 피해자들에게 했던 방법대로 그를 죽였다.

테세우스가 아테네로 가는 여정에서 마지막으로 만난 악당은 프로크루스테스Procrustes였다. 그는 여인숙을 운영하고 있었다. 자기 집에 찾아온 손님을 침대에 눕히고, 침대보다 키가 크면 다리나 머리를 자르고 키가 작으면 사지를 잡아늘려서 죽였다. 테세우스는 프로크루스테스를 제압하여 침대에 눕히고, 그가 정한 규칙을 적용해 머리를 잘라 죽였다.

테세우스는 드디어 아테네에 입성했다. 그의 무용담은 이미 성안에 퍼져있었고, 아이게우스 왕의 아내인 메데이아Media는 테세우스가 큰 위험이 되리라는 사실을 예감했다. 그녀는 아이게우스 왕에게 테세우스를 연회에 초대하여 독살하자고 설득했다. 드디어 연회가 열리고, 초대된 테세우스는 독이 든 술잔을 집어 들었다. 그 순간 아이게우스 왕은 테세우스가 차고 있는 칼을 보고 그가 자신의 아들임을 알아차렸다.

아이게우스 왕은 테세우스가 마시려던 독이 든 잔을 깨뜨려 자신의 아들을 독살의 위험에서 구해냈다. 그리고 자신의 아들을 독살하려했

아버지의 검과 신발을 찾은 테세우스
로랑 드 라 이르, 1635~1636년경

다는 이유로 메데이아를 추방했다.

테세우스가 아테네의 왕자가 되었을 때 크레타에서 특사가 찾아왔다. 그들은 아테네에 조공을 바치라고 강요했다. 당시 아테네는 크레타와의 전쟁에 패하여 매년 일곱 명의 청년과 일곱 명의 처녀를 조공으로 바쳐야했다. 그들은 괴물 미노타우로스Minotauros의 먹이로 바쳐졌다.

테세우스는 조국을 이 무거운 멍에로부터 구하기 위해 괴물 미노타우로스를 처치하기로 마음먹었다. 그는 제물로 바쳐진 젊은이들의 틈에 섞여 크레타로 갔다.

'미노스의 황소'라는 뜻의 미노타우로스는 미노스 왕의 아내 파시파에와 포세이돈이 보낸 황소 사이에서 태어났다. 이 괴물은 다이달로스가 만든 라비린토스Labyrinthos라는 미로에 갇혀있었다. 이 미로는 너무 복잡해서 한 번 들어가면 빠져나올 수 없는 곳이었다.

아프로디테 여신은 미노스 왕의 딸 아리아드네에게 사랑의 감정을 불어 넣어 테세우스를 돕게 했다. 그녀의 도움으로 테세우스는 괴물 미노타우로스를 해치우고 무사히 귀환할 수 있었다.

아테네로 돌아온 테세우스는 아버지가 죽었다는 비보를 접했다. 테세우스가 죽은 줄 알고 절망한 아이게우스 왕이 스스로 바다에 몸을 던져 목숨을 끊었다는 것이다. 테세우스는 비통한 심정을 안고 아버지의 장례를 치렀다.

아테네의 왕이 된 테세우스는 평소 자신의 우상이던 헤라클레스가 아마존의 여왕 히폴리테Hippolyte의 허리띠를 가지러 간다는 소식을 들었다. 그는 헤라클레스를 돕기 위해 아마존으로 가는 길에 동행했다. 헤라클레스가 여왕의 허리띠를 손에 넣고 돌아올 때, 테세우스는 여왕

미노타우로스와 싸우는 테세우스
그리스 도기화중, 프라도 미술관

의 동생 안티오페를 포로로 잡아 아테네로 데려왔다. 테세우스는 그녀
와의 사이에서 아들 히폴리토스Hippolytos를 얻었다. 하지만 아마존의
여전사들이 복수를 위해 아테네로 쳐들어왔을 때 안티오페는 목숨을
잃고 말았다.

테세우스는 미노스 왕의 딸이자 아리아드네의 여동생인 파이드라
와 재혼했다. 두 사람은 행복하게 살았지만 문제가 생겼다. 히플리토
스가 아르테미스의 추종자가 되면서 테세우스의 수호신인 아프로디테
의 분노를 샀다. 아프로디테는 파이드라에게 의붓아들인 히플리토스
를 사랑하도록 만들었다. 히플리토스는 파이드라의 사랑을 거부했고,
수치심을 느낀 파이드라는 히플리토스가 자신을 겁탈하려 했다며 모
함했다. 분노한 테세우스는 아들에게 자초지종을 묻지도 않고 포세이

돈에게 아들을 죽여 달라고 간청했다. 포세이돈은 테세우스의 청을 받아들여 때마침 바닷가에서 전차를 몰던 히폴리토스에게 바다 괴물을 보냈다. 괴물의 출현에 놀란 말들이 날뛰었고, 그 바람에 전차에서 떨어진 히폴리토스는 바위에 머리를 부딪쳐 죽고 말았다.

그 소식을 들은 파이드라는 양심의 가책을 느껴 스스로 목숨을 끊었고, 테세우스는 졸지에 아들과 아내를 모두 잃고 말았다.

테세우스는 라피테스Lapithes족의 영웅 페이리토오스Peirithous와 서로 변치 않는 우정을 맺었다. 그들은 모두 혼자였고, 서로 도와서 마음에 드는 아내를 얻기로 약속했다. 당시 스파르타의 공주 헬레네는 세상에서 가장 아름다운 여인으로 소문이 자자했다. 두 사람은 그녀를 납치하기로 뜻을 모았다. 그들은 함께 스파르타로 가서 헬레네를 유괴했다. 이때 헬레네는 겨우 열두 살에 불과했다. 테세우스와 페이리토오스는 헬레네를 두고 제비뽑기를 했다. 헬레네는 테세우스의 차지가 되었다. 테세우스는 헬레네가 결혼할 수 있는 나이가 될 때까지 기다리기로 하고, 자신의 어머니 아이트라에게 맡겼다.

이제 페이리토오스의 아내감을 고를 차례였다. 페이리토오스는 대범하게도 저승의 왕비인 페르세포네를 아내로 삼고 싶어 했다. 두 사람은 저승세계로 내려갔고, 하데스는 두 사람이 찾아온 목적을 이미 간파했다. 하데스는 두 사람을 환영하면서 의자에 앉도록 권했다. 그 의자는 망각의 의자였고, 두 사람은 의자에 앉자마자 기억을 모두 잃어버렸다.

이후 케르베로스를 데리러 온 헤라클레스에게 테세우스는 구출되었으나, 페이리토오스는 그대로 저승에 남겨졌다. 테세우스가 저승세계에 잡혀있는 동안 스파르타 군대가 아테네로 쳐들어 와서 헬레네를 데리고 갔다. 이 전쟁으로 아테네는 큰 피해를 입었다. 한편 테세우스의 친척인 메네스테우스Menestheus는 왕위를 가로채고, 민중을 선동하여 테세우스에 대한 여론을 악화시켰다. 저승에서 돌아온 테세우스는 자신의 왕위를 되찾으려 했으나 민심은 이미 그의 편이 아니었다. 아테네인들은 오히려 그를 추방했다. 추방당한 테세우스는 스키로스Skíros 섬으로 갔으나, 그곳의 왕은 테세우스가 자신의 왕권에 위협이 된다고 여겨 그를 살해했다.

이아손과
아르고 호 원정대

아르고 호 원정대는 황금 양털을 빼앗기 위해 바다 멀리 저편으로 떠나는 영웅들의 모험 이야기다. 이 모험의 주인공인 이아손Iason은 아버지가 계승해야 할 왕위를 숙부인 펠리아스Pelias에게 빼앗긴 상태였다.

이아손이 태어났을 때 그의 부모인 아이손Aison과 알키메데 Alcimede는 펠리아스에게 목숨의 위협을 받고 있었다. 이아손의 어머니 알키메데는 아들이 태어나자 출산한 사실을 숨기고 몰래 켄타우로스의 현자인 케이론Chiron에게 맡겼다. 이아손은 수많은 영웅을 길러낸 케이론의 훌륭한 교육을 받으며 무럭무럭 성장했다.

한편 펠리아스는 이해하기 어려운 신탁을 받고 고민에 빠졌다. 신탁은 그에게 신발을 한 짝만 신은 사람을 조심하라고 경고했기 때문이다. 그는 이 예언의 뜻을 해석하려고 시도했으나 허사였다.

스무 살이 된 이아손은 펠리아스에게 빼앗긴 아버지의 왕권을 되찾기 위해 이올코스로 몰래 떠났다. 길을 가는 도중에 폭이 넓은 강을 만나 건너려고 할 때 한 노파가 도움을 요청했다. 이 노파는 펠리아스를 미워하는 신들의 어머니 헤라 여신이었다. 하지만 그는 여신을 알아보지 못하고 그저 불쌍한 노파로 생각했다. 노파로 변장한 헤라 여신을 업고 강을 건너던 이아손은 신발 한 짝을 물에 빠트렸다. 한쪽 신발만 신은 채 여행을 계속한 이아손은 마침내 이올코스에 도착했다. 이때 펠리아스 왕은 백성들과 함께 바다의 신 포세이돈에게 제사를 올리고 있었다. 사람들은 이아손의 뛰어난 용모와 위엄에 놀랐다. 그들은 신이 인간의 모습으로 나타난 것이 아닌지 의심하며 수군거렸다.

제물을 바치던 왕의 시선도 이아손에게 향했다. 그 역시 갑자기 나타난 젊은이의 용모에 감탄했다. 그런데 펠리아스는 이아손이 신발을 한 짝만 신은 것을 보고 깜짝 놀랐다. 신탁이 생각났기 때문이다. 펠리아스는 놀란 가슴을 누르고 젊은이에게 다가가 이름과 고향을 물었다. 이아손은 자기는 아이손의 아들이며 숙부로부터 아버지의 왕좌를 돌려받기 위해 왔다고 당당하게 밝혔다.

아르고 호 원정대

펠리아스는 이아손에게 왕위를 돌려주는 대신 조건을 내걸었다. 콜키스Kolkhis의 아이에테스Aeetes 왕에게 가서 황금 양털을 찾아오라는 것이었다. 그것은 아레스의 성스러운 숲속에 있는 떡갈나무에 걸려 있었다. 그리고 입에서 불을 뿜는 거대한 용이 밤낮으로 쉬지 않고 그 황금 양털을 지키고 있었다. 펠리아스는 위험하고 불가능한 조건을 내세워 이아손이 목숨을 잃게 만들 속셈이었다. 황금 양털에는 사연이 담겨있었다.

과거 보이오티아의 아타마스Athamas 왕과 그의 아내인 구름의 요정 네펠레Nephele 사이에서 프릭소스Phrixus와 헬레Helle 두 남매가 태어났다. 헤르메스는 네펠레에게 하늘을 나는 황금 양을 선물했다. 어느 날 아타마스는 테베의 왕 카드모스의 딸 이노Ino에게 반해 네펠레를 버리고 그녀를 두 번째 부인으로 삼았다. 헬레와 프릭소스는 계모에게 맡겨졌는데 이노는 남매를 눈엣가시처럼 여겼다. 그해 가뭄이 들어 농작물이 자라지 않고 백성들은 기근에 시달렸다. 이노는 아타마스에게 헬레와 프릭소스를 제물로 바치면 가뭄이 해결된다는 신탁을 받았다고 거짓말을 했다. 그 사실을 알게 된 네펠레는 남매가 도망칠 수 있도록 황금 양을 보냈다. 프릭소스와 헬레는 친어머니가 보내준 황금 양을 타고 바다를 향해 날아갔다. 그러나 하늘을 날아가던 중 헬레는 현기증으로 몸의 중심을 잃고 바다로 떨어져 그만 숨지고 말았다. 그 후 이 바다는 헬레의 이름을 따서 '헬레스폰토스(헬레의 바다)'라고 부르게 되었다.

프릭소스가 도착한 곳은 흑해 해안의 콜키스라는 나라였다. 그곳의 왕 아이에테스Aeetes는 프릭소스를 손님으로 따뜻하게 맞아주고 딸 칼키오페Chalciope와 짝을 맺어주었다. 프릭소스는 신들의 왕 제우스에게 양을 제물로 바치고, 황금 양털은 아이에테스 왕에게 선물로 주었다. 왕은 황금 양털을 아레스의 성스러운 숲에 있는 떡갈나무에 걸어두고, 잠자지 않는 거대한 용에게 지키게 했다. 왕의 생명은 황금 양털의 소유에 달렸다는 예언이 있었기 때문이었다. 이후 황금 양털에 관한 소문은 그리스 전역에 퍼졌고, 많은 군주와 영웅들이 이 황금 양털을 소유하고 싶어 했다.

이아손은 자신과 함께 황금 양털을 찾아 모험을 떠날 원정대를 모집했다. 이 원정대에 많은 영웅들이 참여했다. 원정 대장인 이아손과 배를 만든 아르고스, 아킬레우스의 아버지 펠레우스와 아이아스의 아버지 텔라몬, 테세우스와 오르페우스, 헤라클레스 등 오십여 명이 넘었다. 선장 아르고스가 아테나 여신의 도움을 받아 만든 배는 '아르고 호'라 불렸다.

원정대는 아폴론에게 제사를 올리고 항구를 출발했다. 그들의 첫 기착지는 렘노스Lemnos 섬이었다. 이 섬에는 여자들만 살았다. 그 이유는 이 섬의 여자들이 아프로디테를 섬기지 않았기 때문이었다. 화가 난 여신은 이 섬의 여자들에게서 고약한 냄새가 나게 했고, 남자들은 다른 여자들을 찾아 모두 섬을 떠났다. 남자들이 다시 돌아왔을 때 여자들은 그들을 모두 죽였다. 이후 섬에는 여자들만 살게 되었고, 그녀들의 몸에서 나던 악취는 사라졌다. 하지만 남자가 없어지자 아이도 생기지 않았고 섬의 미래는 불안했다. 이런 상황에서 원정대는 여자들로부터 대대적인 환영을 받았다. 대원들은 아이를 갖기 원하는 여자들과

아르고 호
로렌조 코스타, 1500년

잠자리를 함께 했고, 이아손도 섬의 여왕과 잠자리에 들었다.

　　렘노스Lemnos 섬을 떠난 원정대는 사모트라케를 지나고 '헬레스폰
토스'를 지났다. 헬레스폰토스는 '헬레의 바다' 즉 프릭소스와 함께 황
금 양을 타고 날아가다가 헬레가 떨어졌던 그 바다였다. 아르고 호는
헬레스폰토스 연안에 있는 키지코스 왕이 다스리는 나라에 이르렀다.
원정대는 이 나라에서 열흘 간 머무르며 키지코스 왕으로부터 융숭한
대접을 받았다.

아르고 호 원정대는 푸짐한 선물을 받아 싣고 키지코스 왕국을 떠나 바다로 나아갔다. 그러나 채 하루가 지나기도 전에 풍랑을 만나 뱃길을 잃어버리고 말았다. 헬레스폰토스를 벗어나지 못하고 표류하던 아르고스 호는 사흘 째 밤이 되어서야 한 무인도에 배를 정박할 수 있었다. 칠흑 같은 밤에 원정대는 해변에서 밤을 지낼 채비를 했다. 이들이 막 모닥불을 피웠을 때 갑자기 함성과 함께 어둠속에서 화살이 날아들었다. 곧 창검을 든 큰 무리가 원정대를 공격해왔다.

어둠속에서 벌어진 치열한 전투는 새벽녘이 되어서야 끝이 났다. 동이 트자 양쪽은 몹시 놀랐다. 원정대가 무인도라고 생각했던 곳은 자신들이 사흘 전에 떠났던 키지코스 왕국이었고, 자신들이 죽인 적은 키지코스 왕과 그의 병사들이었다. 키지코스 왕은 그들이 야습을 틈타 공격해온 해적인 줄 알고 공격했던 것이다. 오해가 빚은 참극이었다.

이아손은 키지코스 왕의 장례를 3일 동안 성대하게 치르며 애통해했고, 왕을 기념하는 운동 경기도 개최했다.

원정대는 다시 항해에 나섰고, 이번에는 미시아Mysia 연안에 도착했다. 원정대는 부족한 식수를 구할 목적이었으나 불행히도 그들이 정박한 땅에는 마을도 없고 사람도 살지 않는 곳이었다. 대원들은 항아리를 들고 숲속으로 샘을 찾아 나섰다. 이윽고 대원들이 하나둘 물 항아리를 들고 숲에서 걸어 나와 해변에 둘러앉았다. 그런데 아무리 기다려도 헤라클레스의 시동 힐라스Hylas가 돌아오지 않았다. 대원들은 숲속에 있는 샘을 모두 뒤져보기로 했다. 그들은 흩어져서 숲속을 샅샅이 뒤졌지만 끝내 힐라스를 찾지 못했다. 밤이 깊어지자 대원들은 모닥불을 피우고 잠자리에 들었다. 그러나 헤라클레스만은 횃불을 들고 수색을 계속했다.

이튿 날 아침, 헤라클레스는 이아손을 불러 작별을 고했다. 자신은 힐라스를 계속 찾아야하니 이아손에게 원정대를 이끌고 콜키스로 가라고 했다. 이아손은 함께 떠날 것을 설득했지만 헤라클레스의 결심은 확고했다.

아르고 호는 헤라클레스를 남겨두고 콜키스를 향해 출발했다. 원정대는 흑해 서해안에 이르러 사르미데소스의 왕이자 장님 예언자인 피네우스Phineus와 만났다. 포세이돈의 아들인 그는 입이 가벼워 신들의 뜻인 예언을 경솔하게 털어놓았다. 화가 난 신들은 그에게 저주를 내렸다. 이후 식사 때마다 괴물 새 하르피아Harpyia들이 날아와 음식을 탐욕스럽게 빼앗아 먹거나 배설물로 음식을 더럽혔다. 그는 식사를 못하고 굶주려 아사 직전에 놓여 있었다. 원정대는 피네우스에게 항로를 알려달라고 부탁했다. 피네우스는 하르피아들을 쫓아주면 가르쳐주겠다고 조건을 걸었다. 원정 대원 중 북풍의 아들인 쌍둥이 형제 칼라이스Calais와 제테스Zetes가 나섰다. 이들 형제는 등에 날개 달려서 하늘을 자유롭게 날았다. 그들은 괴물 새를 쫓아가 두 번 다시 왕을 괴롭히지 않겠다는 약속을 받아냈다. 만족한 피네우스는 아르고 호 원정대가 안전하게 항해하도록 방법을 일러 주었다. 덕분에 아르고 호는 여러 가지 난관을 극복하고 무사히 콜키스에 도착했다.

메데이아

이아손은 콜키스의 왕 아이에테스를 찾아갔다. 그리고 자신이 찾아오게 된 사정을 설명하고 황금 양털을 달라고 부탁했다. 왕은 거절하지는 않았지만 어려운 조건을 내세워 이아손을 난감하게 만들었다. 입에서 불을 내뿜는 황소 두 마리에게 멍에를 씌워 밭을 간 다음, 그 밭에 용의 이빨을 뿌리라고 했다. 거기서 용사들이 나오면 그들과 싸워 쓰러뜨려야 한다는 조건이었다. 아이에테스는 일단 불가능한 조건을 내걸어 이아손이 황금 양털을 포기하도록 만들고, 상황에 따라서는 죽일 생각을 했다.

올림포스에서 모든 상황을 내려다본 헤라는 아프로디테에게 아이에테스 왕의 딸 메데이아가 이아손을 열렬히 사랑하게 만들라고 부탁했다. 메데이아는 헤카테 신전의 여사제로 마법에 능했다. 아프로디테가 메데이아의 가슴에 사랑의 불길을 타오르게 하자, 그녀는 이아손에게 황금 양털을 얻도록 도와주겠다고 했다. 그리고 콜키스를 떠날 때 자신을 함께 데려가고, 이올코스에 도착하면 자신과 결혼해야 한다는 조건을 걸었다.

이아손이 메데이아와 결혼을 약속하자, 그녀는 불길에도 화상을 입지 않는 연고를 주어 몸에 바르게 했다. 또한, 용사들이 땅에서 솟아나면 밭에다 돌을 던지라고 일러주었다. 그렇게 하면 용의 이빨에서 태어난 용사들끼리 서로 싸우게 되고, 결국 모두 죽게 될 것이라고 했다.

다음 날 아침, 이아손은 아이에테스로부터 용의 이빨을 넘겨받고 아레스 신의 들판으로 나갔다. 그의 앞에는 황소들의 청동 멍에와 쇠로 만든 쟁기가 준비되어 있었다. 이아손은 방패와 창을 들고 황소들이 나타나기를 기다렸다. 마침내 지하 동굴에서 황소들이 튀어나왔다. 황소들은 입으로 시뻘건 화염을 뿜어내며 이아손을 향해 질주해왔다. 황소가 가까이 다가오자 엄청난 화력의 불길이 이아손을 집어삼켰다. 하지만 메데이아가 준 마법의 연고를 온몸에 바른 이아손은 그 불길 속에서 전혀 화상을 입지 않았다. 그는 황소의 뿔을 움켜잡고 청동 멍에와 쟁기가 있는 곳으로 끌고 가서, 소의 청동 다리를 걷어차 땅바닥에 주저 앉혔다. 뒤따라 온 황소도 같은 방법으로 땅에 주저앉혔다. 그리고 동료들의 도움을 받아 재빨리 황소들의 등에 멍에를 씌운 뒤 쟁기를 채웠다.

이아손은 불을 토해내는 황소들을 창으로 찌르며 강제로 쟁기를 끌게 했다. 쟁기가 지나간 자리에 땅이 깊게 파헤쳐져 고랑이 생기자 이아손은 용의 이빨을 뿌렸다. 해가 지기 전 황소들은 들판을 모두 갈았다. 황소들의 멍에와 쟁기를 풀어주자 소들은 넓은 들로 도망쳤다. 이윽고 밭고랑에서 무장한 용사들이 하나둘 솟아나기 시작했다. 그들은 대열을 이루더니 이아손을 향해 창을 겨누었다. 이아손은 재빨리 품속에 챙겨두었던 돌을 꺼내 밭에 던졌다. 그러자 신기하게도 그들은 갑자기 자기들끼리 서로 싸우기 시작했다. 죽고 죽이는 치열한 혈투는 마지막 한 명만 남기고 끝이 났다. 이아손은 재빨리 창으로 마지막 남은 용사의 목을 찔렀다. 그 용사가 쓰러져 죽자 갑자기 여기저기 쓰러져있던 용사들의 시체가 흔적도 없이 사라졌다.

아이에테스 왕은 당황했다. 이아손이 자신이 내건 과제를 수행하리라고는 전혀 예측하지 못했기 때문이었다. 그는 원로들을 왕궁에 소집하여 아르고 호 원정대를 죽이기 위해 모의했다.

그 사실을 알게 된 메데이아는 야밤을 틈타 왕궁을 빠져나와 이아손에게 위험을 알렸다. 이때 메데이아는 어린 남동생 압시르토스 Apsyrtos도 함께 데려왔다. 일행은 날이 밝기 전 황금 양피를 훔쳐서 도망치기로 했다.

이아손은 메데이아의 안내를 받으며, 아레스의 신성한 숲으로 갔다. 한밤중인데도 황금 양피에서 쏟아져 나오는 빛이 주위를 환하게 밝히고 있었다. 그 앞에는 무시무시한 용이 두 눈을 날카롭게 빛내며 경계를 서고 있었다. 메데이아는 마법의 노래를 부르며 용을 잠들게 했다.

이아손은 떡갈나무 가지에서 황금 양털을 끌어내려서 챙기고는 서둘러 신성한 숲을 빠져나왔다. 아르고 호로 돌아온 두 사람은 대원들을 독려하여 서둘러 배를 띄었다.

한편, 메데이아를 의심하고 있던 아이에테스 왕은 딸이 사라졌다는 보고를 받았다. 그는 부하들을 무장시킨 뒤 그들을 이끌고 서둘러 아르고 호가 정박한 곳으로 달려갔다. 그들이 강기슭에 이르렀을 때 아르고 호는 이미 바다를 항해하고 있었다.

아이에테스는 추격대를 편승하여 빠른 속도로 아르고 호를 뒤쫓았다. 메데이아는 콜키스의 추격대들이 바짝 쫓아오는 것을 보고, 그들의 추격 속도를 늦추기 위해 남동생을 죽여 그의 사지를 바다에 던졌다. 아이에테스 왕은 아들의 시신을 수습하느라 추격을 늦출 수밖에 없었다.

이아손과 메데이아
존 윌리엄 워터하우스, 1907년

그 틈에 아르고 호는 그들의 추격을 따돌릴 수 있었다. 아르고 호의 돌아오는 길도 험난했지만 위기 때마다 여러 영웅이 협력하여 이겨내고 무사히 임무를 마쳤다.

이아손은 펠리아스 왕에게 황금 양털을 넘겨주고, 아르고 호는 코린토스로 보내 바다의 신 포세이돈에게 바쳤다.

펠리아스는 황금 양털을 얻고 나서도 약속을 지키지 않았다. 이아손이 왕위를 돌려받지 못하자 메데이아는 펠리아스에 대한 복수를 계획했다. 그녀는 펠리아스의 딸들에게 접근하여 노인을 젊게 만들 수 있다고 꼬드겼다. 그리고는 늙은 숫양을 잡아 토막 낸 다음 솥에다 넣고 마법의 약초와 함께 끓였다. 펠리아스의 딸들은 숨을 죽이고 끓는 솥에 시선을 집중했다. 메데이아가 솥뚜껑을 열었을 때 그 속에서 어린 양이 튀어나왔다. 믿을 수 없는 일들이 눈앞에서 벌어지자 그녀들은 메데이아의 말을 완전히 믿게 되었다. 펠리아스의 딸들은 주저하지 않고 잠이 든 아버지를 토막 낸 다음 메데이아가 준 약초와 함께 솥에 넣고 끓였다. 그러나 펠리아스는 젊어지기는커녕 살아나지도 못했다. 딸들은 어리석게도 메데이아에게 속아 아버지의 목숨을 빼앗고 말았다. 하지만 이 일로 이아손과 메데이아도 이올코스에서 추방당했다. 그들은 코린토스로 가서 살게 되었고, 그곳에서 두 아들이 태어났다. 이즈음 이아손은 메데이아에게 싫증을 느끼고 코린토스의 공주인 글라우케와 사랑에 빠졌다. 이아손은 메데이아를 버리고 글라우케와 결혼하려고 했다. 그러나 순순히 물러날 메데이아가 아니었다. 그녀는 공주의 예복에 독을 발라 불에 타 죽게 만들었고, 딸을 구하려던 크레온 왕까지 불에 타 죽게 했다. 심지어 그녀는 이아손과의 사이에서 태어난 두 아들까지 제 손으로 살해했다. 분노한 이아손이 그녀를 찾았을 때 메데이아는 날개 달린 용이 끄는 전차를 타고 하늘 저편으로 사라져가고 있었다. 아르고 호 원정대를 이끌었던 영웅 이아손의 만년은 이렇듯 비참하기만 했다.

뱀이 된 영웅
카드모스

페니키아의 왕 아게노르Agenor와 텔레파사Telephassa는 아들 다섯에 딸 하나를 두었다. 아들은 카드모스, 포이닉스, 칼릭스, 피네우스, 타소스이며, 딸은 에우로페Europe였다. 어느 날 에우로페는 시녀들과 함께 바닷가를 거닐고 있었다. 이때 제우스가 멋진 뿔이 달린 새하얀 황소로 변신하여 그녀에게 다가갔다. 에우로페는 호기심이 동하여 조심스레 황소 곁으로 다가섰다. 그러자 황소는 에우로페의 발치에 주저앉았고, 에우로페는 탐스러운 황소의 털을 쓰다듬어 주었다. 황소가 너무나 순하고 털의 감촉이 좋아 마음의 경계를 푼 에우로페는 소의 등에 올라타 보았다. 그러자 황소는 벌떡 일어나 쏜살같이 바닷물로 뛰어들었다. 그리고 바다를 건너 크레타 섬으로 에우로페를 납치했다. 제우스는 에우로페에게 세 아들을 잉태시켰다. 크레타 섬의 왕으로 활

약하는 미노스Minos, 지혜와 정의를 겸비한 크레타의 입법자 라다만
티스Rhadamanthys, 리키아의 왕이자 트로이 전쟁의 영웅인 사르페돈
Sarpedon이 그들이다. 라다만티스는 죽은 뒤에 저승세계에서 망자들
의 지상에서의 행적을 심판하는 저승의 심판관이 되었다고 한다.

에우로페가 행방불명이 되자 아게노르는 아들들을 불러 에우로페
를 찾아오라고 명령했다. 만약 여동생을 찾지 못하면 집으로 돌아올 생
각도 하지 말라는 엄포가 뒤따랐다.

카드모스는 남동생들과 함께 에우로페를 찾으러 집을 나섰다. 카드
모스는 전국 방방곡곡을 뒤졌지만 여동생 에우로페의 모습은커녕 흔
적조차 찾을 수 없었다. 카드모스는 지쳤지만 그렇다고 포기할 수도,
집으로 돌아갈 수도 없었다. 난처한 상황에 처한 카드모스는 아폴론 신
전으로 가서 신탁을 구했다.

그러자 아폴론은 '암소 한 마리를 만나면 그 암소의 뒤를 따라가 암
소가 지쳐서 머무는 곳에 도시를 세우고 그 도시의 이름을 테베로 하
라'는 신탁을 내렸다. 카드모스는 신탁의 명령에 따라 암소의 뒤를 따
라갔다.

암소는 보이오티아Boeotia까지 왔을 때 걸음을 멈추고 주저앉았
다. 카드모스는 그곳이 신탁이 말한 장소라고 믿고 도시를 세우기로 했
다. 그는 아테나 여신에게 암소를 제물로 바치기로 결정한 뒤, 부하들
에게 근처의 샘에서 물을 길어오라고 명했다. 하지만 부하들이 찾은 샘
은 전쟁의 신 아레스의 소유였고, 아레스의 자식이었던 거대한 용이 지

용을 죽이는 카드모스
헨드릭 골치우스, 1573~1617년

키고 있었다. 카드모스의 부하들은 용의 공격을 받고 모두 처참하게 죽임을 당했다. 부하들이 돌아오지 않자 찾아 나섰던 카드모스는 부하들의 주검을 발견했다. 화가 난 카드모스는 성스러운 용을 죽이고 부하들의 복수를 했다. 그때 아테나 여신이 나타나 용의 이빨을 뽑아 땅에 뿌리라고 명령했다.

카드모스가 여신의 명령을 따르자 갑자기 땅속에서 '스파르토이 Spartoi'라고 불리는 무장한 군인들이 나타났다. 이들은 서로 치열하게 싸우다가 마지막에 다섯 명만 남게 되었다. 그들의 이름은 에키온, 우다이오스, 크토니오스, 히페레노르, 펠로로스이며, 에키온은 훗날 카드모스의 사위가 된다. 카드모스는 이들과 함께 성채를 건설한 후 자신의 이름을 따서 카드메이아로 불렀다.

그러나 카드모스는 자신이 건설한 나라의 왕이 되기 전 용을 죽인 벌로 아레스의 종이 되어야 했다. 무려 8년이 지나서야 자유를 얻은 카드모스는 비로소 왕이 되었고, 도시의 이름도 카드메이아에서 테베로 바뀠다.

제우스는 카드모스와 아레스의 화해를 주선했고, 아레스와 미의 여신 아프로디테 사이에 태어난 딸 하르모니아Harmonia를 카드모스의 아내로 주었다. 그들 사이에는 아들 폴리도로스와 4명의 딸 아우토노에, 이노, 세멜레, 아가우에가 태어났다. 하지만 어찌 된 영문인지 카드모스의 자식들과 자손들은 대부분 비참한 운명을 맞이했다.

아우토노에의 아들 악타이온은 아르테미스가 목욕하는 장면을 몰래 엿본 죄로 사슴으로 변해 자신의 사냥개들에게 갈기갈기 찢겨 죽었고, 제우스의 애인이 된 세멜레는 제우스에게 진짜 모습을 보여 달라고 간청하다가 재가 되었다. 그리고 이노는 제우스의 자식인 조카 디오니소스를 기르다 헤라의 저주로 미쳐버렸다.

일설에 의하면 카드모스와 하르모니아의 결혼식 때 신들의 결혼선물을 헤파이스토스가 만들었는데, 그는 이 선물에 아프로디테에 대한 원한을 모두 쏟아부었다고 한다. 하르모니아는 그의 아내인 아프로디테가 아레스와 불륜을 저질러 태어난 딸이었기 때문이다.

그 사실을 모르는 카드모스는 자식들의 끔찍한 운명이 모두 자신이 성스러운 용을 죽인 탓으로 여기며 밤낮으로 괴로워했다. 그는 차라리 자신도 뱀이 되었으면 좋겠다고 한탄했다. 그러자 카드모스의 몸은 뱀으로 변했고, 그의 아내인 하르모니아도 남편을 따라 뱀이 되게 해달라고 신에게 간청했다. 이렇게 해서 두 사람은 모두 뱀이 되었다. 신들의 왕 제우스는 이들을 측은하게 여겨 '축복받은 자들의 섬'이라 불리는 엘리시온Elysion 평원으로 보내 그곳에 살게 했다.

엘리시온 평원은 오케아노스 너머 서쪽 끝에 있는 전설의 낙원이다. '축복받은 자들의 섬'으로 불리며 신들이 사랑하는 사람들만 사는 섬이라고 한다.

벨레로폰과
천마 페가수스

벨레로폰Bellerophontes은 코린토스의 왕 글라우코스와 에우리노메 사이에서 태어났다. 벨레로폰의 할아버지인 시시포스는 인간들 중에서 가장 교활하고 영악한 자로 유명하다. 심지어 그는 신들에게까지 사기를 쳤다. 결국 시시포스는 저승세계에서 영원한 형벌에 처해졌다.

어느 날 벨레로폰은 실수로 형제를 죽음에 이르게 했다. 이 일로 그는 고향인 코린토스에서 추방되었다. 그는 티린스의 프로이토스 Proetos 왕에게로 가서 살인죄를 씻고 정화될 수 있었다. 그런데 프로이토스 왕의 아내인 스테네보이아 왕비가 젊고 잘생긴 벨레로폰의 모습에 반하고 말았다. 그녀는 벨레로폰을 은밀하게 유혹했다. 하지만 벨레로폰은 왕비의 유혹을 단번에 거절했다. 이에 앙심을 품은 스테네

보이아Stheneboea는 벨레로폰이 자신을 겁탈하려고 했다고 모함했다.

왕비의 말을 그대로 믿은 프로이토스 왕은 벨레로폰을 죽이기로 결심했다. 하지만 함께 식사를 나눈 손님을 죽여서는 안 된다는 관습에 따라 프로이토스는 벨레로폰을 직접 죽일 수가 없었다. 만약 누군가 이 관습을 어기면 그는 복수의 여신들의 분노를 사게 되고 끔찍한 저주를 받게 되기 때문이었다.

프로이토스는 자신의 장인인 리키아Lycia의 왕 이오바테스Iobates에게 벨레로폰이 왕비를 욕보인 자이니 꼭 죽여 달라는 편지를 썼다. 그는 편지를 봉인한 후 벨레로폰에게 주면서 이오바테스에게 전달하는 임무를 맡겼다. 벨레로폰은 자신을 죽여 달라는 내용이 담긴 편지인 줄도 모르고 그 편지를 전달하기 위해 길을 떠났다.

리키아에 도착한 벨레로폰은 이오바테스에게 편지를 전달하고 극진한 대접을 받았다. 이오바테스는 벨레로폰을 죽여 달라는 사위의 편지를 읽었다. 하지만 손님을 죽여서는 안 된다는 관습 때문에 그 역시 고민에 빠졌다.

당시 리키아에는 키마이라Chimaera라는 괴물이 나라를 어지럽히고 있었다. 키마이라는 티폰과 에키드나의 자식으로 사자의 모습에 등에는 염소의 머리가 나 있고 꼬리는 뱀의 모습을 하고 있었다. 몸은 하나인데 머리가 셋인 키마이라는 거대한 몸집에 입에서는 불을 뿜어내며 사람들을 공포에 떨게 만들었다.

이오바테스는 자신이 직접 손을 쓰지 않고 사위의 부탁을 들어줄 수 있는 방법을 생각하다가 벨레로폰에게 키마이라를 처치하라는 명령을 내렸다. 그는 벨레로폰이 키마이라에게 죽임을 당하게 될 것이라고 여겼다.

벨레로폰은 예언자 폴리에이도스Polyeidos를 찾아가 키마이라를 물리치기 위한 방법을 물었다. 예언자는 그에게 천마 페가수스Pegasus를 얻으면 과업을 성취할 수 있다면서 아테나Athena 여신의 신전에서 하룻밤을 보내면 방법을 알게 될 것이라고 조언했다.

벨레로폰은 신전에서 잠이 들었는데, 꿈속에 나타난 아테나 여신은 그에게 황금 재갈을 건네며 포세이돈에게 흰 황소 한 마리를 제물로 바치라고 조언했다. 잠에서 깨어나자 벨레로폰의 옆에는 황금 재갈이 놓여 있었다. 벨레로폰은 재갈을 챙기고 여신이 시키는 대로 제물을 바쳤다.

페가수스가 코린토스에 있는 페이레네 샘에 자주 물을 마시러 온다는 예언자의 조언에 따라 벨레로폰은 그곳에 숨어서 기다렸다. 과연 얼마 후 하늘에서 페가수스가 샘가로 내려와 물을 마셨다. 벨레로폰은 재빠르게 페가수스에게 재갈을 물렸다. 페가수스를 얻은 벨레로폰은 완전무장을 하고 단숨에 키마이라에게 날아갔다. 벨레로폰은 키마이라가 불을 뿜어내자 납덩이를 화살에 묶어 괴물의 입속에 쏘아 넣었다. 불꽃의 열기에 녹아내린 납이 키마이라의 목 속으로 넘어가 내장을 태우자 괴물은 고통에 울부짖다가 죽음을 맞았다.

벨레로폰이 키마이라를 죽이고 살아서 돌아오자 크게 놀란 이오바테스는 또 다른 일을 시켰다. 하지만 벨레로폰은 그 일도 무사히 마쳤고, 이오바테스는 다시 세 번째 일을 시켰다. 이번에도 벨레로폰이 임

벨레로폰, 페가수스, 아테나
1세기 전반기 폼페이의 3번째 스타일 프레스코

무를 완수하자, 이오바테스는 군사들을 동원해서 벨레로폰을 죽이려고 했다. 그러나 군사들마저 벨레로폰에게 모두 죽임을 당하자 이오바테스는 벨레로폰을 죽이려던 계획을 포기했다. 그는 벨레로폰에게 자신의 딸인 필로노에를 주어 사위로 삼은 뒤 나라의 절반을 나눠주었다.

시간이 지나자 사람들의 존경을 받던 영웅 벨레로폰도 점점 오만해져 신들의 권위에 도전했다. 그는 페가수스를 타고 하늘을 날아 신들이 사는 올림포스까지 올라가려고 했다. 그 모습을 본 제우스는 격노하여 등에 한 마리를 보내 페가수스의 등을 쏘게 하였다. 깜짝 놀란 페가수스가 날뛰는 바람에 벨레로폰은 낙마하여 지상으로 떨어졌다. 가시덤불에 떨어진 벨레로폰은 목숨은 구했지만 두 눈을 잃고 절름발이가 되었다. 벨레로폰은 사람들의 눈을 피해 방황하다가 비참한 최후를 맞았다.

사냥꾼 처녀
아탈란테

아들을 원했던 아버지가 있었다. 그러나 태어난 것은 딸이었다. 아버지는 딸을 아르카디아 황무지에 버려 죽게 했다. 이렇게 버려진 아이를 곰이 데려다가 키웠다. 곰의 젖을 먹고 자라던 아이는 사냥꾼에게 발견되어 인간의 품에서 자라게 되었다. 이 여자아이가 바로 아탈란테 Atalante이다.

아탈란테는 소녀로 성장하면서 사냥꾼들도 놀랄 만큼 달리기와 씨름, 활쏘기에 뛰어난 재능을 보였다. 더구나 그녀는 뛰어난 미인이었다. 아탈란테는 씨름 경기에서 그리스의 영웅 아킬레우스Achilleus의 아버지인 펠리우스Peleus와 겨뤄 이겼으며, 자신을 겁탈하려던 켄타우로스 둘과 싸워 그들을 죽였다.

아탈란테는 이아손이 아르고 호 원정대의 대원을 모집할 때 지원하였으나 여성이라는 이유로 선발되지 못했다. 아탈란테는 일생동안 순결을 지키기로 결심하고, 그것을 자신의 사명으로 여겼다. 하지만 아프로디테는 여성의 순결을 자신에 대한 모욕이라고 생각했다. 특히 빼어나게 아름다운 외모를 지닌 아탈란테가 순결을 지키기로 결심하자 아프로디테는 가만히 내버려두지 않았다.

어느 날 칼리돈에 괴물 멧돼지가 출현하여 사람들을 공격하고 농작물을 망쳐놓았다. 이 멧돼지는 아르테미스 여신이 자신에게 재물을 바치는 것을 빠트린 이 나라의 왕을 응징하기 위해 보낸 것이었다. 멧돼지에 의해 농토가 황폐해지자 왕은 전령을 보내 각 지역의 영웅들에게 도움을 요청했다. 아탈란테도 이 사냥에 참여하여 큰 활약을 펼쳤다. 멧돼지 사냥에 참여한 영웅들 중 멜레아그로스라는 젊고 잘생긴 왕자가 있었는데 그는 임무를 수행하고 돌아온 아르고 호 원정대의 대원이었다.

아탈란테는 멧돼지 사냥에서 결정적인 공을 세웠다. 그녀가 쏜 화살은 멧돼지의 급소를 명중시켜 치명상을 입혔다. 가장 큰 공을 세운 사람에게 주는 보상품(멧돼지 가죽)은 당연히 아탈란테의 몫이었다. 하지만 사냥꾼들은 여자가 보상품을 차지하는 것에 반발했다. 그러나 멜레아그로스만은 아탈란테의 공을 인정하며 그녀만이 보상품을 받을 자격이 있다고 주장했다. 이 문제로 멜레아그로스는 자신의 삼촌들과 크게 다투다가 서로 죽고 죽이는 비극이 벌어졌다. 이 일로 아탈란테는 전보다 더욱 남성에게 실망하게 되었고, 남자들에게 아예 관심을 두지 않았다. 그러나 아버지의 끈질긴 설득 끝에 아탈란테는 마음을 돌려 결

히포메네스와 아탈란테
귀도 레니, 1620~1629년 사이

혼에 동의했다. 하지만 전제 조건이 붙었다.

그녀는 결혼 상대를 스스로 선택하겠다고 했다. 그것도 자신과 달리기 시합을 해서 이기는 남자를 선택하겠으며, 만약 시합에서 진 사람은 목숨을 내놓아야 했다. 아탈란테는 뛰어난 미인이었지만 달리기에서 남에게 져본 적이 없었다. 얼마 후 아탈란테에게 구혼한 남자들의 머리가 경주장 옆에 수북이 쌓였다.

아프로디테는 히포메네스Hippomenes라는 청년의 차례가 되자 그를 돕기로 했다. 그녀는 청년에게 황금사과 세 개를 주었다. 이 황금사과를 본 사람은 그가 누구든지 절대로 사과를 포기할 수 없게 만드는 마법의 사과였다. 아탈란테와 히포메네스는 나란히 출발했고, 초반에 아탈란테는 히포메네스가 앞서 달리도록 일부러 뒤에서 거리를 두고 달렸다.

그녀는 언제든지 상대를 따라잡을 수 있다고 자신했기 때문이었다. 그런데 아탈란테가 청년을 따라잡으려 하자 청년이 황금사과를 바닥에 떨어뜨렸다. 그 순간 아탈란테는 탐나는 사과를 줍기 위해 멈춰 섰다. 사과를 손에 넣은 아탈란테는 앞서가는 청년을 다시 추격했는데 그때마다 청년은 사과를 던졌고, 아탈란테는 사과를 줍기 위해 멈춰 섰다. 결국, 아탈란테는 승부에서 졌다. 하지만 그녀는 세 개의 황금사과와 함께 마음에 드는 배우자를 얻게 되었다.

그런데 아프로디테의 도움을 받은 히포메네스는 승리에 대한 감사를 제우스에게 돌렸고, 이 일로 여신의 미움을 사고 말았다. 아프로디테는 두 사람의 욕망을 부추겨서 신성한 제우스 신전에서 사랑을 나누도록 만들었다. 제우스는 크게 노하여 아탈란테와 히포메네스를 한 쌍의 사자로 만들어 버렸다.

06

괴물들

100개의 눈을 가진 괴물
아르고스

아르고스Argos는 100개의 눈을 가진 거인이다. '파놉테스', 즉 '모든 것을 보는 자'라는 별명을 가졌다. 그의 아버지는 아르고스 지역을 다스린 세 번째 왕 아게노르Agenor로 알려져 있다.

아르고스는 엄청난 괴력의 소유자이다. 아르카디아 지방을 온통 황폐하게 만든 괴물 황소를 처치하고, 반은 사람이고 반은 뱀인 괴물 에키드나를 죽여 없앴다. 에키드나는 티폰의 아내이며, 케르베로스, 히드라, 키마이라, 스핑크스, 네메아의 사자 등 많은 괴물들의 어머니로 널리 알려져 있다. 아르고스는 펠로폰네소스 주변에서 가축을 훔쳐 먹고 잠들어 있는 에키드나를 해치웠다. 그러나 아르고스가 가장 큰 비중을 차지하는 이야기는 이오Io와 관련되어 있다.

이오는 강의 신 이나코스와 멜리아 사이에서 태어난 딸이다. 제우스는 이오를 유혹하여 검은 구름으로 주위를 덮은 뒤 몰래 사랑을 나누었다. 하지만 눈치 빠른 헤라는 남편의 외도를 의심했다. 헤라가 다그치자 제우스는 시치미를 딱 잡아뗐다. 그리고는 이오를 눈처럼 하얀 암소로 둔갑시켰다. 그래도 의심이 풀리지 않은 헤라는 제우스에게 암소를 달라고 졸랐다.

제우스는 헤라가 끈질기게 암소를 요구하자 거절할 명분이 딱히 없고, 달리 헤라의 의심을 잠재울 방도도 없어서 결국 청을 들어주었다.

헤라는 암소가 된 이오를 끌고 100개의 눈을 가진 괴물 아르고스에게 감시를 맡겼다. 그녀는 제우스가 어떤 술수를 부리든지 100개의 눈을 가진 아르고스라면 충분히 감시할 수 있다고 믿었다.

아르고스는 이오를 올리브 나무에 묶어두고 100개의 눈을 번갈아가며 철통같이 감시했다. 제우스는 이오가 걱정이 되어 안절부절 못하고 있었다. 그는 헤르메스를 불러 도움을 청했다.

헤르메스는 남을 속이는 데 있어서 타의 추종을 불허하는 발군의 재능이 있었다. 그는 피리로 아름다운 음악을 연주하여 아르고스의 경계심을 무너뜨린 후 재미있는 이야기로 그를 즐겁게 해주었다. 헤르메스의 이야기는 끝이 없었고, 아르고스는 그 이야기에 흠뻑 취하여 귀를 기울였다. 밤을 지새우며 이어진 이야기에 아르고스의 눈은 하나둘 감겨지기 시작했다.

마침내 100개의 눈이 모두 잠기면서 아르고스는 깊은 잠에 곯아 떨어졌다. 헤르메스는 지체 없이 낫으로 아르고스의 목을 잘랐다. 그리

헤르메스와 아르고스
페테르 파울 루벤스, 1636~1638년 사이

고 거대한 괴물의 머리를 절벽 아래로 던졌다.

이렇게 해서 헤르메스는 '아르고스의 살해자'라는 별명을 갖게 되었다.

헤르메스는 이오를 묶은 밧줄을 풀어 자유롭게 해주었다. 하지만 헤라는 곧 아르고스에게 변고가 생긴 것을 눈치 챘다. 그녀는 등에 한 마리를 이오에게 보냈다.

등에는 이오의 몸에 달라붙어 피를 빨아댔다. 이오는 가려움증 때문에 고통스러웠다. 등에를 떨쳐내려고 노력해도 떨쳐낼 수가 없었다.

견디기 힘든 가려움증에 그녀는 온 세상을 뛰어다녔다. 그녀는 유럽, 소아시아, 인도, 아라비아, 에티오피아를 지나 계속 내달았다. 아름답던 모습은 변하여 피골이 상접해졌고, 보기만 해도 애처로웠다. 그녀가 이집트에 도착했을 때 제우스는 그녀를 다시 인간의 모습으로 돌아오게 했다. 이후 그녀는 에파포스와 리비아 남매를 낳았다. 이오니아해는 그녀의 이름에서 유래했다.

헤라는 자신에게 충성했던 아르고스의 죽음을 안타까워했다. 그녀는 아르고스의 눈을 모두 취하여 자신의 상징동물인 공작새의 꼬리에 달아주었다.

한편, 신들은 아르고스를 죽인 죄를 묻기 위해 헤르메스를 재판에 회부했다. 심리가 진행된 후 헤르메스는 각 신들이 투표용 자갈을 자신의 발치에 던지는 동안 선 채로 판결을 기다렸다. 마침내 그에게 무죄 판결이 내려졌을 때 그는 돌무더기(그리스어로 헤르마Herma) 사이에 서 있었다. 돌무더기를 가리키는 그리스어 헤르마는 헤르메스Hermes의 이름에서 유래했다고 한다.

반인반마
켄타우로스

　전쟁의 신 아레스는 인간인 펠리멜리에게서 익시온Ixion이라는 아들을 낳았다. 익시온은 테살리아의 왕이 된 후 데이오네우스의 딸 디아와 결혼했다. 그는 청혼 당시 처가에 약속한 결혼 선물을 주지 않으려고 장인 데이오네우스를 살해했다. 인류 최초의 친족 살인자가 된 것이다. 제우스는 손자인 익시온을 불쌍히 여겨 그를 올림포스로 데려다가 살인죄를 정화시켜주었다. 그런데도 익시온은 죄를 뉘우치기는커녕 오히려 친할머니인 헤라에게 욕정을 품었다.

　제우스는 익시온을 시험하기 위해 구름으로 헤라의 환영인 네펠라라는 여인을 만들었다. 정욕을 참지 못한 익시온은 그 여인을 헤라로 알고 범했다. 크게 노한 제우스는 익시온을 영원히 불타는 바퀴에 묶어 타르타로스에 가두었다. 그곳에서 익시온은 끝없는 고통 속에 살아야

했다.

익시온에게 겁탈당한 네펠라는 임신을 하게 되었고, 후에 그녀의 자궁 속 양수가 터져 소나기가 쏟아졌다. 소나기가 떨어진 대지에서 켄타우로스Kentauros가 태어났다. 켄타우로스는 상체는 사람이지만 하체는 말의 모습으로 인간과 동물이 합쳐진 모습이다. 그들은 야만성을 타고났으며, 거칠고 무례하며 다투기를 좋아했다.

켄타우로스 족은 주로 그리스 북부 테살리아의 마그네시아와 펠리온Pelion 산에 모여 살았다. 그들은 익시온의 또 다른 인간 후예인 '라피타이Lapithes'족과 친하게 지냈다.

라피타이 족의 왕은 익시온의 아들인 페이토리스Peirithous였다. 그는 자신의 결혼식에 켄타우로스 족을 초대했다. 그런데 술에 취한 켄타우로스들이 난동을 부리기 시작했다. 그들은 라피타이 족의 여자들을 추행하려했고, 심지어 신부를 납치하려고 시도했다. 이 사건으로 두 종족 간에 집단 난투극이 벌어졌고, 곧 큰 싸움으로 번졌다. 이 싸움에서 크게 패한 켄타우로스 족은 테살리아에서 쫓겨나 펠리온 산 깊숙이 숨어 살았다. 그들은 나중에 헤라클레스에게 대부분 목숨을 잃었다.

켄타우로스가 모두 야만적이었던 것은 아니다. 켄타우로스 족의 현자인 케이론은 수많은 영웅들의 스승이기도 하다. 그는 궁술, 의술, 무술, 음악에 능하고 미래를 예언하는 능력까지 있었으며, 헤라클레스, 아스클레피오스, 이아손, 아킬레우스 같은 제자들을 뛰어난 영웅으로 길러냈다.

케이론은 켄타우로스 족이면서도 그들과 출신 성분이 달랐다. 크로

아테나와 켄타우로스
산드로 보티첼리, 1482~1483년경

노스가 레아의 눈을 속이기 위해 오케아노스의 딸 필리라를 말로 변신시켜 사랑을 나누었고, 그렇게 태어난 것이 케이론이었다.

신의 유전자를 타고난 케이론은 태어날 때부터 불사의 몸이었다. 하지만 그는 제자인 헤라클레스의 실수로 히드라의 독이 묻은 화살을 맞았다. 독이 몸에 퍼지자 극심한 고통이 몰려왔고, 의술에 뛰어난 케이론이지만 치료할 방법을 찾지 못했다. 결국 고통을 이기지 못한 그는 불멸성을 포기하고 밤하늘의 별자리가 되었다. 그 별자리가 궁수자리이다. 궁수자리는 은하수 가운데에 자리 잡은 황도십이궁 중 하나이다. 그리스 신화의 반인반마인 케이론에서 이름이 유래했고, 한국과 중국에서는 남두육성이라 불렀다.

죽음의 노래를 부르는
세이렌

세이렌은 아름다운 얼굴에 독수리의 날개를 가진 바다의 괴물이다. 성격은 사악하고 자존심이 무척 강하다.

뮤즈 멜포메네Melpomene와 강의 신 아켈로스Achelos 사이에서 낳은 딸들이라고 한다. 전승에 의하면 세이렌은 둘 또는 셋, 넷이 등장하는데 그 이름도 서로 다르다. 2명일 경우 히메로파Himeropa(다정한 목소리)와 텔크시오페Thelxiope(매혹적인 목소리)이며 3명이라는 설에 따르면 그 이름이 리게이아Ligeia(금속성 소리), 레우코시아Leukosia(희다)라는 뜻, 파르테노페Parthenope(처녀의 목소리)이다. 아폴로도로스에 의하면 한 명은 수금, 한 명은 노래, 또 한 명은 플루트를 불었다.

4명일 경우 그 이름은 각각 텔크시오페Thelxiope(매혹적인 목소리), 아글라오페(Aglaope달콤한 목소리), 페이시노에(Peisinoe설득적 존재), 모

세이렌
에드워드 아미티지, 1888년

르페(Molpe노래)이다.

세이렌은 이탈리아 반도 서부 해안의 절벽과 바위로 둘러싸인 시레눔 스코풀리Sirenum Scopuli 라는 작은 섬에 살았다. 그녀들은 아름답고 달콤한 목소리로 노래를 불렀기 때문에, 그 노래를 들은 뱃사람들은 누구나 넋을 잃었고, 배는 바위에 부딪혀 난파당했다. 괴물 '스킬라Skylla'와 '카리브디스Charybdis'도 세이렌과 가까운 곳에 살았다. 뱃사람들은 세이렌이 사는 바다를 '마의 해역'이라고 부르며 피해 다녔다. 뱃사람들에겐 세이렌은 두려움과 공포의 대상이었다. 세이렌이 사는 섬에는 수많은 뱃사람의 시체와 해골이 산더미처럼 쌓여있었다.

세이렌들의 노랫소리를 듣고도 그녀들이 사는 섬을 통과한 배가 있으면 그녀들은 바다에 몸을 던져 죽게 될 것이라는 예언이 있었다. 이 예언은 이아손과 아르고 호 원정대 그리고 오디세우스 일행에 의해서 두 번이나 실현되었다. 아르고 호 원정대는 큰 희생 없이 세이렌들을 물리칠 수 있었는데 이는 오르페우스 덕분이었다.

오르페우스는 디오니소스의 숭배자이자 타의 추종을 불허하는 천재적인 음악가였다. 그가 수금을 연주하면 주변의 나무와 바위까지 춤을 추었다. 오르페우스의 음악은 너무나 달콤해서 아르고호의 원정 대원들은 세이렌의 노래 대신 모두 그의 노래에 귀를 기울였다. 덕분에 아르고 호는 쉽사리 세이렌의 유혹을 피할 수 있었다.

오디세우스 일행도 세이렌의 섬을 무사히 통과했다. 그는 마녀 키르케의 조언에 따랐다. 세이렌의 유혹을 피하고자 부하들의 귀를 밀랍으로 막게 한 뒤 자신의 몸을 돛대에 묶게 했다. 세이렌의 노랫소리가 들리는 곳에 이르면 자신이 아무리 간청해도 절대 풀어주지 말라고 부하들에게 명령했다. 세이렌의 노랫소리가 들려오자 오디세우스는 결박을 풀려고 몸부림쳤다. 하지만 귀를 막은 그의 부하들은 명령에 따라 오히려 그의 몸을 돛대에 더욱 단단히 동여맸다. 오디세우스는 6명의 부하를 잃은 뒤 겨우 세이렌의 유혹을 벗어날 수 있었다. 예언에 따라 모욕감을 느낀 세이렌들은 모두 자살하고 말았다.

미국의 커피 프랜차이즈 브랜드인 '스타벅스Starbucks'는 세이렌의 이미지를 자신들의 로고 디자인에 적용하고 있다. 1819년 프랑스의 발명가 C. C. 투르는 자신이 발명한 경보장치에 세이렌의 이름을 붙여 '사이렌'이라고 불렀다. 그는 그리스 신화에 나오는 세이렌이 노래로 사람

들을 위험에 빠지게 한 데 착안하여, 소리로 위험을 알려주는 경보장치
에 그 이름을 따다 붙인 것이다.

외눈박이 거인
키클롭스

키클롭스(둥근 눈이라는 뜻)는 영어로는 사이클롭스Cyclops라고 부른다. 이마에 눈 하나를 가지고 있는 외눈박이 거인이다. 헤시오도스의 『신통기』에 따르면 우라노스Uranus(하늘)와 가이아Gaia(땅)는 아르게스Arges(섬광), 브론테스Brontes(우레), 스테로페스Steropes(번개), 세 명의 키클롭스를 아들로 두었다고 했다. 우라노스는 이들 세 명의 키클롭스를 헤카톤케이레스Hekatoncheires 삼 형제와 함께 타르타로스Tartaros에 유폐시켰다.

크로노스는 아버지인 우라노스를 거세한 뒤 키클롭스들을 풀어주었다가 다시 타르타로스에 가두었다. 나중에 제우스의 형제들이 크로노스를 비롯한 티탄 신족들과 전쟁을 벌였을 때 해방되어 제우스를 도왔다. 이후 시칠리아 섬의 화산 밑에 대장간을 세우고, 신들이 좋아하는 무기와 전차를 만들었다. 제우스의 천둥과 번개 그리고 벼락, 포세이돈의 삼지창 '트리아이나Triaina', 모자를 쓰면 모습이 보이지 않게 되는 하데스의 마법 투구 '퀴네에Kynee'가 그들의 작품이다.

아폴론의 아들인 아스클레피오스Asklepios는 의술의 힘을 빌려 죽은 자를 살려냈다. 그러자 저승 세계인 하데스에 큰 혼란이 벌어졌다. 우주의 질서가 깨어진 것이다. 신과 인간세계를 다스리는 제우스는 이 일을 도저히 묵과할 수 없었다. 그러나 아폴론의 아들이자 손자인 그를 대놓고 벌하기도 곤란했다. 제우스는 키클롭스들로 하여금 아스클레피오스에게 위해를 가하도록 부추겼다. 키클롭스 삼 형제는 아무런 가책도 없이 아스클레피오스에게 벼락을 내리쳤다. 아들의 죽음에 분노한 아폴론은 키클롭스들에게 화살을 날려 그들을 죽였다.

호메로스는 키클롭스들을 시칠리아 섬에 사는 외눈박이 거인으로 묘사했다. 그들은 목축 생활을 하는 야만스런 종족으로 성격이 포악했다. 오디세우스 일행이 그들의 섬에 도착했을 때 폴리페모스Polyphemus(키클롭스 중 한 명으로 바다의 신 포세이돈의 아들)는 오디세우스의 부하 6명을 잡아먹었다. 오디세우스는 그를 술에 취해 잠들게 한 뒤 불에 달군 곤봉 끝으로 그의 눈을 찔러 장님으로 만들었다. 그런 뒤 폴리페모스의 양을 훔쳐 눈을 잃고 고통에 몸부림치는 그를 남겨둔 채 섬을 빠져나갔다. 이 일로 포세이돈의 미움을 산 오디세우스는 고향으로 돌아가는 길에 수많은 고난을 겪으며 대가를 치러야만 했다.

폴리페모스
귀도 레니, 1639~1640년 사이

프로테우스Proteus 왕을 섬긴 키클롭스들은 헤라클레스가 태어난 티린스의 성벽과 미케네의 성벽을 쌓았고, 사자의 문을 만들었다고 전해진다. 이 성벽은 '키클롭스의 성벽'이라 알려져 있다. 그 외에 대장장이의 신 헤파이스토스의 대장간에서 일하는 키클롭스들이 있었다. 그들은 헤파이스토스의 조수로 일하면서 신들의 무기나 필요한 물건들을 만들어 냈다.

오늘날 이 거인의 이름은 인도양, 아라비아해, 벵골만에서 발생하는 열대성 저기압 사이클론cyclone으로 남게 되었다.

황소머리 괴물
미노타우로스

미노스Minos는 크레타의 왕좌를 놓고 형제들과 다투었다. 그는 포세이돈에게 신의 권능을 보여줄 것을 간청했다. 포세이돈은 멋진 황소를 보내 미노스의 간청을 들어주었고, 그 덕분에 미노스는 형제들을 제치고 왕이 되었다.

그런데 왕이 된 미노스는 포세이돈이 보낸 황소를 잡아 재물로 바치기로 한 약속을 어겼다. 그는 황소의 아름다운 모습에 반해 다른 황소를 잡아 제사를 지냈다. 그 일로 미노스는 포세이돈의 분노를 샀다.

화가 난 포세이돈은 미노스의 아내 파시파에Pasiphae가 황소를 사랑하도록 만들었다. 파시파에는 황소를 보기 위해 자주 외양간에 들렸고, 그때마다 성적 욕망을 동반한 묘한 감정에 사로잡혔다. 파시파에는 크레타에 망명객이 되어 살고 있는 그리스 최고의 기술자 다이달로

파시파에와 미노타우로스
기원전 340-320년

스를 찾아갔다. 파시파에의 고민을 듣고 있던 다이달로스는 그녀의 감
정이 진심이라는 것을 알고 암소 모형을 만들어 암소 가죽을 씌웠다.
다이달로스는 파시파에를 암소 모형 안에 들어가도록 한 다음 포세이
돈의 황소가 있는 외양간에 끌고 갔다.

예쁜 암소를 본 황소는 욕망을 주체하지 못하고 덤벼들었다. 이 일
이 있은 후 파시파에는 임신을 했고, 달이 차자 아이를 낳았는데 머리
가 황소였다. 처음에 미노스는 큰 충격을 받았지만, 곧 자신이 포세이
돈의 분노를 샀기 때문에 벌어진 일임을 깨달았다. 미노스는 고민 끝에
다이달로스를 찾아가 이 문제를 의논했다.

다이달로스는 한 번 들어가면 어느 누구도 나올 수 없는 미궁을 짓
고 그 속에 미노타우로스Minotauros를 가두라고 조언했다. 미노스는

다이달로스의 조언에 따라 미궁인 라비린토스Labyrinthos를 지었다. 그 속에 미노타우로스를 가두고 아테네에서 매년 조공으로 바쳐진 일곱 명의 소년과 일곱 명의 소녀를 먹이로 넣어주었다.

한편 아테네의 왕자 테세우스는 조국을 이 무거운 멍에로부터 구하기 위해 괴물 미노타우로스를 처치하기로 마음먹었다. 출발에 앞서 테세우스는 아버지에게 자신의 뜻을 밝히고 아프로디테 여신에게 제물을 바쳤다. 그리고 무사히 귀환할 수 있도록 안전을 빌었다. 아이게우스 왕은 떠나는 아들에게 검은 돛과 흰 돛을 챙겨주었다. 테세우스는 갈때는 검은 돛을 달고 떠나고, 만일 성공하면 흰 돛을 달고 돌아오겠다고 약속했다. 그는 공물로 바쳐진 젊은이들의 틈에 섞여 크레타로 갔다.

미노타우로스가 있는 라비린토스는 너무 복잡해서 한 번 들어가면 빠져나올 수 없는 곳이었다. 테세우스는 어떻게 하면 괴물을 죽이고 미궁을 탈출할 수 있을지 고민했다. 이때 아프로디테 여신은 테세우스를 돕기 위해 미노스 왕의 딸 아리아드네Ariadne에게 사랑의 감정을 불어넣었다. 아리아드네는 테세우스를 보자마자 가슴 속에 사랑의 감정이 솟구쳤다. 그녀는 병사들의 감시를 피해 테세우스를 만나 사랑을 고백하고 실타래를 건네주었다. 그리고 실을 사용하여 미궁을 탈출하는 방법을 설명한 후 괴물을 처치할 수 있는 마법의 칼도 챙겨주었다.

테세우스는 아리아드네가 일러준 대로 미궁 입구에 실을 묶었다. 그 실을 풀어가면서 미노타우로스에게 도착한 테세우스는 마법의 칼로 괴물을 죽이고, 이번엔 실을 되감으면서 미궁을 빠져나왔다. 테세우스는 입구에서 기다리던 아리아드네와 공물로 바쳐진 일행을 데리고 항구로 갔다. 그들은 배를 타고 서둘러 크레타 섬을 떠났다. 그들은 항해 중에 잠시 낙소스 섬에 들렀는데 이때 아리아드네가 바닷가에서 깜박 잠이 들었다. 그 사실을 모르는 테세우스 일행은 다시 배에 올라 아테네로 향했다. 혼자 섬에 남겨진 아리아드네는 때마침 그곳을 지나던 디오니소스에게 구조되어 그의 아내가 되었다고 한다.

한편 뒤늦게 아리아드네를 두고 온 사실을 알게 된 테세우스는 슬픔에 빠졌고, 이타카 해안에 들어섰음에도 흰 돛으로 바꿔 달 생각을 하지 못했다. 바닷가 언덕위에서 노심초사하며 아들을 기다리던 아이게우스의 눈에 아들의 배가 돌아오는 것이 보였다. 그는 배에 검은 돛이 달린 것을 보고 아들이 죽었다고 생각하여 스스로 바다에 몸을 던져 목숨을 끊었다. 이때부터 그 바다를 '아이게우스(에게)' 해로 부르게 되었다.

여신의 질투로 괴물이 된
스킬라

글라우코스Glaucus는 뛰어난 어부였다. 그는 날마다 그물을 가지고 강이나 바다로 가서 많은 양의 고기를 잡았다. 그는 부족함 없이 넉넉하고 행복한 삶을 살고 있었다.

어느 화창한 봄날, 고기가 많고 그물을 던지기 좋은 장소를 찾던 글라우코스는 우연히 강 속에 자리한 작은 섬에 들어갔다. 그곳엔 녹색 풀로 뒤덮여 있었고, 사람의 흔적은 물론 짐승의 흔적도 찾아볼 수 없었다. 아직 어느 누구도 이 섬에 발을 들여놓은 적이 없다는 사실에 글라우코스는 괜히 기분이 좋았다.

글라우코스는 신이 나서 그물을 던졌다. 엄청나게 많은 물고기가 그물에 끌려 올라왔다. 온갖 종류의 물고기들이 풀 위에서 펄떡였다. 충분한 양의 물고기를 잡은 글라우코스는 그물을 말리며 따뜻한 햇볕 아래 휴식을 취했다. 그런데 갑자기 놀라운 일이 눈앞에서 펼쳐졌다. 숨이 끊어졌어야할 물고기들이 풀 위를 헤엄쳐가서 강물로 뛰어들었다. 글라우코스는 눈앞에 벌어진 황당한 상황에 머리를 긁적였다. 뭍으로 올라온 생선이 한참이 지나도록 살아있는 것을 한 번도 본적이 없었기 때문이다.

"신들이 죽은 물고기를 되살렸나? 그게 아니라면 물고기를 펼쳐놓았던 풀에 신비한 힘이 있단 말인가?"

글라우코스는 호기심이 발동해 풀을 한 움큼 뽑아 혀끝에 대어 보았다. 맛이 나쁘지 않았다. 그는 풀을 입속에 넣고 씹기 시작했다. 달콤하고 향긋한 즙이 목으로 넘어가자 온몸에 갑자기 기운이 샘솟으며, 강물에 뛰어들고 싶은 강한 충동이 일어났다. 마침내 그는 충동에 이끌려 물속에 몸을 던졌다. 물속은 육지에 있을 때와 다름없이 너무나도 편안했다. 호흡에도 전혀 문제가 없었다. 그는 강물을 따라 점점 깊은 곳으로 들어갔다.

수중세계는 너무나 아름다웠다. 강과 바다의 신 그리고 물의 요정들이 그를 환영했다. 그들은 글라우코스에게 자신들과 함께 수중세계에서 사는 것이 어떠냐고 물었다. 글라우코스는 그들의 제안을 기쁘게 받아들였다. 바다의 지배자인 오케아노스와 여신 테티스는 글라우코스를 축복하여 바다의 일족으로 변신시켰다. 그의 긴 머리카락은 녹색으로 변했고, 어깨는 넓어졌으며, 하반신은 인어처럼 물고기로 변했다. 그는 새롭게 바뀐 자신의 모습이 매우 만족스러웠다.

어느 날 글라우코스는 해변을 거닐고 있는 아름다운 여인을 발견했다. 그녀는 요정 스킬라Skylla였다. 글라우코스는 처음 본 순간부터 그녀에게 마음을 모두 빼앗겼다. 글라우코스는 용기를 내어 스킬라에게 다가갔다. 그의 모습을 본 스킬라는 놀라서 근처에 있는 높이 솟은 바위 위로 달아났다. 글라우코스는 바위 아래에 기대어 그녀를 올려다보았다. 그녀의 시선은 글라우코스의 모습을 스캔하고 있었다. 사람도 아니고 물고기도 아닌 처음 보는 괴상한 존재에게 그녀는 두려움과 호기심을 동시에 느끼고 있었다.

글라우코스는 그녀의 생각을 읽고 자신이 마법의 풀을 먹고 물속에 뛰어든 후 있었던 이야기를 상세하게 들려주었다. 그리고는 바위에서 내려와 자신과 좀 더 이야기를 나눠보지 않겠냐고 제안했다. 그러나 스킬라는 마음의 문을 닫은 채 그의 제안을 거절하고 달아났다.

글라우코스는 스킬라의 태도에 실망했지만 무슨 일이 있어도 그녀의 사랑을 얻기로 결심했다.

그는 도움을 얻기 위해 마녀로 불리는 여신 키르케Kirke를 찾아갔다. 그녀에게 사랑의 묘약을 만들어 달라고 부탁하기 위해서였다. 그런데 이것이 화근이 되었다.

글라우코스에게 연정을 품고 있었던 키르케는 오히려 스킬라를 포기하고 자신과 사랑을 나누자고 제안했다. 글라우코스는 생각지도 못했던 키르케의 고백에 당황했다. 그는 '산에서 해초가 자라고 바다에서 나무가 자라는 일'이 있기 전까지는 스킬라를 사랑하는 자신의 마음은 결코 변치 않을 것이라고 선언했다.

사랑을 거부당한 키르케는 스킬라에 대한 질투심이 불타올랐다. 그

스킬라와 글라우코스
페테르 파울 루벤스, 1636년경

녀는 불쾌하고 마음이 상했지만 내색하지 않고, 속으로 스킬라를 어떻게 괴롭힐지 궁리했다. 글라우코스가 돌아가자 키르케는 사랑의 묘약 대신에 괴물로 변하게 하는 사악한 독약을 만들었다.

키르케는 스킬라가 물놀이를 즐기기 위해 즐겨 찾는 바닷가 물웅덩이에 독약을 풀어 넣고, 사악한 주술로 만든 독약을 뿌린 후 세 차례 저주의 주문을 외었다. 물웅덩이를 찾은 스킬라는 아무것도 모른 채 물속에 들어갔다. 허리까지 몸을 물에 담갔을 때 갑자기 물속에서 으르렁거리는 짐승의 울부짖음이 들려왔다. 겁에 질린 스킬라는 급히 물웅덩이에서 빠져나왔다. 그런데 자신의 허리 아래가 3중 이빨을 가진 입과 6개의 머리, 12개의 다리를 가진 흉측한 괴물로 변해있었다. 변한 것은 모습뿐이 아니었다. 그녀의 마음속에 사악한 기운이 흘러들어 성격까지 포악하고 잔인해졌다. 글라우코스는 스킬라에게 일어난 변화를 알고 눈물을 흘렸다. 하지만 그녀를 위해 그가 할 수 있는 일이라고는 아무것도 없었다.

전승에 따르면 스킬라의 허리에 여섯 마리의 개의 머리가 생겼는데, 이 개들은 항상 굶주림에 못 이겨 사납게 울부짖었다고 한다. 스킬라로부터 목숨을 구하려면 그녀의 어머니이자 바다의 요정인 크라타이스의 도움을 받는 방법 외엔 없다.

스킬라는 그리스의 메시나 해협 암벽위에 살았다. 메시나 해협은 시칠리아 연안에서 폭이 가장 좁다. 카리브디스의 소용돌이 근처에 살면서 배가 지날 때마다 긴 목을 늘려 배에서 선원들을 물고 갔다. 스킬라는 목이 닿는 거리의 생물들은 모두 잡아먹었기 때문에 해협을 지나는 선원들은 늘 공포에 시달렸다.

스킬라Scylla는 그리스어로 '괴롭히다', '해롭다'라는 뜻을 지닌 skyllo에서 나온 이름이다. 스킬라는 '헤라클레스Hercules'에게 한번 죽었다가 바다 괴물인 아버지 '포르키스Phorcys'의 힘으로 다시 살아났다. 그러나 마지막엔 바위로 변했다.

신화속의 괴물들

　　그리스 로마신화에는 많은 괴물들이 등장한다. 이들은 대부분 신의 자손들로 태어났지만 저주받은 존재들이었다. 그들은 모습도 괴상하고 성격도 사악하며, 신이나 인간과는 적대적 관계였다. 티폰과 에키드나의 자식인 **키마이라**Chimaira는 다양한 동물의 요소를 겸비한 괴물이다. 사자 머리와 염소의 몸통에 독사의 꼬리를 가지고 있다. 입에서는 화염을 뿜어낸다. 벨레로폰의 화살에 맞아 죽었다.

　　그리핀Griffin은 사자의 몸에 독수리의 머리와 날개를 가진 괴물이다. 아폴론의 전차를 끌고, 포도주의 신 디오니소스의 크라테르krater(포도주 원액과 물을 섞을 때 사용하는 고대 그리스의 큰 술독)를 지키는 성스러운 동물의 이미지도 가지고 있다. 하늘의 제왕 독수리와 지상의 제왕 사자가 합쳐진 이미지로 지혜와 용맹을 상징한다.

그리핀과 암말 사이에서 태어난 새끼를 **히포그리프**hippogriph라고 한다. 히포그리프는 아버지 쪽에서 독수리의 머리와 날카로운 발톱, 깃털로 된 날개를 물려받고, 그 외의 부분은 어머니인 말에게서 물려받았다. 그리폰은 독수리와 사자가 합쳐진 것이라면, 히포그리프는 독수리와 말이 합쳐진 모습이다.

저승 세계를 지키는 수문장 **케르베로스**Cerberus와 게리오네우스의 소 떼를 지키는 **오르트로스**Orthus는 둘 다 티폰과 에키드나의 자식들이다. 케르베로스는 머리가 셋 달린 거대한 개의 모습, 오르트로스는 머리가 둘 달린 거대한 개의 모습이며 꼬리 대신 뱀이 달려있다. 오르트로스는 소 떼를 지키다가 헤라클레스의 몽둥이에 맞아 죽었다. 케르베로스는 단 한 번 헤라클레스에게 저승에서 이승으로 끌려 나온 적이 있다.

하르피아이Harpies는 새의 몸에 여자의 머리를 가진 괴물들이다. 이들은 공격 대상이 정해지면 날카로운 발톱과 갈고리 모양의 부리로 인정사정없이 공격한다. 이들의 이름은 각각 '질풍'을 뜻하는 아엘로, '빠른 날개'를 뜻하는 오키페테, '검은 여자'를 뜻하는 켈라이노이다. 그녀들이 만진 것은 모두 썩어버리고, 심한 악취를 풍기기 때문에 그 냄새를 맡은 모든 생물은 견디지 못하고 구역질을 한다.

하르피아이는 '제우스의 사냥개'로 불리기도 한다. 그 까닭은 신들이

헤라클레스와 케르베로스
페테르 파울 루벤스, 1636년

이들을 징벌의 수단으로 이용할 때도 있기 때문이다. 대표적인 예가 포세이돈의 아들인 피네우스의 경우이다. 예언자인 그는 입이 가벼워 신들의 뜻인 예언을 경솔하게 털어 놓았다. 이 때문에 신들의 노여움을 샀고 징벌을 받게 되었다. 이후 식사 때마다 괴물 새 하르피아이Harpyia들이 날아와 음식을 탐욕스럽게 빼앗아 먹거나 배설물로 음식을 더럽혔다. 그는 식사를 못하고 굶주려 아사 직전가지 갔다가 아르고 호 원정대의 도움을 받고나서야 괴물 새의 괴롭힘에서 벗어날 수 있었다.

카리브디스Charybdis는 스킬라와 좁은 해협의 양옆에 마주보고 살았다. 카리브디스는 메시나 해협 일대의 소용돌이가 의인화된 존재로 여겨진다. 전승에 따르면 포세이돈과 가이아의 딸이라고 한다. 그녀는 식욕이 왕성해서 신들의 음식인 암브로시아와 넥타르를 함부로 먹어 치웠다고 한다. 이에 화가 난 제우스가 벼락을 내려쳐 바다로 던지고, 무엇이든지 먹으면 토해내도록 형벌을 내렸다. 그래서 카리브디스는 배고플 때 거대한 아가리로 바닷물을 들이마셨다가 다시 내뿜기를 되풀이했다. 이때 주변에 엄청난 소용돌이가 회오리쳤다. 소용돌이에 휘말린 배들은 모두 뒤집혀져 살아남은 선원이 없었다고 전해진다.

고르곤Gorgon은 바다의 지배자인 포르키스와 케토 사이에서 태어난 딸들이다. 이들 세 자매는 원래 매우 아름다웠고, 자신들의 미모에 대한 자부심도 강했다. 이들은 점점 신들의 눈 밖에 나기 시작했다. 특히 메두사가 포세이돈과 아테나 신전에서 사랑을 나눈 것이 결정적이었다. 아테나는 격노했고, 세 자매는 저주를 받아 괴물이 되었다. 머리카락은 모두 뱀으로 변했고, 입에는 멧돼지의 어금니가 솟아났다. 독살스러운 눈은 살기가 번득였고, 뱀의 혀는 연신 날름거렸다. 거친 털과 날카로운 발톱, 등에는 박쥐와 같은 날개가 달려있었다. 이들의 끔찍한 모습을 보기만 해도 모든 생명체가 돌로 변했다. 세 자매 중 막내인 메두사는 불사의 몸이 아니었지만 언니들은 불사의 몸을 가졌다. 메두사는 페르세우스의 칼에 머리가 잘렸다. 잘린 머리는 아테나 여신의 방패 아이기스에 장식되었다.

헤라클레스와 레르나의 히드라
구스타프 모로, 1876년

히드라Hydra는 티폰과 에키드나의 자식인 머리가 아홉 개 달린 거대한 괴물 뱀이다. 고대 그리스어로 '물뱀'을 뜻한다. 히드라의 가운데 머리는 불사의 힘을 가지고 있어서 죽지 않는다. 칼로 머리를 자르면 잘린 곳에서 두 개의 머리가 다시 생겨났다. 헤라클레스에게 퇴치 당했다.

외눈박이 키클롭스나 황소머리 미노타우로스, 뱃사람을 유혹하는 세이렌, 스킬라와 카리브디스, 켄타우로스, 스핑크스 등 신화의 괴물들은 대부분 영웅들과 관련되어 있다. 영웅들은 성장하는 과정에서 괴물을 만나 온갖 고난을 이겨내고 결국 괴물을 물리치게 된다. 대부분의 이야기에는 인간의 성장과 자아실현이 강하게 투영되어 있다. 또한 이

러한 요소는 신화처럼 오랫동안 영향력 있는 이야기로 승화할 수 있는
조건 중 하나가 되었다.

07
|
|
|
•

사랑
그리고 비극

오이디푸스 콤플렉스

    테베의 왕 라이오스Laius는 델포이 신전에서 '자식에게 살해당한다.'라는 신탁을 받았다. 그는 결혼 후에도 예언이 성취되는 것이 두려워서 아내와의 잠자리를 피했다. 그러던 어느 날 술에 취하여 자제심을 잃은 그는 아내와 결국 동침하고 말았다. 운명의 장난처럼 그의 아내는 단 한 번의 잠자리로 임신해 사내아이를 낳았다. 라이오스는 갓난 아들을 없애기로 마음먹고 아기의 복사뼈에 핀을 박아 걷지 못하게 만들었다. 그는 왕궁의 양치기를 불러 아기를 키타이론Cithaeron 산속 깊은 곳에 버리고 오라고 명령했다. 그러나 양치기는 차마 그 명령을 따르지 못하고 코린토스Corinth 왕 폴리보스Polybus의 양치기에게 맡겼다. 아들이 없었던 코린토스의 왕은 왕비와 의논하여 그 아기를 양자로 삼고 '부은 발'이라는 뜻의 오이디푸스Oedipus라고 이름 지었다.

오이디푸스는 폴리보스 왕의 극진한 보살핌 속에 훌륭한 젊은이로 성장했다. 그는 지혜와 완력은 물론 모든 면에서 기량이 출중했다. 출생의 비밀을 모른 채 성장한 오이디푸스는 어느 날 연회장에서 자신이 왕의 친아들이 아니라는 이야기를 들었다. 비록 술주정뱅이가 한 말이었지만 그 말은 오이디푸스의 마음을 크게 뒤흔들었다. 그는 친부모라고 믿고 있던 왕과 왕비에게 고민을 털어 놓고 출생의 진실을 알려달라고 간청했다. 왕과 왕비는 주정뱅이가 허튼소리를 했다면서 분통을 터뜨렸다.

"너는 우리부부의 친아들이 틀림없단다."

왕과 왕비가 힘주어 말했다. 하지만 부모의 대답만으로 확신할 수 없었던 오이디푸스는 델포이로 가서 아폴론 신탁에 물었다.

"제 친부모는 누구입니까?

그러자 신탁은 그 물음에 답하지 않고 엉뚱한 계시를 내렸다.

"너는 아비를 죽이고 어머니와 혼인할 운명을 타고 났다."

오이디푸스는 신탁을 받고 큰 충격에 휩싸였다. 그는 친부모라고 믿고 있는 폴리보스 왕과 메로페 왕비가 살아있는 동안에는 코린토스 근처에도 얼씬거리지 않겠다고 다짐했다. 오이디푸스는 신전을 나와 집으로 돌아가지 않고 코린토스와 정반대 방향으로 여행길에 올랐다.

피할 수 없는 신탁

어느 날 오이디푸스는 울창한 숲을 지나가던 중 갈림길 한 복판에서 마주오던 화려한 마차와 맞닥뜨렸다. 그 마차에는 오이디푸스의 친아버지 라이오스가 타고 있었다. 마차의 뒤에는 서너 명의 호위병이 따랐다.

당시 테베에는 스핑크스Sphinx라는 괴물 때문에 온 나라가 공포의 도가니에 빠졌다. 이 괴물은 지나가는 사람들에게 수수께끼를 내고 풀지 못하면 잡아먹었다. 라이오스는 어떻게 하면 재앙을 멈출 수 있는지 그 방법을 묻고 신탁을 얻기 위해 델포이로 가던 참이었다.

마차를 끌던 마부가 마주 오는 오이디푸스에게 길을 비키라며 고압적인 자세로 외쳤다. 마부의 태도에 불쾌해진 오이디푸스는 길을 내주지 않고 그 자리에 버티고 섰다. 그러자 마차 안에 있던 라이오스가 마차 밖으로 몸을 내밀고는 단장短杖을 휘둘러 오이디푸스를 후려치려 했다. 그 모습에 격분한 오이디푸스는 라이오스 일행을 덮쳐 그들을 몰살시켰다. 이렇게 해서 라이오스가 아들의 손에 죽게 된다는 신탁은 실현되었다. 하지만 오이디푸스는 그 사실을 전혀 알지 못했다.

다시 길을 떠난 오이디푸스는 테베로 향했다. 테베에서는 라이오스 왕이 비명횡사한 후 왕비 이오카스테의 오빠인 크레온Kreon이 왕비를 대신하여 섭정을 하고 있었다. 스핑크스가 몰고 온 공포로 온 나라가 떨고 있을 때, 갑작스런 왕의 부재까지 겹치자 민심은 매우 흉흉해졌다.

크레온은 민심을 수습하고 나라를 안정시킬 대책이 필요했다. 그는 전국에 방을 붙였다.

"스핑크스를 없애고 이 재앙을 멈추는 자에게 이오카스테 왕비와

오이디푸스와 스핑크스
장 오귀스트 도미니크 앵그르, 1808년

결혼시켜 테베의 왕으로 삼겠다. ”

테베에 들어온 오이디푸스는 그 방을 보고 스핑크스를 찾아갔다.

스핑크스는 오이디푸스를 보자마자 대뜸 수수께끼를 냈다.

"아침에는 네 발로 걷고, 낮에는 두 발로 걸으며, 저녁에는 세 발로 걷는 것이 무엇이냐?"

오이디푸스는 고민하지 않고 즉시 대답했다.

"답은 사람이다! 사람은 어릴 때는 네 발로 기어 다니고, 젊어서는 두 발로 다니며, 늙어서는 지팡이를 짚고 다니기 때문이다."

스핑크스는 오이디푸스가 답을 맞히자 충격을 받고 그대로 절벽에서 몸을 던져 목숨을 끊었다. 스핑크스를 없앤 오이디푸스는 테베 시민들의 열광적인 환영을 받았다. 또한 '인간 중에서 가장 지혜로우며 동시에 용감한 자'라는 명예를 얻었다.

오이디푸스는 크레온의 약속대로 이오카스테 왕비와 결혼해 테베의 왕이 되었다. 그는 친어머니와 결혼한 사실을 꿈에도 생각하지 못한 채 왕비 이오카스테에게서 네 명의 자녀를 얻었다.

오이디푸스는 평화롭게 나라를 다스렸고, 세상에 부러울 것 없는 행복한 시간을 보냈다.

그러던 어느 날 갑자기 작물이 자라지 않는 현상이 나타났다. 사람이나 가축이 자손을 낳지 못하고, 역병이 창궐해 사람들이 속절없이 죽어가는 끔찍한 재앙이 테베를 덮쳤다. 오이디푸스는 재앙의 원인과 해결 방법을 아폴론 신에게 묻고자 크레온을 델포이로 보냈다.

"이 재앙은 라이오스 왕을 살해한 범인이 마땅히 받아야 할 형벌을 받지 않고 테베에서 안락한 삶을 누리고 있기 때문에 일어났다. 그 범인을 찾아내서 사형에 처하거나 국외로 추방해야 이 재앙을 끝낼 수 있다.”

크레온은 신탁을 받고 돌아와 오이디푸스에게 그대로 전했다. 오이디푸스는 반드시 범인을 찾아내서 엄벌에 처하고 이 재앙을 멈추겠다고 테베 시민들에게 약속했다. 그는 선왕인 라이오스가 살해된 경위를 조사하고 필요한 정보를 수집하여 사건의 실마리를 풀고자 했다.

조사 결과 라이오스 왕은 스핑크스를 물리칠 방법을 묻고자 델포이로 가던 길에 노상강도 떼의 습격을 받아 목숨을 잃었다는 사실을 알게 되었다. 그런데 사건이 일어난 장소가 마음에 걸렸다. 과거 자신이 마차를 몰던 마부와 시비가 붙어 그 일행들을 모두 죽였던 생각이 났다.

어쩌면 그때 죽였던 남자가 라이오스일지 모른다는 사실을 깨닫자 등골이 오싹해졌다.

오이디푸스는 이오카스테 왕비에게 당시 라이오스 왕이 어떤 복장을 했었는지 묻고 나서 그의 생각은 확신에 가까워졌다. 그는 라이오스를 살해한 범인이 바로 자신이라는 사실에 의문의 여지가 없음을 깨닫고 망연자실했다. 다만 라이오스 왕을 살해한 상대가 한 명이 아니라 무리였다는 증언에 실낱같은 희망을 걸었다. 또한, 일행 중 한 명이 살아서 도망쳐 왔다는 점도 위안이 되었다. 당시 자신의 기억에는 살아서 도망친 자가 없었기 때문이다. 오이디푸스는 그 목격자가 라이오스 왕이 강도 떼에게 목숨을 잃었다고 확인해주기를 기대했다.

오이디푸스가 목격자를 찾고 있을 때 코린토스에서 폴리보스 왕의 죽음을 알리기 위해 사자가 왔다. 그는 과거 오이디푸스를 폴리보스 왕에게 양자로 보냈던 양치기였다. 사자는 오이디푸스에게 코린토스로 와서 왕위를 물려받으라는 폴리보스 왕의 유언을 전했다. 오이디푸스는 사자에게 자신이 받은 신탁을 밝히며, 어머니 메로페와 결혼하게 될 위험이 있어서 돌아가지 않겠다고 말했다. 그러자 사자는 오이디푸스가 폴리보스 왕의 친아들이 아니라 입양아였다는 사실을 털어놓았다. 또한 라이오스 왕의 양치기가 자신에게 오이디푸스를 넘겨주었다는 사실도 이야기했다.

오이디푸스와 사자의 이야기를 듣고 있던 이오카스테는 오이디푸스가 자신의 아들임을 알게 되었다. 그녀는 큰 충격을 받았지만 내색하지 않고 조용히 그 자리를 물러나 자기의 방으로 돌아와 목을 매고 자살했다.

오이디푸스 역시 자신의 출생 비밀을 깨닫고 큰 충격에 휩싸였다. 그는 이오카스테의 시신을 발견하고 심한 죄책감과 슬픔에 사로잡혀 스스로 자신의 두 눈을 찔러 멀게 했다. 그는 테베를 떠나 고행을 거듭하다가 최후에는 아테네의 왕 테세우스의 보호 아래 숨을 거뒀다.

거인 오리온의 사랑

바다의 신 포세이돈은 미노스 왕의 딸인 에우리알레Euryale와 사랑을 나누었고, 그들 사이에서 오리온Orion이 태어났다. 오리온은 조각상을 빚어놓은 듯 아름다운 남자였고, 뛰어난 사냥꾼이었다. 그는 보통 사람과는 다른 거구에다 아버지 포세이돈으로부터 바닷속을 자유롭게 걸어 다니는 능력을 부여받았다.

오리온은 시데Side와 결혼하여 미네페와 메티오케라는 두 딸을 얻었다. 시데는 오만하게도 헤라와 아름다움을 경쟁하다가 헤라의 분노를 사서 저승세계로 추방당했다.

아내를 잃고 상심한 오리온은 키오스 섬의 공주인 메로페Merope에게 호감을 가졌다. 그는 메로페의 아버지인 오이노피온Oenopion 왕을 찾아가 정식으로 구혼했다. 그러나 왕은 오리온을 마음에 들어 하지 않았다. 그는 키오스 섬 깊숙한 곳에 사는 괴물 사자를 처치하면 딸과의 결혼을 승낙하겠다고 약속했다. 오리온은 그 약속을 믿고 맨손으로 사자를 때려잡은 후 가죽을 벗겨 메로페에게 바쳤다. 하지만 오이노피온은 약속을 지키지 않고 차일피일 미루기만 했다. 화가 난 오리온이 약속을 이행할 것을 독촉하자, 오이노피온은 슬슬 짜증이 나기 시작했다. 그는 골칫거리를 없애기로 마음먹었다.

오이노피온은 포도주의 신 디오니소스의 아들이었다. 그는 아버지로부터 포도주 제조법을 배워 만든 포도주를 창고에 가득 보관하고 있었다. 왕은 오리온을 초대하여 포도주를 맛보게 했다. 처음 마신 포도주의 오묘한 맛에 빠진 오리온은 왕이 권하는 대로 계속 마셔대다가 결국 만취하여 잠에 곯아 떨어졌다. 오이노피온은 시뻘겋게 달군 쇠꼬챙이로 오리온의 두 눈을 지져 장님으로 만들었다. 시력을 잃은 오리온은 바닷가에 버려졌다.

장님이 된 오리온은 '동쪽나라로 가서 아침에 떠오르는 태양 빛을 받으면 시력을 회복할 수 있다'는 신탁을 받았다. 오리온은 렘노스 Lemnos 섬의 대장간에서 헤파이스토스가 쇠붙이를 두들기는 소리를 들으며 청각에 의지하여 대장간으로 찾아갔다. 대장간에는 케달리온 Cedalion이라는 소년이 있었다. 그는 헤파이스토스의 제자였다. 오리온은 케달리온을 어깨에 앉게 하고 그가 인도하는 대로 동쪽나라로 향했다.

마침내 동쪽나라에 도착한 오리온은 태양신 헬리오스Helios를 만

아르테미스와 오리온
요한 하인리히 티슈바인, 1762년 이후

나, 그가 준 빛을 눈에 받아 시력을 회복할 수 있었다. 그와 동시에 마음까지 정화되어 오이노피온에 대한 복수심과 메로페에 대한 사랑의 감정도 깨끗이 씻어 버렸다.

오리온은 크레타Creta 섬으로 건너가 사냥을 하며 지냈다. 그는 숲의 요정들과도 자연스럽게 어울리게 되었고, 사냥의 여신 아르테미스와도 친해졌다. 아르테미스와 오리온은 서로 생각이 비슷하고 마음도 잘 맞았다. 그들은 하루 종일 숲을 돌아다니며 함께 사냥을 즐겼다. 오리온과 아르테미스는 우정을 넘어 사랑의 감정으로 발전하고 있었다. 그러나 아폴론은 자신의 누이가 오리온과 연인처럼 지내는 것이 매우 불쾌하고 못마땅했다. 아폴론은 오리온을 없애기로 마음먹었다.
어느 날 아침, 태양을 주관하던 아폴론은 바다를 건너가는 오리온을 발견했다. 그 순간 아폴론은 오리온을 죽일 계략이 떠올랐다.

아폴론은 활 솜씨를 겨루자는 핑계로 아르테미스를 바닷가 절벽 위로 불러냈다. 그리고 남매는 먼 바닷가에 어렴풋이 보이는 점을 표적으로 활쏘기 시합을 했다. 아폴론은 아르테미스에게 먼저 쏠 것을 권했다. 그녀가 화살을 날려 표적을 명중시키자, 그제야 아폴론은 그 표적이 오리온임을 밝혔다. 아르테미스는 깜짝 놀라 바닷가로 달려갔다. 파도가 오리온의 시체를 해안의 모래톱으로 밀어냈다. 아르테미스는 오리온의 시체를 끌어안고 오열했다. 그녀는 오리온을 영원히 기억하기 위해 밤하늘의 별자리로 만들었다.

오리온의 죽음에 관해서는 다른 설도 있다. 사냥꾼이 된 오리온은 어느 날 자신의 사냥 솜씨가 세상에서 가장 뛰어나다고 자랑했다. 그는 '이 세상의 모든 짐승을 모조리 사냥하겠다'고 선언했다. 이 말을 들은 대지의 여신 가이아는 오리온의 불경함에 크게 노했다. 그녀는 전갈 한 마리를 오리온에게 보냈고, 전갈은 독이 있는 꼬리로 그를 찔러 죽였다. 오리온의 죽음을 슬퍼한 아르테미스는 오리온을 밤하늘의 별자리로 만들었다. 이것이 오리온자리다. 그런데 별자리가 된 오리온은 지금도 전갈이 두려워서, 전갈자리가 오를 무렵이면 오리온자리가 가라앉게 되었다고 한다.

오리온자리는 겨울철 남쪽 하늘의 별자리이다. 라틴어 이름으로 Orion이라고 하며 천문학에서 사용하는 약자로는 Ori라고 사용된다.

에로스와
프시케

어느 왕국에 프시케Psyche라는 공주가 살았다. 프시케의 어원은 그리스어로 영혼soul이라는 뜻이다. 세 자매 중 막내였던 그녀는 심성도 고왔고, 용모도 빼어나게 아름다웠다. 그녀의 아름다움에 대한 소문은 이웃나라로부터 먼 나라까지 퍼져나갔다. 사람들은 프시케가 미의 여신 아프로디테보다 아름답다고 경의와 찬사를 보냈다. 시간이 지날수록 미의 여신에 대한 관심과 존경심은 줄어들었고, 프시케에 대한 관심은 더욱 높아졌다. 사람들은 앞을 다투어 프시케를 칭송했다. 그 사실이 아프로디테를 분노하게 했다. 그녀는 참지 못하고 아들인 에로스를 불렀다.

"당장 가서 저 계집이 세상에서 가장 추한 남자를 사랑하도록 만들어라."

어머니의 심기가 몹시 불편하다는 것을 눈치챈 에로스는 준비를 서둘렀다. 아프로디테의 뜰에는 두 개의 샘이 있는데 그중 하나는 물맛이 달고 하나는 썼다. 에로스는 이 물을 두 개의 호박 병에 각각 담아서 챙긴 뒤 프시케의 방으로 갔다. 프시케는 깊이 잠들어 있었다. 그 모습이 어찌나 아름다운지 에로스의 마음까지 흔들어 놓았다. 그러나 곧 마음을 다잡은 에로스는 화살촉을 프시케의 옆구리에 가져갔다. 이때 피부에 감촉을 느낀 프시케가 놀라서 눈을 뜨고 에로스를 빤히 쳐다보았다. 순간 당황한 에로스는 화살로 그만 자기 몸을 찌르고 말았다. 그는 이 상황을 수습하기 위해 프시케의 머리카락에 향기로운 물을 뿌렸다. 그러나 이미 사랑의 화살에 상처를 입은 에로스는 프시케를 사랑하게 되었다.

그 일이 있고 난 뒤 프시케에게는 이상하게도 청혼이 들어오지 않았다. 사람들은 여전히 그녀의 아름다움을 칭송했지만, 그녀에게 구애하는 남자는 단 한명도 없었다. 혼기가 찬 아름다운 딸에게 구혼자가 나타나지 않자 그녀의 부모는 신탁을 청했고, 딸을 산속의 괴물에게 신부로 바치라는 응답을 들었다. 신탁을 받은 그녀의 부모는 시름에 빠졌다. 그러나 정작 당사자인 프시케는 태연하게 자신의 운명을 받아들였다.

프시케는 운명에 따라 신부 복장을 하고 산 위로 올라갔다. 바람의 신 제피로스Zephyros는 그녀를 아름다운 정원이 있는 화려한 궁전으로 안내했다. 황금 기둥이 둥근 천장을 떠받치고 있는 궁전 내부에는 곳곳마다 훌륭한 조각품들로 장식되어 있었다. 그리고 방마다 휘황찬

란하게 빛나는 보석과 보물 그리고 진귀한 물건들이 가득했다. 또한, 목소리만 들리는 시종들이 그녀를 위해 온갖 시중을 들어주었다.

밤이 되자 신랑이 나타나 그녀를 신부로 맞이했다. 그런데 남편은 프시케에게 무슨 일이 있어도 절대 자신의 모습을 보려고 해서는 안 된다고 신신당부했다. 다음 날 아침 프시케가 잠에서 깼을 때 그녀의 남편은 흔적도 없이 사라지고 없었다. 남편은 밤이면 나타났다가 날이 밝기 전 사라지기를 반복했다. 프시케는 남편의 모습이 궁금하기도 했지만, 큰 불만 없이 궁전에서 하루하루를 행복하게 보냈다.

어느 날 두 언니가 동생이 보고 싶어서 프시케를 찾아왔다. 그녀들은 동생이 화려한 궁전에서 부족함 없이 여왕처럼 사는 모습을 보자 동생의 남편이 어떤 사람인지 궁금해졌다. 하지만 언니들이 캐물어도 프시케는 남편에 대해서는 입을 닫았다. 프시케는 언니들을 위해 성대한 잔치를 베푼 후 돌아갈 때는 진귀한 보물들을 선물로 챙겨주었다. 그날 밤 남편은 프시케에게 무슨 일이 있어도 자신의 모습을 보면 안 되며, 만약 이를 어기면 불행한 일이 닥칠 것이라며 재차 경고했다.

언니들이 두 번째 방문했을 때 프시케는 임신을 하고 있었다. 프시케는 이번에도 성대한 잔치를 베풀어 대접한 후 돌아갈 때는 푸짐한 선물을 챙겨주었다. 언니들은 질투와 동시에 동생의 남편에 대한 궁금증이 더욱 커졌다.

세 번째 언니들이 방문했을 때 그녀들은 동생이 남편의 얼굴을 모른다는 사실을 알게 되었다. 두 언니는 동생의 남편이 괴물이 분명하다며 계속 의심을 부추겼고, 프시케의 마음을 흔들어 놓았다. 두 언니는

프시케와 에로스
윌리앙 아돌프 부그로, 1895년

돌아가면서도 남편의 얼굴을 확인하고 만약 괴물이면 가차 없이 죽이라고 프시케에게 충고했다. 그날 밤에도 남편은 평소처럼 같은 시간에 돌아와 프시케의 옆에 누워 잠이 들었다. 프시케의 뇌리에는 언니들의 충고가 계속 맴돌았다. 그녀는 호기심을 이기지 못하고 촛불로 잠이 든 남편의 모습을 비췄다. 그러나 그곳에는 무서운 괴물이 아니라 아름답고 매혹적인 사랑의 신 에로스가 잠들어 있었다.

프시케는 빛나는 에로스의 모습에 취해 넋을 잃고 바라보다가 그만 촛농을 한 방울 에로스의 어깨에 떨어뜨렸다. 깜짝 놀라 잠에서 깬 에로스는 아내에게 자신의 정체가 탄로 나자 그 즉시 프시케의 곁을 떠나버렸다. 그러자 화려한 궁전도 아름다운 정원도 순식간에 눈앞에서 사라졌다. 프시케는 자신의 행동을 후회했지만 소용없었다.

그날부터 프시케는 에로스를 찾아 온 땅을 헤매었다. 하지만 그 어느 곳에서도 에로스를 만날 수 없었다. 어느 날 그녀는 우연히 데메테르Demeter의 신전을 찾았다가 어지럽혀진 신전 내부를 깨끗이 정리해 주었다. 데메테르는 프시케의 정성에 감동했다. 여신은 프시케에게 아프로디테를 찾아가 겸손과 순종으로 받들라며 조언했다.

프시케는 아프로디테를 찾아가 용서를 빌고 에로스를 만나게 해달라고 애원했다. 아프로디테는 그녀의 진심을 시험하려고 인간이 감당하기 어려운 여러 가지 일을 시켰다.

첫 번째 주어진 일은 보리와 밀, 좁쌀 등이 섞여있는 곡물 더미를 저녁때까지 종류별로 분리하는 일이었다. 두 번째는 황금 양털을 가져오는 일이었고, 세 번째는 높고 험한 산꼭대기 정상에 있는 샘에서 물을 길어오는 일이었다. 이 세 가지 일은 모두 프시케처럼 연약한 여인의 몸으로 도저히 성공할 수 없는 일이었다. 하지만 그녀는 에로스의 도움으로 무사히 일을 마쳤다. 그러자 아프로디테는 더욱 어려운 일을 시켰다.

아프로디테가 준 상자를 가지고 저승세계로 내려가서 페르세포네 Persephone의 화장품을 얻어 오는 일이었다. 프시케는 절망하여 높은 탑에 올라가 몸을 던지려 했다. 그러자 탑이 저승세계로 가는 방법을 가르쳐주면서 돌아올 때 절대 화장품이 든 상자 속을 들여다보면 안 된다고 충고했다.

프시케는 탑이 가르쳐 준 대로 페르세포네를 만나 상자에 화장품을 얻어 돌아왔다. 그러나 도중에 호기심을 이기지 못하고 상자를 열었는데, 그 순간 그녀는 깊은 잠에 빠져들었다. 상자 안에는 아름다움이 아니라 죽음의 잠이 들어 있었던 것이다. 그러나 에로스가 죽음의 잠이 든 상자를 닫고 그녀를 깨웠다.

에로스는 제우스에게 나아가 프시케와의 결혼을 인정해줄 것을 호소했다. 제우스는 그 청을 받아들여 헤르메스에게 프시케를 올림포스로 데려오도록 했다. 프시케는 제우스가 따라주는 불로불사의 술 넥타르를 마시고 여신이 되었다. 그리고 사랑의 신 에로스의 아내로 인정받고 모든 신에게 축복을 받았다. 둘 사이에 딸이 하나 태어났는데 그 이름은 '환희'였다.

월계수가 된 요정
다프네

다프네Daphne는 강의 신 페네이오스Peneus의 막내딸이다. 그녀는 요정들 중에서 가장 아름답고 매혹적이었다. 수많은 사내가 그녀의 아름다움과 매력에 이끌려 구애를 했지만, 다프네는 눈길 한번 주지 않았다. 그녀는 결혼이나 사랑에는 아예 관심을 두지 않았다. 오로지 숲의 요정들과 어울리며 짐승을 쫓고, 달과 사냥의 여신인 아르테미스Artemis를 추종했다.

사랑의 신 에로스는 항상 활을 지니고 있었다. 어느 날 태양의 신 아폴론은 에로스를 보고 장난기가 발동했다. 그는 에로스의 작은 활이 꼬마에게 딱 어울리는 물건이라고 놀렸다. 이에 화가 난 에로스는 아폴론을 골탕 먹이기로 마음먹었다.

며칠 후 아폴론이 사냥을 나가자 에로스는 몰래 그 뒤를 따라갔다.

에로스가 숨어서 보니 아폴론이 사냥하는 숲에 강의 신 페네이오스의 아름다운 딸들이 모여 즐겁게 노는 모습이 보였다. 그중 막내인 다프네는 자매 중에서 가장 아름다웠다.

에로스는 화살통에서 황금 화살을 꺼내 아폴론의 뼈를 지나 골수에 이르도록 쏘았다. 그다음 납으로 만든 화살을 꺼내 다프네의 심장을 쏘았다. 아폴론에게 쏜 황금 화살은 사랑의 마음을 불러일으키는 힘이 있었고, 납으로 만든 화살은 상대의 사랑을 거부하게 만드는 힘이 있었다. 화살의 효과는 즉시 나타났다.

아폴론은 다프네를 보자마자 불같은 사랑에 빠졌고, 다프네는 아폴론의 사랑 고백에 몸서리를 치며 도망갔다. 하지만 그럴수록 아폴론의 마음속에 다프네를 향한 사랑이 더욱 불타올랐다.

아폴론은 하루 종일 다프네의 별처럼 반짝이는 눈동자와 매혹적인 입술, 희고 가녀린 손가락, 손과 손목과 팔 그리고 상아처럼 희고 빛나는 어깨만을 응시했다. 다프네는 아폴론의 시선에 치를 떨면서 더욱 강하게 그를 뿌리쳤다.

아폴론은 계속 다프네를 쫓았고, 다프네는 계속 달아났다. 아폴론은 사랑을 얻고자 달렸고, 다프네는 공포에서 벗어나고자 달렸다. 그러다가 다프네는 결국 기운이 빠져 더는 도망갈 수 없었고, 아폴론은 마침내 다프네를 따라잡았다.

다프네는 눈물을 흘리며 강의 신인 아버지에게 더 이상 아폴론에게 쫓기지 않도록 도움을 요청했다. 페네이오스는 아폴론보다 하급 신이었기에 대항하지 못하고 딸의 모습을 월계수나무로 만들었다. 그녀의

아폴론과 다프네
조반니 바티스타 티에폴로, 1744년

가슴 주위로부터 얇고 부드러운 껍질이 생겨났고, 머리카락은 잎이 되어 바람에 흔들렸다. 그녀의 팔은 가지로 변했고, 두 발은 흙 속 깊이 뿌리를 내렸다. 아폴론은 월계수로 변한 다프네를 끌어안고 슬피 울었다.

아폴론은 월계수를 자신을 상징하는 나무로 삼았다. 그 후 그리스인들은 월계수의 잎과 가지를 엮어서 만든 둥근 관을 경기의 승리자들에게 씌워 아폴론의 뜻을 기리게 되었다.

월계관은 명예·영광의 상징이 되어 영웅이나 시인의 영관榮冠으로 사용되었다. 또한, 여러 가지 경기나 학문 등의 업적을 기리는 상장·상패 등에 인쇄·조각되어 영예의 표지로 쓰이기도 했다. 일반적으로 가장 뛰어난 사람을 찬양하는 추상적 표현이기도 하다.

메아리가 된 요정
에코

에코Echo는 헬리콘Helicon 산에 사는 숲의 요정이다. 그녀는 달과 사냥의 여신 아르테미스의 총애를 한 몸에 받았다. 여신과 함께 숲속을 달리며 사냥하는 것은 그녀가 가장 좋아하는 일이었다. 하지만 그 일 못지않게 좋아하는 일이 있었는데 바로 수다를 떠는 것이었다. 그녀가 한 번 입을 열면 이야기는 끊임없이 쏟아져 나왔고, 한 번 시작된 이야기는 끝이 없었다. 그녀는 잠시라도 입을 다물면 입술이 근질거려 참지 못하는 수다쟁이였다.

어느 날 제우스는 지상으로 내려와 숲속의 아름다운 요정들과 어울렸다. 그 사실을 알게 된 헤라는 화가 나서 숲속까지 쫓아왔다. 에코는 제우스가 도망갈 수 있도록 시간을 벌어주기 위해 헤라에게 수다를 떨었다. 에코의 수다는 끝없이 이어졌고, 듣고 있던 헤라는 자신이 왜 숲에 왔는지 목적을 잃어버릴 지경이었다. 그녀가 정신을 차렸을 때 제우스는 이미 숲을 빠져나간 뒤였다. 에코의 의도를 뒤늦게 간파한 헤라는 분노가 폭발했다.

그녀는 에코에게 말을 하지 못하도록 저주를 내렸다. 다만 상대가 먼저 말을 걸면 그 말은 따라 하도록 했다. 이제 에코는 자신의 취미인 수다를 떨 수 없게 되었다. 그녀는 상심한 나머지 숲속 깊이 숨어들었다.

어느 날, 사냥꾼들이 에코가 숨어 사는 숲으로 사냥을 나왔다. 그들 중에는 나르키소스Narcissus라는 아름다운 청년이 있었다. 그는 가는 곳마다 그의 아름다움을 숭배하는 여인들이 줄을 이었다. 그러나 끊임없이 찬사를 받아온 그의 눈에는 여인들이 하찮게만 여겨졌다.

그는 자신의 용모에 빠져든 여인들의 한숨과 수줍음, 그리고 애정 어린 시선 등을 아주 당연한 것으로 여겼으며, 자신은 누구보다 훌륭하다고 생각했다. 그는 수많은 여인들의 사랑을 걷어차면서도 단 한 번도 미안한 마음을 갖지 않았다.

사슴을 쫓던 나르키소스는 일행들한데서 혼자 떨어지게 되었다. 그는 길을 잃고 헤매다가 바위 뒤에 숨어있던 에코와 마주쳤다. 에코는 나르키소스를 보고 한눈에 반했다.

먼저 말을 할 수 없었던 에코는 내심 나르키소스가 자신에게 말을 걸어주기를 바랬다. 그런데 정작 나르키소스가 말을 걸자 그의 말을 똑같이 따라하고 말았다. 나르키소스는 에코가 자신의 말을 따라하자 처음엔 장난으로 흉내를 내는 것으로 생각했다. 그러나 하는 말마다 에코가 계속 따라하자 자신을 놀리는 것으로 오해하여 화를 내며 그 자리를

에코와 나르키소스
존 윌리엄 워터하우스, 1903년

떠났다. 점점 멀어지는 나르키소스의 뒷모습을 바라보며 에코는 눈물을 흘렸다.

그날부터 에코는 동굴 속에 틀어박혀 식음을 전폐하며 나르키소스만을 생각했다. 그녀의 몸은 점점 야위어져 가다가 쓰러져 숨을 거두고 말았다. 오랜 시간이 흘러 에코의 몸은 가루가 되어 바람에 날려 흩어졌다. 하지만 에코의 목소리만은 숲에 남아 아직도 나르키소스를 찾아 헤매고 있다. 에코는 숨을 거두기 전 복수의 여신 네메시스에게 나르키소스를 향한 복수를 기원했다. 네메시스는 그녀의 기원을 받아들였다.

에코가 세상을 떠난 지 얼마 후 나르키소스는 헬리콘 산에 사냥을 나갔다. 그는 더위와 갈증을 해소하기 위해 샘을 찾았다. 물을 마시려고 고개를 숙였을 때, 그는 숨이 멈출 듯한 아름다운 얼굴을 발견했다. 보석처럼 빛나는 눈동자, 백옥처럼 흰 피부, 곱슬곱슬한 황금빛 머리카락, 부드러운 뺨과 목, 나르키소스는 그 순간 이루지 못할 사랑에 빠져들었다. 나르키소스는 팔을 뻗어 수면에 비친 형상을 감싸 안고 입을 맞추려했다. 하지만 그의 손이 닿을 때마다 그 형상은 사라졌고, 그가 물러서면 다시 나타났다. 나르키소스는 자신의 사랑을 전하고자 대화를 청했지만 물 위에 비친 그는 야속하게도 답이 없었다.

마침내 나르키소스는 그 아름다운 사람이 바로 자신임을 깨달았다. 하지만 그 사실을 알고서도 자아도취에 빠진 그는 매일 샘에서 자신의 얼굴을 들여다보며 그 낙樂으로 살았다. 아름답고 생동감 넘치던 젊은 이의 모습은 점점 야위어져 갔다. 그러다가 나르키소스는 이룰 수 없는 사랑을 탄식하며 죽음을 맞았다. 슬픔에 잠긴 요정들은 장례를 치르기 위해 장작더미를 쌓고 그의 시체를 찾았다. 하지만 그들이 찾아낸 것은 황금빛 꽃받침 주위로 하얀 잎이 달린 수선화였다. 신들이 나르키소스를 동정하며 꽃으로 다시 태어나게 한 것이었다. 그래서 수선화의 꽃말은 '자기사랑'이 되었다.

에코에 대한 또 다른 이야기가 있다. 목신牧神 판Pan이 에코를 찬미하며 연정을 품었다. 그러나 에코는 판의 사랑을 외면하고 사티로스Saturos를 사랑했다. 앙심을 품은 판은 에코가 말을 하지 못하게 하고 남의 말을 반복하도록 만들었다. 그러자 그녀의 말버릇에 분개한 양치기들이 에코를 갈기갈기 찢어 죽였다. 그러나 대지의 여신인 가이아가 그 시체를 거두어, 말을 반복하는 힘만은 계속 남겨두었다고 한다. 귀엽고 사랑스러운 모습의 요정 에코는 나중엔 모습이 완전히 사라지고 목소리만 남아 메아리가 되고 말았다.

그리스인들은 특정한 자연현상 속에 요정이 있다고 생각했다. 요정은 인간과 신의 중간쯤에 존재하며, 수명은 인간보다 길지만 신처럼 불사의 존재는 아니다. 요정은 젊고 아름다운 여자의 모습이 많고, 주로 신이나 인간과 관계를 맺어 아이를 낳았다.

요정은 사는 지역에 따라 그 종류가 분류된다. 나무에 사는 드라이어드Dryad, 산에 사는 오레이아스Oread, 물에 사는 나이아데스Naiades, 바다에 사는 네레이데스Nereides가 있다.

조각상을 사랑한 남자
피그말리온

피그말리온Pygmalion은 키프로스Cyprus 섬에 사는 젊고 잘생긴 조각가였다. 그곳의 소녀들은 이 미남 조각가에게 열광했다. 그는 외모 못지않게 조각에 대한 실력도 매우 뛰어났기 때문이다. 상아나 대리석을 조각하는 그의 솜씨는 타의 추종을 불허했다. 그는 작품에 영혼을 불어넣어 생명이 없는 차가운 물질을 마치 살아있는 인간처럼 바꾸어 놓았다.

그런데 이 천재 조각가는 자신을 흠모하는 수많은 여성들에게 눈길조차 주지 않았다. 그는 성적으로 문란한 여인들에게 혐오감을 느꼈으며, 그들을 멀리했다. 그럼에도 피그말리온은 여성의 아름다움과 순수함을 누구보다 이상적으로 표현해냈다. 그는 심지어 절대로 결혼하지 않겠다고 맹세했다.

키프로스의 소녀들은 이런 피그말리온에게 더욱 열광했지만, 그의 무관심에 애만 태워야 했다. 피그말리온은 자신이 추구하는 이상 세계의 아름다움에 깊이 심취했다. 속세의 아름다움은 전혀 그의 관심의 대상이 아니었다. 그런 이유로 피그말리온이 여성들에게 흥미를 느끼지 못했다. 키프로스의 소녀들은 이 젊은 조각가가 추구하는 이상 세계의 아름다움을 이해하지 못한 채 그의 사랑만을 갈구하고 있었다.

피그말리온이 추구했던 이상의 세계는 그가 손에 연장을 쥐고 조각만 하면 금방 손에 잡힐 것 같았다. 그는 자신의 이상을 실현하기 위해 상아를 깎아 여인을 만들기 시작했다. 그것은 아무도 본 적이 없는 완벽한 아름다움을 갖춘 상상 속의 모습이었다. 그는 세상 어딘가에는 틀림없이 존재할 것이라고 믿고 있는 아름다운 여성의 진수를 표현하고자 조각에 혼을 불어넣었다. 그는 밤낮을 가리지 않고 정과 망치를 이용하여 상아를 조각하고 끌로 다듬는 작업에 몰두했다.

마침내 그의 손에서 아름다운 여인의 조각상이 완성되었다. 피그말리온은 경이로운 눈으로 자신의 작품을 바라보았다. 세상에 둘도 없는 걸작을 만든 성취감이 그를 휘감았다.

조각은 완벽했고, 최고의 미를 지니고 있었다. 자신을 창조한 창조주 앞에 조각은 영롱한 빛을 발했다. 그녀의 가슴에 귀를 가져가면 금방이라도 심장의 박동 소리가 들릴 것만 같았다. 더할 것도 보탤 것도 없는 완벽한 아름다움 그 자체였다.

보면 볼수록 조각은 경이롭고, 살아있는 여인을 마주하는 것처럼 흥분되었다. 금방이라도 손을 내밀면 그 손을 잡아줄 것 같았고, 말을 걸면 입을 열어 대꾸할 것 같았다.

결국, 피그말리온은 자신이 만든 조각상과 열정적인 사랑에 빠졌다. 차갑고 표면이 매끄러운 상아 조각은 마치 생명이 있는 것처럼 온기가 느껴졌다. 마치 인간의 따뜻한 체온을 지닌 듯 보였다. 피그말리온은 그녀에게 갈라테이아Galatea라는 이름을 붙여주었다. 이제 그녀는 살아있는 실체나 다름없었다.

피그말리온의 삶은 환희 그 자체였다. 그에게 세상은 핑크빛이었고, 그의 말과 행동도 달라졌다. 지금까지 쳐다보지도 않던 키프로스의 소녀들에게도 예의 바르게 대하기 시작했다. 무엇보다 자신이 만든 작품인 갈라테이아를 실제 여인처럼 대하면서 밤낮으로 그 조각상을 어루만졌다. 그녀를 감싸 안기도 하고, 그녀의 입술에 입을 맞췄다. 때로는 그녀가 자신의 입맞춤에 반응한 것처럼 착각에 빠지기도 하고, 그녀의 몸에서 따스한 온기가 느껴지기도 했다.

피그말리온은 그녀에게 말을 걸기도 하고, 온갖 미사여구를 동원하여 그녀를 칭찬하기도 했다. 그녀를 위해 여러 가지 선물도 했다. 반지와 목걸이, 귀걸이 등 아름다운 장신구로 치장해 주었다. 밤이 되면 갈라테이아를 푹신한 깃털 베개와 진홍빛 비단으로 장식된 침대에 눕히고, 그녀와 함께 잠이 들었다. 피그말리온은 어느덧 갈라테이아를 자신의 부인처럼 대하고 있었다. 하지만 곧 모든 것이 부질없음을 깨닫고 마음을 비웠다.

미의 여신 아프로디테를 기리는 축제 일이 다가왔다. 이 축제는 키

322

프로스 시민들에게 매우 특별하고 기쁜 날이었다. 바다의 거품 속에 태어난 아프로디테가 섬에 첫발을 내디딘 날이었기 때문이다. 사람들은 뿔 끝을 황금으로 장식한 한얀 새끼암소의 목에 아름다운 꽃으로 장식한 화환을 걸어 아프로디테의 신전에 바쳤다.

자신들이 불행하다고 여기는 연인들은 아프로디테의 신전에 엎드려 자신들을 도와달라고 애원했다. 피그말리온도 그들 틈에 섞여 무릎을 꿇고 소원을 빌었다. 차마 조각상을 아내로 맞고 싶다는 소원을 말할 수 없어서 이렇게 기도했다.

"제 손으로 만든 갈라테이아와 똑같은 사랑스런 여인을 아내로 맞게 해 주소서."

하지만 아프로디테 여신은 그가 진정으로 원하는 것이 무엇인지 잘 알고 있었다. 여신은 그의 사랑에 감동하여 그를 돕기로 마음먹었다. 무릎을 꿇고 있는 피그말리온 앞에 세 번의 높은 불길이 치솟게 함으로써 시그널Signal을 보냈다. 이를 행운의 징조라고 받아들인 피그말리온은 가슴이 뛰었다. 그는 아프로디테 여신이 자신의 기도에 응답한 것을 깨달았다.

그는 벅찬 가슴을 안고 한달음에 집으로 돌아왔다. 하지만 갈라테이아는 조각상 그대로였다.

피그말리온은 그녀의 몸을 어루만지기 시작했다. 그녀의 팔에서 전보다 더 따스한 온기가 느껴졌다. 그녀에게 입맞춤도 했다. 그녀의 입술은 확실히 전에 비하여 부드러웠다. 이번엔 그녀의 몸을 껴안자, 딱딱하던 그녀의 몸이 말랑말랑해 졌음을 느낄 수 있었다. 더욱 놀라운

조각상을 숭배하는 피그말리온
장 라우, 1717년

것은 그녀의 피부 아래에서 맥박이 뛰기 시작했다.

피그말리온은 벅차오르는 기쁨을 억누르지 못했다. 그는 즉시 무릎을 꿇고 자신의 소원을 들어준 아프로디테를 찬양했다. 그가 입술을 맞추었던 그녀의 입술은 진짜였던 것이다.

갈라테이아는 수줍고 두려운 듯 얼굴을 붉혔지만 이내 입술을 내어주었다. 피그말리온은 자신이 그녀를 사랑하듯, 그녀도 자기를 사랑하고 있음을 확신했다.

피그말리온과 갈라테이아가 결혼식을 올리자 아프로디테는 친히 참석하여 신랑신부를 축복해주었다. 둘 사이에 딸이 태어났는데 피그말리온은 이 아이의 이름을 파포스Paphos라고 지어주었다. 자신이 만든 창작물을 사랑하여 결혼하게 된 피그말리온 이야기는 심리학에서 '피그말리온 효과Pygmalion effect'라는 용어를 만들어 냈다. 피그말리온 효과는 타인의 기대나 관심으로 인하여 능률이 오르거나 결과가 좋아지는 현상을 말한다. 특히 교육 심리학에서 교사의 기대에 부응하여 학습자의 성적이 향상되는 것을 지칭한다.

아도니스 콤플렉스

아도니스 콤플렉스adonis complex라는 용어가 있다. 현대 사회에서 남성들이 외모 때문에 갖는 강박관념, 우울증 등을 지칭하는 용어로 '남성 외모 집착증'이라고도 한다. 아도니스는 그리스 신화에 등장하는 아름다운 청년으로 미의 여신 아프로디테의 연인이기도 하다. 그의 어머니는 시리아의 공주 스미르나Smyrna이다. 그녀는 아프로디테를 시기하여 여신의 아름다움을 깎아내렸다. 화가 난 여신은 저주를 내렸고, 스미르나는 자신의 아버지에게 연정을 품게 되었다. 어느 날 스미르나는 아버지가 술에 취했을 때 그와 동침했다. 술에서 깨어나 그 사실을 알게 된 그녀의 아버지는 격노했다.

스미르나는 분노한 아버지로부터 도망치다가 아프로디테에 의해서 몰약나무가 되었다. 이 나무의 기둥에서 사내아이가 태어나자 아프로디테는 그 아이를 데려다가 하데스의 부인인 페르세포네에게 양육을 맡겼다. 이 아이가 바로 아도니스이다. 시간이 흘러 아도니스는 아름다운 청년으로 성장했고, 아프로디테는 페르세포네에게 아도니스를 돌려달라고 요구했다. 그러나 아도니스에게 연정을 품고 있던 페르세포네는 그녀의 요구를 거절했다. 두 여신이 아도니스를 서로 차지하겠다고 다툼을 벌이자 결국 신들의 왕 제우스가 중재에 나섰다.

제우스는 1년의 3분의 1은 저승세계에서 페르세포네와 지내고, 3분의 1은 지상에서 아프로디테와 그리고 3분의 1은 아도니스가 스스로 원하는 곳에서 지내도록 했다.

아도니스는 저승세계에서 페르세포네와 4개월을 보낸 후 지상으로 올라가 아프로디테와 함께 지내면서 여신의 연인이 되었다. 자연스럽게 아도니스는 자신이 선택할 수 있는 4개월의 시간까지 아프로디테와 함께 보내게 되었다.

아프로디테는 아도니스와 열렬한 사랑에 빠져 잠시도 그와 떨어지려고 하지 않았다. 아프로디테와 아도니스의 애정 행위는 전쟁의 신 아레스를 질투심에 사로잡히게 만들었다. 아레스는 아프로디테와 동침하는 현장을 그녀의 남편인 헤파이스토스에게 발각되어 망신을 당한 적도 있었지만 두 신의 애정관계는 여전히 지속되고 있었다.

어느 날 아프로디테는 중요한 일이 생겨서 아도니스를 남겨두고 잠시 올림포스에 올라갔다. 그 사이 아도니스는 사냥을 나갔는데 그를 제거할 기회만 노리던 아레스는 사나운 멧돼지로 변신한 후 날카로운 송곳니로 아도니스를 갈가리 찢어 죽였다. 아프로디테가 돌아왔을 때 아

아도니스를 애도하는 비너스
코넬리스 홀스타인, 1655년

도니스는 이미 싸늘한 시신이 되어있었다. 아도니스의 시신을 끌어안고 슬픔에 빠져있던 아프로디테는 연인이 흘린 붉은 피 위에 신들의 음료인 넥타르Nectar를 뿌렸다. 뿌려진 넥타르와 붉은 피가 섞여 거품이 일더니 그곳에서 한 송이 붉은 꽃이 피어났다.

그 꽃은 아네모네anemone 즉 바람꽃이다. 이 꽃은 마치 아도니스의 운명처럼 1년 중 4개월은 땅속에 있고, 4개월은 성장하고, 나머지 4개월은 곡물 형태를 취한다. 꽃말은 '사랑의 괴로움'이다.

아도니스 증후군Adonis syndrome은 2001년 하버드 대학 의대교수 해리슨 포프Harrison G. Pope의 저서 『아도니스 콤플렉스The Adonis Complex』에서 처음 등장했다. 포프 교수가 심각한 신체 변형 공포증

dysmorphophobia을 겪는 미국 내 300만 명 이상의 남성을 설명할 때 만들어 낸 용어가 아도니스 증후군이다. 그는 미국의 수많은 남성이 근육질 몸매를 가꿔야 한다는 강박관념에 빠져있다고 주장했다.

신과 재주를 겨룬
아라크네

아라크네Arachne는 리디아 왕국의 콜로폰Colophon 출신이다. 그녀는 매우 아름답고 베를 짜는 솜씨와 자수 솜씨가 뛰어나 그 지역에서 모르는 사람이 없을 정도로 유명했다. 그녀는 자신의 솜씨에 대한 자부심이 무척 강했다. 사람들은 아라크네의 베 짜는 솜씨를 구경하기 위해 멀리서도 찾아왔고, 숲과 강의 요정들조차 그녀의 솜씨를 부러워했다. 사람들은 그녀의 놀라운 솜씨에 감탄하면서 그녀를 가르친 스승이 누구인지 궁금해 했다. 더러는 그녀가 아테나 여신에게 베 짜는 솜씨와 자수 놓는 솜씨를 배웠을 것으로 짐작했다. 그러나 아라크네는 어느 스승도 섬긴 적이 없으며, 스스로 터득한 솜씨임을 자랑했다. 그래서 기술을 주관하는 여신에게 어떠한 영광을 돌리는 것도 거부했다.

어느 날 그녀는 친구들 앞에서 자신의 솜씨가 세상에서 최고라고 자랑했다. 그러자 한 친구가 '아라크네의 솜씨가 아무리 뛰어나도 아테나 여신에 비하면 보잘것없을 것'이라며 반론을 제기했다. 아라크네는 그 말에 발끈하며 자신의 솜씨가 아테나 여신보다 더 뛰어나다고 큰소리쳤다. 아라크네의 말은 돌고 돌아서 아테나의 귀에까지 들어갔다.

화가 난 아테나는 노파로 변신하여 아라크네를 찾아갔다. 그녀는 아테나 여신께 죄를 고하고 용서를 빌라고 아라크네에게 충고했다. 하지만 아라크네는 자신은 틀린 말을 한 적이 없다며 노파로 변신한 아테나의 충고를 무시했다.

아테나는 노파의 모습에서 여신의 모습으로 돌아가 기회를 줘도 잘못을 뉘우치지 않는다며 아라크네를 꾸짖었다. 아라크네는 여신의 모습에 잠시 놀랐지만, 자신의 주장을 굽히지 않았다.

아테나는 아라크네에게 베 짜기 시합을 제안했다. 만약 아라크네가 진다면 그에 따른 대가를 치르게 될 것이라는 전제조건이 따랐다. 하지만 아라크네는 자신의 승리를 장담했다. 그녀는 자신이 패하면 어떤 형벌이라도 달게 받겠다고 맹세했다. 결국 자신의 솜씨를 지나치게 과신한 나머지 넘지 말아야할 선을 넘고 말았던 것이다.

이렇게 해서 신과 인간의 대결이 벌어졌다. 각자 자신의 베틀을 설치한 여신과 아라크네는 능숙한 솜씨로 실을 감아 뭉치를 만들고, 십자 모양으로 엇갈린 도투마리에 단단히 묶었다. 구경꾼들이 모여들어 숨을 죽이며 그들의 손길을 주시했다. 천을 짜는 손길 아래에서 자줏빛 실과 금색, 은색 실이 더해지자 융단은 점차 모양을 갖추기 시작했다.

아테나는 자신이 포세이돈과 아테네의 수호신 자리를 놓고 벌인 시합에서 승리한 모습을 수놓았는데, 제우스를 중심으로 앉아있는 올림포스 열 두 신들의 당당하고 위엄 있는 모습이 잘 드러나 있었다. 작품 속에서 바다의 신 포세이돈은 긴 삼지창으로 단단한 바위를 내리 찍어 거대한 바닷물 줄기가 하늘로 솟구쳤고, 아테나 자신은 투구를 쓰고 방패를 든 완전 무장한 모습이었다. 그녀는 창으로 대지를 찔러 열매가 주렁주렁 열린 올리브나무를 만들어 냈다. 여신의 작품은 마치 신에게 무모한 도전을 한 아라크네에게 경고의 메시지를 보내고 있는 것 같았다.

여신은 계속해서 능수능란한 솜씨로 작품을 완성해 나갔다. 그녀의 작품에는 다시 여러 가지 장면이 더해졌다. 자신이 지배하던 인간을 공격한 죄로 헤라 여신의 저주를 받아 학으로 변한 피그미의 여왕 오이노네Oenone, 자신을 헤라 여신과 비교한 죄로 벌을 받아 황새가 된 안티고네Antigone, 레토 여신을 모욕했다가 자식을 모두 잃고 돌이 되어버린 니오베Niobe의 모습이 새겨졌다. 그리고 융단의 가장자리를 빙둘러가며 평화의 상징인 올리브나무 가지를 새겨 작품을 완성했다.

반면 아라크네는 제우스신이 여자들을 몰래 취하는 부도덕한 모습들을 매우 실감나게 재현해냈다. 제우스뿐만 아니라 포세이돈과 아폴론, 그리고 디오니소스와 크로노스의 천박한 모습까지 더해졌다. 아라크네는 노골적으로 신들을 모독한 것이다. 그녀의 작품을 본 아테나는 격노했다. 여신은 아라크네의 뛰어난 솜씨를 인정했지만 그녀의 만행을 도저히 묵과할 수 없었다. 아테나는 아라크네의 작품을 갈기갈기 찢

아테나와 아라크네
르네 앙투안 우아스, 1706년

어버렸다. 그리고 나무로 된 베틀의 북으로 그녀의 이마를 여러 번 내리쳤다. 아라크네는 굴욕감과 함께 분노를 느꼈다. 자신의 잘못을 전혀 깨닫지 못했던 것이다. 그녀는 도망치면서도 분을 삭이지 못하고 매듭지어진 실로 자신의 목을 졸랐다. 아테나는 아라크네에게 일말의 동정심을 느껴 자비를 베풀었다.

　아테나는 아라크네의 시신에 아코니틴Aconitine이라는 즙을 뿌렸다. 그러자 아라크네는 거미로 부활하였다. 아테나는 거미로 다시 태어난 아라크네를 향해 겸손하게 살라는 충고를 한 후 그곳을 떠났다. 여신에게 맞서 베 짜기 시합을 하며 신들의 왕 제우스마저 모독한 아라크네는 결국 저주를 받고 거미로 살아가야 했다. 지금도 아라크네의 후손인 거미는 자신의 몸에서 실을 뽑으며 살아가고 있다.

트로이
전쟁

세상에서 가장
아름다운 여인

 헬레네Helen는 세상에서 가장 아름다운 여인이다. 그녀는 제우스와 레다Leda 사이에서 태어났다. 레다는 스파르타의 왕 틴다레오스의 아내였다. 그녀는 소문난 미인이었다. 어느 날 레다는 아름다운 호숫가에서 시녀들과 물놀이를 하고 있었다. 이때 제우스는 레다의 아름다운 모습에 이끌려 백조로 변신한 뒤 다가가서 그녀를 범하였다. 이윽고 달이 차서 출산일이 되어 알 두 개를 낳았다. 한 알에서는 '카스트로'라는 아들과 '헬레네'라는 딸이, 다른 알에서는 '폴리데우케스'라는 아들과 '클리타임네스트라'라는 딸이 태어났다.

 또 다른 전승에는 제우스가 복수의 여신 네메시스Nemesis를 사랑하여 품으려고 하자 그녀는 여러 가지 동물로 변신하여 빠져나갔다. 그러다가 거위로 변신했을 때 백조로 변신한 제우스에게 잡혀 결국 관계를 맺었다. 얼마 뒤 네메시스는 숲에서 알을 낳았고, 목동들이 알을 발견하여 스파르타의 레다 왕비에게 바쳤다. 레다는 알에서 헬레네가 태어나자 친딸처럼 키웠다고 한다.

헬레네의 미모는 어려서부터 빛이 났다. 스파르타는 물론 그리스 전역에 그녀의 아름다움에 대한 소문이 널리 퍼졌다. 그녀가 12세 되던 해 아테네의 영웅 테세우스Theseus는 친구인 페이리토오스Peirithous 와 함께 그녀를 아내로 삼기 위해 납치했다. 그는 헬레네가 혼인 적령기가 될 때까지 자신의 어머니에게 맡겨두었다. 두 친구는 이번엔 저승세계의 왕비인 페르세포네를 납치하기로 했다. 헬레네는 테세우스가 저승세계로 떠난 뒤 스파르타의 병사들에 의해서 구출되었다.

헬레네는 성장할수록 미모도 더욱 빛이 났다. 틴다레오스 왕이 딸의 혼처를 물색하자 그리스 전역에서 구혼자들이 모여들었다. 그들은 사랑의 열병에 걸려 서로 헬레네를 차지하기 위해 경쟁했고, 사소한 문제로 시비가 붙어도 죽기 살기로 싸웠다. 구혼자들 간의 경쟁이 과열되자 틴다레오스 왕은 매우 난처해졌다. 헬레네의 배필이 정해지고 나서 경쟁에서 탈락한 무리들이 자칫 무력이라도 행사한다면 보통 일이 아니었다.

구혼자들 중에서 이러한 왕의 고민을 짐작한 이가 있었다. 그는 지혜롭기로 유명한 이타카의 왕 오디세우스였다.

"왕이시여, 구혼자들에게 말씀하십시오. 누가 따님의 배필로

트로이의 헬레네
에블린 드 모건, 1898년

선택되더라도 이의를 제기하지 않고 승복해야하며, 만약 두
사람의 결혼에 해를 입히는 자가 있다면 모두 나서서 돕겠다

고 맹세하게 하십시오. 그런 다음 신랑감은 헬레네 공주께서
직접 고르게 하십시오."

틴다레오스 왕은 오디세우스의 말에 탄복하여 그가 시키는 대로 하
였다. 구혼자들이 틴다레오스 왕의 제안에 찬성하며 제우스신의 이름
으로 맹세하고 서약하였다.

헬레네는 직접 자신의 배필을 골랐다. 그녀가 지목한 인물은 미케
네의 왕 아가멤논의 동생인 메넬라오스였다. 메넬라오스와 헬레네는
많은 이들의 축복을 받으며 결혼했고, 틴다레오스 왕은 사위에게 스파
르타의 왕위를 물려주었다.

황금의 사과

제우스는 헤라와 결혼하기 전에 율법의 여신인 테미스와 결혼했었다. 그들 사이에서 계절의 여신인 호라이Horai 세 자매와 운명의 여신인 모이라이Moerae 자매가 태어났다.

이 무렵 제우스는 다른 여신에게 마음을 빼앗기고 있었다. 그녀는 헤라에게 버림받은 헤파이스토스를 가엾게 여겨 키워주었던 바다의 여신 테티스Thetis였다. 테티스는 바다의 신 네레우스와 대양의 신 오케아노스의 딸 도리스 사이에서 태어났다. 그녀는 여신들 중에서 미의 여신 아프로디테와 비교될 만큼 매우 아름다웠다. 그녀의 아름다움에 마음을 빼앗긴 것은 제우스만이 아니었다. 바다의 신 포세이돈과 태양신 헬리오스 등 여러 남신들이 그녀의 연인이 되고 싶어 했다. 그런데 미래를 내다보는 프로메테우스가 충격적인 예언을 했다.

"테티스가 아들을 낳게 되면 그 아들이 아버지보다 더욱 위대해질 것입니다."

예언이 선포된 후 제우스는 물론 다른 신들도 테티스에 대한 사랑의 마음을 접었다. 제우스는 테티스를 인간과 짝 지어주려고 마음먹었다. 그가 선택한 인물은 프티아의 왕 펠레우스Peleus였다. 하지만 테티스는 인간과 맺어지기를 원하지 않았다. 그녀는 바다 깊숙이 숨어버렸다. 그러자 켄타우로스의 현인 케이론이 나서서 펠레우스를 도와주었다. 그는 펠레우스에게 "테티스가 육지에서 올라오면 힘껏 붙잡은 다음 무슨 일이 있어도 놓아서는 안 된다"고 비책을 알려주었다.

펠레우스는 케이론의 조언대로 테티스가 해변에서 쉬고 있을 때 그녀를 꽉 붙잡았다. 테티스는 불꽃이나 괴물, 맹수, 거대한 뱀 등으로 모습을 바꿔가며 저항했지만 펠레우스는 사력을 다하여 버티었다. 기진맥진한 테티스는 결국 펠레우스의 아내가 될 것을 승낙했다.

펠레우스와 테티스의 결혼식에 제우스를 비롯한 올림포스의 신들과 산과 강 그리고 바다의 요정들이 초대되었다. 그들은 여신과 영웅의 혼인을 축하하며 성대한 잔치를 베풀었다. 그런데 이 성대한 혼인 잔치에 초대받지 못한 신이 있었다. 바로 분쟁과 불화의 여신 에리스Eris였다. 에리스는 자신만 초대받지 못한 것에 화가 나서 앙갚음을 하려고 했다. 그녀는 불청객이 되어 결혼식에 몰래 참석했다. 그녀의 눈에 헤라와 아테나, 아프로디테 여신이 웃으면서 담소를 나누는 모습이 보였다.

테티스와 펠레우스의 결혼식 - 불화의 황금 사과
야코프 요르단스, 1636~1638년 사이

에리스는 세 여신들 앞으로 황금사과를 던졌다. 그 사과에는 '가장 아름다운 여신에게 바칩니다.'라는 글귀가 새겨져 있었다. 그러자 여신들은 그 사과가 서로 자신의 것이라고 주장했다. 에리스의 의도대로 세 여신은 자존심 싸움을 벌이기 시작했다. 그녀들은 '가장 아름다운 여신'이라는 타이틀만큼은 서로 양보할 생각이 전혀 없었다. 그 모습을 보며 에리스는 쾌재를 불렀다.

세 여신은 사과를 놓고 한참을 다투었지만 결론에 이르지 못했다.

그러자 제우스신에게 판정을 의뢰하기로 합의했다. 여신들은 제우스 앞에서도 서로 자신이 황금사과의 주인이라고 다투었다. 제우스는 자신이 골치 아픈 일에 휘말렸음을 깨달았다. 그는 이 곤란한 상황에서 벗어날 방법을 모색했다.

파리스의 심판

세상에서 가장 아름다운 여신은 누구인가? 세 여신은 제우스에게 질문을 던졌다. 그는 대답할 수 없었다. 이 질문은 애초부터 그에게 '누가 가장 아름다운가?'라는 답을 요구하는 것이 아니었다. 오히려 '당신은 누구 편인가?', '당신에게 가장 소중한 이는 누구인가?' 라는 질문과 다름없었다. 그가 어느 한 여신을 선택하는 순간 다른 두 여신으로부터 원망을 듣게 될 것이다. 그는 이 곤란한 상황을 벗어날 묘안을 떠올렸다.

제우스는 이다 산의 양치기 파리스Paris에게 판결을 대신하게 했다. 파리스는 양을 치고 있었지만 사실은 트로이의 왕자였다. 하지만 그는 자신의 출생신분을 모르고 있었다.

파리스의 어머니이자 트로이의 왕비 헤카베Hekabe는 임신 중에 불

파리스의 심판
산드로 보티첼리, 1485~1488년

길한 태몽을 꾸었다. 그녀는 횃불을 낳았는데 그 횃불이 트로이를 불태우는 꿈이었다. 왕비에게 꿈 이야기를 들은 프리아모스Priamos 왕은 자신의 아들이자 예언자인 아이사코스Aisacos에게 해몽을 부탁했다.

"복중의 태아는 트로이를 멸망시킬 운명을 안고 잉태되었습니다. 태어나면 반드시 죽여야 트로이의 멸망을 막을 수 있습니다."

아이사코스가 비통한 심정으로 말하자 왕과 왕비는 큰 충격을 받았다. 자식보다 나라의 앞날이 걱정되었지만, 그렇다고 부모가 자식을 죽일 수는 없었다. 그들은 아이가 태어나자마자 몰래 이다 산에 내다 버렸다. 그러나 버려진 아이는 죽지 않고 양치기에게 발견되어 그의 손에서 양육되었다. 파리스는 늠름하고 잘생긴 청년으로 성장하여 알렉산드로스라는 이름으로 불렸다. 알렉산드로스는 '보호해주는 남자'라는 의미이며, 사람들은 그가 도둑을 물리치고 양과 소떼를 지켜주었기 때

346

문에 그렇게 불렸다. 파리스는 자신의 신분을 모른 채 이다 산에서 친아버지인 프리아모스 왕의 양과 소떼를 돌보며 살아가고 있었다.

제우스는 헤르메스에게 세 여신을 데리고 이다 산의 파리스에게 가도록 했다. 신들이 눈앞에 나타나자 파리스는 두려움에 몸을 떨었다.

"제우스신께서 내린 분부시다. 너는 여기 계신 세 여신 중에서 어느 분이 가장 아름다운지를 선택해야 한다. 그분께 이 황금사과를 드리도록 하라."

헤르메스는 파리스에게 황금사과를 건네며 말했다. 세 여신은 파리스에게 가장 아름다운 여신으로 선택 받기 위해 각자 특별한 선물을 제시했다. 신들의 여왕 헤라는 전 세계를 지배하는 권력을 장담했고, 지혜와 전쟁의 여신인 아테나는 어떤 전쟁에서도 승리하는 천하무적의 힘과 지혜를 보장했다. 아프로디테는 세상에서 가장 아름다운 신붓감을 주겠다는 조건을 걸었다.

여신들의 선물이 모두 탐이 났지만 파리스의 마음을 움직인 것은 아프로디테였다. 파리스는 황금사과를 그녀에게 바쳤다. 하지만 이 선택으로 파리스는 헤라와 아테나 두 여신의 미움을 사게 되었다. 헤라와 아테나는 파리스의 심판 탓에 위대한 여신으로서의 긍지가 심각하게 훼손되었다며 분을 삭이지 못했다.

"하찮은 인간 따위에게 이런 모욕을 당하다니, 도저히 용서할 수 없다. 반드시 오늘 일에 대한 대가를 치르게 할 것이다."

두 여신은 의기투합해서 복수를 다짐했다.

전쟁의 발단

　파리스는 아프로디테 여신으로부터 세상에서 가장 아름다운 여인을 아내로 주겠다는 약속을 받은 후 다시 한 번 운명의 소용돌이에 휘말렸다.

　파리스의 어머니인 헤카베 왕비는 불길한 태몽 탓에 버렸던 아들이 눈에 밟혀 내내 가슴에 한을 품고 살았다. 세월을 헤아려보니 어느덧 스무 해가 되었다. 그녀는 프리아모스 왕에게 성대한 경기를 열어 죽은 아들의 넋이나마 달랠 수 있게 해 달라고 간청했다. 프리아모스 역시 아내와 생각이 다르지 않았다. 아들을 이다 산에 버렸던 일이 생각나자 그 역시 가슴이 먹먹해지고 눈시울이 뜨거워졌다.

　프리아모스는 아내의 의견을 받아들여 파리스의 스무 해 생일을 기념하는 경기를 준비했다. 그리고 경기 우승자에게 상품으로 줄 황소를 골라오도록 이다 산으로 신하들을 보냈다. 그런데 신하들이 하필이면 파리스가 가장 아끼는 황소를 골랐다. 파리스는 황소가 경기 우승자에게 주어진다는 말을 듣고, 경기 참가를 결심했다. 그는 우승하여 황소를 되찾을 생각이었다.

경기에는 무예가 뛰어나다고 알려진 트로이의 왕자들과 아시아 각국에서 찾아온 내로라하는 영웅들이 참가했다. 파리스는 오로지 황소를 되찾겠다는 일념으로 투지를 불태웠다. 그 결과 각종 겨루기와 창던지기, 원반던지기 등 다섯 종목 모두에서 우승을 차지했다. 경기 결과를 놓고 프리아모스 왕의 아들끼리 의견이 충돌했다.

장남인 헥토르Hektor는 파리스의 우승을 인정했으나, 동생인 데이포보스Deiphobos는 결과를 받아들일 수 없다고 반발했다.

"근본도 모르는 양치기 청년의 우승을 인정하면 저희 체면이 뭐가 됩니까. 저는 절대 승복할 수 없습니다."

성미가 급한 데이포보스는 검을 뽑아들고 뛰어나가 파리스를 죽이려 했다. 위험을 느낀 파리스는 재빨리 제우스 신전으로 피신했다. 마침 신전에 있던 트로이의 공주 카산드라Cassandra는 파리스가 자신의 동생이라는 것을 단번에 알아보았다. 그녀는 파리스를 뒤쫓아 온 데이포보스에게 파리스가 자신들의 동생임을 알렸다. 아들을 버린 일이 한이 되었던 프리아모스 왕과 헤카베 왕비는 살아 돌아온 아들을 얼싸안고 기쁨의 눈물을 흘렸다.

트로이 왕자의 신분으로 돌아간 파리스는 지난 시간에 대한 보상이라도 받듯이 부모와 형제로부터 넘치는 사랑을 받았다. 아프로디테 여신은 파리스의 신분이 회복되자 그에게 스파르타로 떠날 채비를 시켰다. 당시 세상에서 가장 아름다운 여인은 스파르타의 왕비 헬레네였다. 아프로디테는 파리스에게 헬레네를 안겨주어 약속을 지키고자 했다.

프리아모스 왕은 아들이 신부 감을 데리러 간다는 말에 호화스럽게 장식한 사치스러운 배를 준비해주었다. 파리스는 그 배에 헬레네의 환심을 사기 위한 갖가지 선물을 가득 싣고 스파르타를 향해 출항했다.

사랑의 포로가 된
헬레네

파리스가 스파르타에 도착하자 메넬라오스는 먼 곳에서 찾아온 손님을 반갑게 맞으면서 왕궁으로 초대했다. 파리스는 트로이에서 가져온 값진 물건들을 헬레네에게 선물했다. 그것은 그리스에서는 찾아보기 힘든 진귀한 보배로서, 여자라면 누구나 탐낼만한 것들이었다.

그러나 정작 헬레네의 마음을 사로잡은 것은 파리스의 외모였다. 그리스의 사내들에게 없는 기품이 그에겐 넘쳤다. 우아함과 고귀함에 아름다움까지 겸비한 파리스의 외모에 그녀는 완전히 매료되었다. 황금과 보석으로 화려하게 장식한 그의 의상은 아름다운 그의 외모를 한층 더 빛나게 했다. 아프로디테 여신은 에로스로 하여금 헬레네의 심장에 사랑의 화살을 쏘게 했고, 그녀는 사랑의 포로가 되었다.

메넬라오스는 아내의 변화를 전혀 눈치 채지 못하고 파리스를 극진

파리스와 헬레네
자크 루이 다비드, 1788년

히 대접했다. 열흘 째 되던 날 메넬라오스는 손님 접대를 헬레네에게
맡기고, 자신은 외조부인 카트레우스의 장례식에 참석하기 위해 크레
타 섬으로 떠났다.

파리스는 이 기회를 놓치지 않고, 본격적으로 헬레네를 유혹했다.
이미 사랑에 깊이 중독된 헬레네는 파리스의 손길을 거부할 수 없었다.
결국 그녀는 가지고 갈 수 있는 재산을 모두 챙겨들고 파리스를 따라
나섰다. 이렇게 해서 아프로디테는 파리스와의 약속을 지켰다.

파리스가 세상에서 가장 아름다운 여인을 배우자로 삼아 데리고 돌

아오자 트로이 사람들은 열렬하게 환영했다. 파리스와 헬레네는 트로이 사람들의 축복을 받으며 성대하게 결혼식을 올리고 정식으로 부부가 되었다. 두 사람은 행복했지만 전쟁의 기운은 그리스와 트로이를 감돌기 시작했다.

크레타 섬에서 돌아온 메넬라오스는 망연자실했다. 그는 아내가 외간 남자와 눈이 맞아 가출했다는 사실이 도저히 믿기지 않았다. 그는 황망중에 미케네 왕궁으로 자신의 형인 아가멤논을 찾아가 의논했다. 메넬라오스는 형의 조언에 따라 필로스의 왕으로 신망이 두터웠던 네스토르Nestor에게 찾아갔다. 그에게 아가멤논을 총사령관으로 삼아 조직된 트로이 원정군에 참가 하도록 설득했다. 네스토르가 참여를 결정하자 그리스의 영웅들이 속속 트로이 원정군에 합류를 약속했다.

과거 그리스의 여러 왕들이 헬레네에게 구혼했을 때, 그녀의 아버지는 모든 구혼자들에게 서약을 받았다. 그 서약은 누가 헬레네와 결혼하던지 그들 부부에게 좋지 않은 일이 생기면 무조건 돕겠다는 맹세였다. 헬레네가 트로이에 납치되자 구혼자들은 자신들이 맹세했던 신성한 의무를 요구 받았고, 그들은 기꺼이 칼을 뽑았다.

이 원정에는 총대장 아가멤논의 지휘아래 불사의 영웅 아킬레우스, 이타카의 왕 오디세우스, 필로스의 왕 네스토르, 용맹스러운 장수 아이아스, 아르고스의 왕 디오메데스 등 그리스의 위대한 영웅들이 총 출동했다. 파리스의 선택은 축복이 아니라 그리스와 트로이의 전쟁을 불러오는 비극을 낳고 말았다.

불멸의 영웅
아킬레우스

아킬레우스는 여신인 테티스와 인간인 펠레우스의 아들이다. 펠레우스와 테티스가 결혼하던 날 운명의 여신은 두 사람의 미래를 예언했다. 그들 부부가 아들을 낳게 될 것이며, 그 아들은 빼어난 용모에 힘과 용맹스러움을 겸비한 위대한 영웅이 될 것이라고 했다. 하지만 젊은 나이에 트로이인의 화살에 목숨을 잃게 될 운명이라고 했다. 운명의 여신은 충격을 받은 테티스를 위로하며 운명을 바꿀 수 있는 방법을 일러주었다.

"아이가 태어나면 스틱스Styx 강으로 데려가서 강물에 아이를 담근 뒤, 스틱스 강의 신에게 축복을 받으세요. 그렇게 하면 아이는 불사신이 되어 자신의 운명을 이겨낼 수 있답니다."

테티스가 스틱스 강의 물에 아들 아킬레우스를 담그다
앙투안 보렐, 18세기

　아킬레우스가 태어나자 테티스는 아이를 데리고 스틱스 강으로 갔다. 운명의 여신이 일러 준 방법대로 아이를 물에 담근 뒤 스틱스 강의 축복을 받았다. 하지만 테티스가 붙잡고 있던 발목부분에는 물이 닿지 않았고, 그곳은 불사의 몸이 된 아킬레우스의 유일한 약점으로 남게 되었다.

　메넬라오스가 트로이를 응징하고 헬레네를 찾겠다며 트로이 원정대를 결성했을 때, 아킬레우스의 어머니 테티스는 아들의 참전을 만류했다. 만약 아킬레우스가 트로이 원정군에 참여하면 명예를 얻겠지만, 전장에서 목숨을 잃게 된다는 것을 그녀는 잘 알고 있었다.

　여신은 아들의 죽음을 막기 위해 스키로스 섬으로 보냈다. 아킬레우스는 리코메데스Lycomedes 왕의 도움으로 왕궁에 숨어 지냈다. 한편, 원정군은 델포이 신탁에서 '아킬레우스가 트로이 원정에 참가하지 않으면 트로이를 함락시킬 수 없다'는 계시를 받았다. 아가멤논은 아킬레우스를 참전시키기 위해 그리스 전역을 이 잡듯이 뒤졌으나 그를 찾을 수 없었다. 고심하던 아가멤논은 현명한 네스토르의 조언에 따라 오디세우스에게 도움을 청했다.

오디세우스는 수소문 끝에 아킬레우스가 이웃나라인 스키로스 섬으로 갔다는 정보를 얻었다. 네스토르와 함께 스키로스 섬으로 간 오디세우스는 그곳에 머물면서 아킬레우스에 대한 단서를 찾았다. 그리고 아킬레우스가 왕궁에서 궁녀로 변장한 체 숨어 지낸다는 사실을 알게 되었다. 오디세우스와 네스토르는 장사꾼으로 위장하여 궁전으로 들어갔다. 궁녀들은 모두 옷감이나 장신구에 관심을 보였는데 단 한 명만이 단검에 관심을 보였다. 오디세우스는 그가 아킬레우스임을 간파했다. 여장을 하고 있었지만 타고난 전사의 본능까지 숨길 수 없었던 것이다. 오디세우스와 네스토르의 끈질긴 설득에 결국 아킬레우스도 마음을 돌렸다.

아킬레우스가 트로이 원정에 참여하기로 결정하자 리코메데스 왕과 데이다메이아Deidamia 공주는 극구 만류했다. 이때 데이다메이아는 아킬레우스의 아이를 임신하고 있었다. 왕은 아끼는 사위를 잃게 되어 딸이 젊은 나이에 과부가 되는 것을 염려했다. 하지만 아킬레우스의 결심을 되돌릴 수 없었다. 아킬레우스는 아이가 태어나면 훌륭한 전사로 키워달라는 부탁을 남기고 프티아로 돌아갔다.

프티아로 돌아온 아킬레우스는 서둘러 참전을 준비했다. 미르미돈Myrmidon이라고 불리는 충성스러운 군대를 소집하고 둘도 없는 친구

파트로클로스를 부대장으로 임명했다. 모든 준비를 마친 아킬레우스의 군대는 오십 척의 배에 나눠 타고 트로이 원정군이 모여 있는 아울리스로 향했다.

10년 전쟁

아킬레우스가 합류하자 그리스 연합군은 트로이 출정의 닻을 올렸다. 그런데 갑자기 바람이 멈춰 배를 띄울 수 없었다. 아울리스 항에 정박한 천여 척의 함선은 그대로 발이 묶였다.

며칠이 지나도록 바람이 불지 않자 아가멤논은 원정에 참가한 칼카스Kalchas라는 예언자를 통해 신탁을 구했다. 그 결과 아가멤논에 대한 아르테미스 여신의 분노가 원인이라는 답을 얻었다. 아가멤논은 과거에 아르테미스 여신의 숲에서 사냥하다가 여신이 아끼는 성스러운 사슴을 활로 쏘아 죽였다. 그리고 자신의 활 솜씨가 아르테미스 여신과 비교해도 절대 뒤지지 않는다며 자랑했다. 이 일을 알게 된 아르테미스 여신은 분노했다.

아가멤논은 여신의 노여움을 풀기 위해 그 해에 태어난 가장 아름다운 아이를 바치겠다고 약속했다. 그런데 하필이면 그 아이가 바로 자신의 딸 이피게네이아였다. 아가멤논은 차마 딸을 제물로 바치지 못하고 여신과의 약속을 어겼던 것이다.

바람이 멈춘 것이 자신의 죄 때문이라는 것을 알게 된 아가멤논은 어쩔 수 없이 딸을 제물로 바치기로 결심했다. 그는 딸을 아킬레우스와 짝지어준다고 아내인 클리타임네스트라를 속여, 이피게네이아를 아울리스로 데려갔다. 아가멤논은 울고 불며 매달리는 딸을 포박하여 제단 위로 올라갔다. 그리스의 영웅들은 숙연한 표정으로 그 모습을 지켜보았다. 그들은 속으로 울음을 삼키며 이 희생을 결코 헛되게 하지 않겠다는 각오를 다졌다.

제단 위에 딸을 올려놓고 아가멤논이 막 칼을 뽑아들었을 때, 그 모습을 지켜보던 아르테미스 여신은 이피게네이아를 데려가고 대신 수사슴을 제단 위에 올려놓았다. 여신의 배려로 아가멤논은 수사슴을 제물로 바치고 자신의 죄를 용서받았다. 바람이 불어오자 발이 묶였던 그리스 함대는 일제히 닻을 올리고 트로이를 향해 출항했다. 트로이 전쟁의 서막이 오르고 있었다.

그리스군은 트로이 원정이 단기전으로 끝날 수 있다고 생각했다. 그러나 올림포스 신들까지 개입하면서 전쟁의 양상은 크게 달라졌다. 파리스에게 앙심을 품은 헤라와 아테나는 그리스 군의 진영에 가담했고, 포세이돈과 헤파이스토스도 그리스를 편들었다. 반면 파리스의 선택을 받은 아프로디테와 전쟁의 신 아레스가 트로이 진영에 가담했고,

이피게네이아의 희생
샤를 드 라 포세, 1710년대

아폴론이 트로이를 도왔다. 신들의 왕 제우스는 양측 어느 진영에도 가
담하지 않고 중립을 지켰다.

　전쟁은 장장 9년 간 계속되었으나 승패가 나지 않았다. 프리아모스
왕의 아버지 라오메돈을 위해 포세이돈과 아폴론이 손수 쌓은 트로이
성벽은 그리스군에게 난공불락이었다. 하지만 그리스군에는 용맹스러
운 아킬레우스가 버티고 있어서 트로이군 역시 성 밖의 전투에는 소극

적이었다. 전쟁의 끝은 보이지 않았다. 그리스군은 본토와 거리가 멀리 떨어져있었기 때문에 전쟁 물자를 조달하는데 어려움이 있었다. 그리스군은 트로이 주변 도시들을 약탈하여 식량과 필요한 물자를 조달했다.

어느 날 아킬레우스와 아가멤논이 전리품으로 데려 온 여인의 문제로 큰 다툼을 벌였다. 화가 난 아킬레우스는 트로이군과의 전투에서 빠졌다. 그 정보를 입수한 트로이군은 성 밖으로 나와 대대적인 공세를 펼쳤다. 그리스군을 수세에 몰아넣은 트로이의 군대는 해변에 정박한 그리스군의 함선을 불태우려 했다. 위기에 처한 그리스군은 다급하게 아킬레우스에게 출전을 부탁했다. 하지만 아킬레우스는 요지부동이었다. 결국 아킬레우스의 친구인 파트로클로스Patroklos가 아킬레우스의 갑옷을 걸치고 전투에 나섰다. 아킬레우스가 다시 참전했다고 착각한 트로이군은 빠르게 퇴각했고, 그리스군은 겨우 위기에서 벗어날 수 있었다. 그러나 파트로클로스는 후퇴하는 트로이군을 무리하게 성벽까지 추격했다가 아폴론을 등에 업은 헥토르의 창에 목숨을 잃었다.

파트로클로스의 전사 소식을 들은 아킬레우스는 고집을 꺾고 다시 전장으로 돌아왔다. 그는 트로이의 총사령관 헥토르의 목숨을 빼앗으며 그리스군의 승리에 크게 공헌했다. 헥토르의 죽음으로 그리스군의 사기는 크게 올랐고, 곧 승리할 것이라는 기대감에 부풀었다. 그러나 트로이를 돕기 위해 에티오피아군과 아마존 족의 여전사들이 트로이군에 가세하면서 전쟁은 다시 지루한 공방전으로 이어졌다.

그 무렵 아킬레우스는 우연히 만난 트로이의 공주 폴릭세네

Polyxene에게 마음을 빼앗겼다. 아킬레우스는 그녀에게 청혼을 하기로 마음먹었다. 그리스의 장수들도 이 결혼을 지지하면서 전쟁이 평화적으로 끝날 수 있다는 기대를 하게 되었다. 아킬레우스는 사자를 트로이의 왕궁에 보내 자신의 뜻을 전했다.

트로이의 프리아모스 왕은 아킬레우스의 청혼을 환영했다. 그러나 파리스는 생각이 달랐다. 그는 형의 복수와 헬레네를 돌려주지 않기 위해서 아킬레우스를 죽일 계획을 세웠다. 그는 아킬레우스가 청혼하러 트로이 궁전에 들어온 날을 기다려 마침내 그를 살해했다. 운명의 여신이 예언한 대로 아킬레우스는 트로이인의 화살에 목숨을 잃고 말았다.

트로이의 목마

이타카의 왕 오디세우스Odysseus는 지략에 뛰어난 그리스의 영웅이다. 트로이를 응징하고 헬레네를 되찾기 위해 아가멤논이 트로이 원정군을 소집했을 때 그는 빠지려고 했다. 아름다운 아내 페넬로페Penelope와 갓 태어난 아들 텔레마코스Telemachus를 두고 목숨이 걸린 위험한 전장에 나가고 싶지 않았기 때문이다. 그는 아가멤논의 사자가 찾아와 출정을 독촉하자 미친척하며 상황을 모면하려고 했다. 그러나 사자도 지혜로운 사람이어서 오디세우스를 시험했고, 그의 연기는 거짓임이 드러났다. 결국 오디세우스는 트로이를 향해 출정할 수밖에 없었다.

그리스와 트로이의 전쟁은 9년이 지나도록 끝나지 않았다. 그리스의 영웅 아킬레우스의 손에 트로이의 총사령관 헥토르가 목숨을 잃었

트로이의 목마 행렬
조반니 도메니코 티에폴로, 1760년경

고, 아킬레우스는 헥토르의 동생 파리스가 쏜 화살에 목숨을 잃었다.

그리고 다시 시간은 흘러 10년째가 되던 해, 오디세우스는 전쟁에서 승리하려면 무엇보다 전략이 필요함을 절실하게 깨달았다. 그는 거대한 목마를 만들고 그 속에 장수들을 숨긴 뒤 목마를 해변에 버려두고 거짓으로 철수했다. 그리고 시논이라는 군사를 남겨두어 그가 트로이군의 포로가 되도록 만들었다. 시논은 프리아모스 왕에게 그리스군이 전쟁을 포기하고 철수했으며 목마는 아테나 여신에게 바치는 제물이라고 거짓 자백했다.

트로이군은 기뻐하며 전리품인 목마를 성안으로 옮기려 했다. 그때

트로이의 신관인 라오콘Laocoon은 목마가 트로이를 멸망시킬 저주받은 물건이라며 경고하고 나섰다. 그러나 바다에서 올라온 두 마리의 거대한 뱀이 라오콘과 그의 아들을 휘감아 죽이자 트로이군은 시논의 말을 사실로 받아들였다. 목마는 오디세우스의 계획대로 성안으로 옮겨졌다. 그날 밤 트로이군은 승리의 기쁨에 먹고 마시며 즐거워했고, 밤이 깊어지자 술과 잠에 취해 쓰러졌다.

때가 되자 숨어있던 그리스의 장수들이 목마 속에서 나와 굳건하게 닫혀있던 성문을 열었다. 성 밖에 대기하던 그리스의 군사들이 성안으로 물밀듯이 쏟아져 들어왔다. 술에 취해 곯아떨어진 트로이군은 갑작스런 공격에 대항조차 못하고 죽음을 맞았다. 그리스군의 약탈과 방화로 도시는 처참하게 파괴되었다.

10년 동안 계속된 전쟁은 마침내 그리스군의 승리로 끝났다. 전리품을 가득 챙긴 그리스의 영웅들은 벅찬 가슴을 안고 각자 고향으로 돌아갔다. 그러나 그들의 귀향길은 순탄치 않았다.

신들은 트로이를 점령한 후 그들이 저지른 만행을 그냥 넘기지 않았다. 특히 오일레우스Oileus의 아들 아이아스Ajax의 소행은 그리스군을 도왔던 아테나 여신을 격노하게 했다. 트로이성이 함락되었을 때 프리아모스 왕의 딸 카산드라는 그리스군의 살육을 피해 아테나신전으로 피신했다. 이때 아이아스는 카산드라를 끌어내어 욕보이려고 했다. 그녀는 아테나 여신의 신상을 붙잡고 저항했는데 그 바람에 신상이 쓰러져 손상되고 말았다. 하지만 아이아스는 거리낌 없이 자신의 욕망을 채웠다. 그 사실을 알게 된 오디세우스는 아테나 여신의 진노를 피하기 위해 그를 돌로 쳐 죽이려고 했다. 하지만 이번엔 아이아스가 아테나 여신의 신상을 부여잡고 목숨을 모면했다. 이에 아테나는 아이아스는 물론 그리스군 모두에게 벌을 내리기로 작정하고 제우스에게 부탁하여 폭풍우를 일으키게 하였다.

폭풍을 만난 그리스의 함선들은 대부분 난파되었지만 아이아스는 작은 바위섬에 의지하여 겨우 목숨을 구했다. 그러나 아테나의 부탁을 받은 포세이돈이 삼지창으로 아이아스가 있던 바위를 사정없이 내리쳐 그를 물속에 빠트렸다. 결국 그는 익사하고 말았다. 그리스군의 총사령관인 아가멤논의 왕궁에서는 비극적인 운명이 그를 기다리고 있었다. 헬레네를 데리고 귀향길에 오른 메넬라오스도 폭풍으로 상당수의 함선과 부하들을 잃고 이집트에 표류했다. 그는 이집트에서 5년을 보낸 후에야 스파르타로 돌아갈 수 있었다. 그러나 오디세우스의 귀향길은 그 누구보다 더 험난했다.

오디세우스와 동료들은 항해 중에 물과 식량을 구하기 위해 한 섬에 정박했다. 그 섬에는 바다의 신 포세이돈의 아들 외눈박이 거인 폴리페모스Polyphemus가 살고 있었다. 오디세우스 일행은 거인에게 붙잡혀 동굴에 갇혔고, 그 중 몇 명은 목숨을 잃었다. 오디세우스는 포도주를 만들어 거인에게 주었다. 거인이 포도주에 취해 잠이 들자 오디세우스는 날카롭고 뾰족하게 깎은 나무 기둥으로 그의 눈을 찔러 시력을 잃게 했다. 거인이 고통으로 몸부림 칠 때 오디세우스 일행은 양떼의 틈에 끼어 무사히 탈출했다. 그 사실을 알게 된 포세이돈은 노하여 오디세우스의 귀향길을 막았다. 이후 오디세우스는 바다에서 표류하며 수많은 죽을 고비를 넘겼다. 트로이에서 귀향길에 오른 지도 어느 듯 10년이 되었다. 마침내 그는 자신의 왕국으로 돌아와 사랑하는 아내 페넬로페와 눈물의 해후를 했다.

엘렉트라 콤플렉스

엘렉트라 콤플렉스Electra complex라는 용어가 있다. 정신분석학에서 '오이디푸스 콤플렉스'에 대비되는 개념으로, 딸이 아버지에게 애정을 품고 어머니를 경쟁자로 인식해 반감을 갖는 경향을 말한다. 이용어는 미케네의 왕 아가멤논과 왕비 클리타임네스트라의 딸인 엘렉트라의 이름에서 유래되었다.

그녀의 아버지 아가멤논은 스파르타의 왕 메넬라오스의 형이었다. 메넬라오스의 부인인 헬레네가 트로이의 왕자인 파리스를 따라 트로이로 도망치자, 메넬라오스는 자신의 형 아가멤논에게 도움을 요청했다.

아가멤논은 그리스군의 총사령관이 되어 헬레네를 되찾고 트로이를 응징하기 위해 그리스 전역에 원정대를 소집했다. 그런데 출항을 앞두고 바람이 불지 않아 트로이 원정군의 함대는 발이 묶였다. 예언자

칼카스가 신탁을 구하자, 아가멤논이 과거 아르테미스 여신에게 약속을 지키지 않았던 사실이 드러났다.

아가멤논은 큰 딸 이피게네이아를 제물로 바치고서야 여신은 노여움을 풀었다. 하지만 딸이 제물로 바쳐진 사실을 알게 된 왕비 클리타임네스트라Klytaimnestra는 격분하여 남편인 아가멤논을 증오했다. 그녀는 더 나아가 남편과 원한 관계에 있는 아이기스토스Aegisthus와 불륜을 저질렀다. 시간이 흘러 10년간 이어지던 트로이 전쟁은 그리스군의 승리로 끝났고, 아가멤논은 열렬한 환영을 받으며 미케네로 개선했다. 그러나 그의 영광은 오래가지 않았다. 클리타임네스트라는 아가멤논을 욕실로 유혹한 후 정부인 아이기스토스와 함께 무자비하게 살해했다.

아가멤논이 죽자 아이기스토스는 미케네의 왕위에 올랐다. 그는 후환을 없애기 위해 아가멤논의 아들인 오레스테스를 해치려고 했다. 그러나 누나인 엘렉트라와 유모가 이를 눈치 채고 오레스테스를 친척인 포키스의 왕 스트로피오스에게 몰래 보냈다. 엘렉트라는 왕궁에 유폐되어 하녀취급을 받으며 살았다. 오레스테스는 스트로피오스 왕의 궁전에서 왕자 필라데스와 함께 씩씩한 청년으로 성장했다. 두 사람의 우정은 각별했다.

오레스테스가 스무 살이 되던 해, 그는 아버지의 복수를 결심하고 친구인 필라데스와 함께 고국인 미케네로 돌아왔다. 아버지 아가멤논의 무덤에서 오레스테스를 만난 엘렉트라는 아버지의 원수를 갚기 위

아가멤논 무덤의 엘렉트라
프레데릭 레이튼, 1868~1869년 사이

해 동생에게 어머니와 그녀의 정부를 살해하도록 설득했다. 남매는 함
께 아버지의 원수를 갚기로 맹세했고, 마침내 아이기스토스와 어머니
인 클리타임네스트라를 죽여 아버지의 복수에 성공했다. 하지만 오레

스테스는 친어머니를 살해한 죄로 복수의 여신 에리니에스에게 쫓기게 되었다.

복수의 여신들은 오레스테스를 미치게 만들어 이 나라 저 나라를 떠돌게 했다. 친구인 필라데스는 그의 유랑생활을 따라다니며 그를 돌보아주었다. 다행히 아테나 여신의 중재로 오레스테스는 저주에서 풀려났고, 엘렉트라는 광인이 된 동생의 곁을 변함없이 지켜준 필라데스와 결혼했다. 두 사람 사이에 메돈과 스트로피오스 형제가 태어났다.

로마의 시조가 된
트로이의 영웅

아이네이아스는 미의 여신 아프로디테와 인간인 안키세스Anchises 의 아들이다. 그는 트로이의 공주인 크레우사Creusa와 결혼했다. 트로 이 전쟁이 벌어지자 트로이의 대표적인 장수로서 큰 활약을 했다. 그리 스군이 목마를 이용해 성안으로 침투했을 때도 아이네이아스는 그들 과 맞서 용감하게 싸웠다. 하지만 전세는 이미 기울어져가고 있었다. 그리스군의 일방적인 공격에 트로이군은 속수무책으로 무너졌다. 트 로이의 왕 프리아모스는 아킬레우스의 아들에게 목숨을 잃었고, 그 모 습을 목격한 아이네이아스는 신전에 숨어있던 헬레네를 죽이려고 했 다. 트로이 멸망의 모든 원인이 그녀에게 있다고 여겼기 때문이다. 하 지만 아이네이아스의 어머니이자 미의 여신인 아프로디테가 그에게 트로이를 포기하고 도망치라고 조언했다.

트로이를 떠나는 아이네이아스와 그의 아버지

시몽 부에, 1635년경

아이네이아스는 어머니의 조언에 따라 가족과 부하들을 데리고 불
타는 트로이를 탈출했다. 그가 처음 찾아간 곳은 이다 산이었는데 가는
도중에 아내를 잃었다. 아이네이아스 일행은 그곳에서 배를 만들어 트

리키아로 갔다. 그들은 트리키아에 도시를 건설하려고 했지만 불길한 징조가 나타났다. 제물을 바친 장소의 근처에 있는 나뭇가지를 꺾자 피가 흘러나왔던 것이다. 아이네이아스는 트리키아가 저주받은 땅이라고 여겨 그곳을 떠났다.

아이네이아스는 델포이로 가서 신탁을 구했다. 조상들의 땅을 찾아가라는 신탁에 따라 그들은 크레타를 거쳐 소아시아로 갔다. 그런데 그곳에 괴물 새 하르피아Harpies가 살고 있었다. 하르피아를 쫓아낸 일행은 아프로디테의 신전에 도착했는데 그곳에서 아이네이아스의 아버지 안키세스가 세상을 떠났다.

아이네이아스 일행은 하르피아와 충돌도 있고, 이탈리아로 가서 정착하라는 계시를 받아 다시 항해에 나섰다. 그들은 그리스 서쪽 해안의 부트로톰에 도착해서 그곳을 다스리는 트로이 출신의 망명자 헬레노스Helenus와 만났다.

헬레노스는 아이네이아스에게 무서운 괴물 스킬라와 카리브디스를 피해 안전하게 항해할 수 있도록 조언했다. 그러나 폭풍과 거센 풍랑 때문에 시칠리아로 가던 그들의 배는 아프리카의 카르타고 해안까지 밀려갔다. 그곳의 여왕 디도Dido는 아이네이아스 일행을 따뜻하게 맞아주었다. 아이네이아스는 디도의 연인이 되어 그곳에 머무르며 행복한 시간을 보냈다. 하지만 아이네이아스는 제우스가 일러준 사명을 잊지 않았다. 그는 다시 일족을 거느리고 길을 떠났다.

아이네이아스가 떠나자 충격을 받고 비탄과 좌절에 빠진 디도는 스

374

스로 타오르는 불길에 몸을 던져 자살했다. 그 후 아이네이아스는 라티움이라는 나라에 도착했고, 신탁에 따라 그 나라의 공주인 라비니아와 결혼했다. 그곳에 나라를 세우고 아내의 이름을 따서 라비니움 Lavinium이라고 지었다. 세월이 흘러 아이네이아스의 후손인 로물루스와 레무스 형제가 로마를 세우면서 아이네이아스는 로마의 시조가 되었다.

신들의 계보

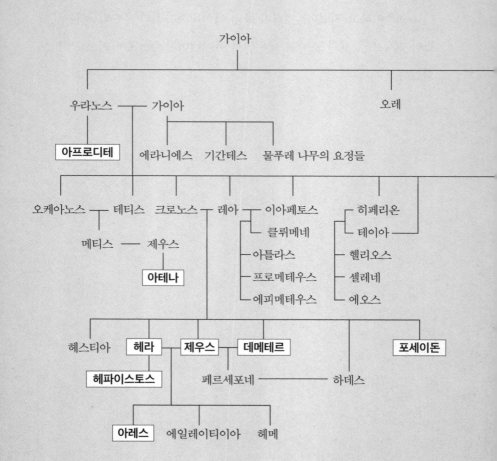

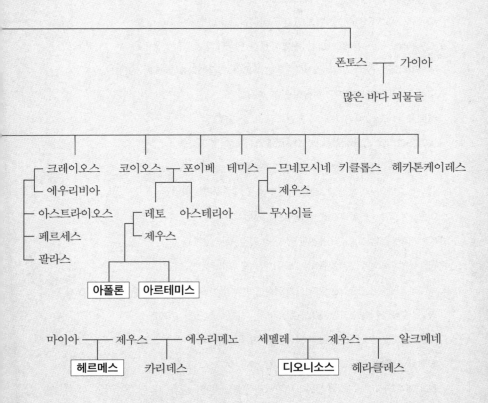

폰토스 ─── 가이아

많은 바다 괴물들

크레이오스　코이오스　포이베　테미스　므네모시네　키클롭스　헤카톤케이레스
에우리비아
아스트라이오스　레토　아스테리아　제우스
페르세스
팔라스　제우스　무사이들

아폴론　**아르테미스**

마이아 ─── 제우스 ─── 에우리메노　세멜레 ─── 제우스 ─── 알크메네
헤르메스　카리데스　**디오니소스**　헤라클레스

참고 문헌

호메로스 《일리아스》 천병희 옮김, 단국대학교 출판부, 1996

호메로스 《오뒤세이아》 천병희 옮김, 단국대학교 출판부, 1996

소포클레스 《소포클레스 비극》 천병희 옮김, 단국대학교 출판부, 1998

에우리피데스 《에우리피데스 비극》 천병희 옮김, 단국대학교 출판부, 1998

오비디우스 《변신 이야기》 천병희 옮김, 숲, 2017

베르길리우스 《아이네이아스》 천병희 옮김, 숲, 2007

피에르 그리말 《그리스 로마 신화 사전》 열린책들, 2003

헤시오도스 《신들의 계보》 천병희 옮김, 도서출판 숲, 2009

낸시 헤드웨이 《세계 신화 사전》 신현승 옮김, 세종서적, 2004

이진성 《그리스 신화의 이해》 이진성 저, 2004

다가시마 아키히로 《성좌의 신들》 신은진 옮김, 들녘, 2000

양승욱 《존재하지 않는 것들의 세계사》 양승욱, 탐나는 책, 2021

루치아 임펠루소 《그리스 로마 신화 명화를 만나다》 이종인 옮김, 도서출판 예경, 2006

장연란 《장영란의 그리스 로마 신화》 장영란 저, 살림출판사, 2005

이윤기 《이윤기의 그리스 로마 신화》 이윤기 저, 웅진지식하우스, 2020

유재원 《그리스 신화의 세계》 유재원 저, 현대문학, 1998

장 피에르 베르데 《하늘의 신화와 별자리의 전설》 장동현 옮김, 시공사, 1997

프란시스 베이컨 《숨겨진 그리스 로마 신화》 임경민 옮김, 아름다운 날, 2020

구스타프 슈바브 《그리스 신화》 이동희 옮김, 휴머니스트, 2015

현영민 《그리스 신화 자연 신 그리고 인간》 현영민 저, 충남대학교 출판부, 2010

마이클 우드 《트로이 잊혀진 신화》 남경태 옮김, 중앙M&B, 2002

Richard Buxton, The Complete World of Greek Mythology, Thames & Hudson, 2004

Edith Hamilton, Mythology: Timeless Tales of Gods and Heroes, Black Dog & Leventhal, 2017

Philip Matyszak, The Greek and Roman Myths: A Guide to the Classical Stories, Thames & Hudson, 2010

도판 목록

처음 읽는 그리스 로마 신화

초판 1쇄 인쇄 2024년 10월 21일
초판 1쇄 발행 2024년 10월 28일

지은이 양승욱
펴낸이 이효원
기획 및 편집 강산하
마케팅 추미경
디자인 장상호(표지), 기린(본문)
펴낸곳 탐나는책
출판등록 2015년 10월 12일 제 2021-000142호
주소 경기도 고양시 덕양구 삼송로 222, 101동 305호(삼송동, 현대혜리엇)
전화 070-8279-7311   **팩스** 02-6008-0834
전자우편 tcbook@naver.com

ISBN 979-11-94381-02-0 (03380)